U0457021

本书出版受辽宁省教育厅 2017 年高等学校基本科研青年项目"美国经济金融化影响研究"（项目编号：WQN201721）资助

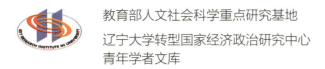

教育部人文社会科学重点研究基地
辽宁大学转型国家经济政治研究中心
青年学者文库

对外负债：
美国金融优势的维系

EXTERNAL DEBT :
SUSTAINING POWER OF U.S.
FINANCIAL ADVANTAGE

付 争 著

社会科学文献出版社
SOCIAL SCIENCES ACADEMIC PRESS (CHINA)

序 言

自 20 世纪初至今，伴随着两次世界大战的爆发与结束、金本位和布雷顿森林体系的相继崩溃，美国完成了由债务国到债权国再到债务国的三次国际借贷地位转换，成功地接替英国，成为新的全球金融霸主。然而，日益膨胀的对外负债规模使人们不断对美国对外负债的可持续性产生质疑。一旦外债规模超过清偿能力，不仅债务国①会面临经济紧缩压力，债权国乃至整个世界都将承担债务重组或债务违约所带来的经济损失甚至经济衰退的风险。经过建国后 100 多年的发展，20 世纪初，美国已成长为世界最大的工业国家，并以世界最强的金融国家姿态迈入 21 世纪。回顾这一百多年的历史，我们发现，美国不仅会偿还外债（至少不会明确提出违约），而且还擅于利用外债，并最终通过国际借贷地位的几次转换终结了英国的日不落帝国时代，成就了美国今天的国际霸权地位。虽然 2008 年的全球金融危机加重了人们对未来"美元债务"的担忧，但它也向世界昭示：即使全球性金融危机起源于美国，美国的金融霸权依然不可替代。

可以说，布雷顿森林体系的建立开启了美国的金融霸权时代，但该体系的崩溃并没有终结美国的金融霸权。相反，在后布雷顿森林体系时代，美国利用外债所带来的政治机遇，成功地将资产货币（黄金）转变为债务货币（美国国债），颠覆了国际收支平衡与国内货币调节间的传统关系，②修改了国际经济运行秩序，巩固并强化了美国的国际金融霸权地位。在

---

① 本书中的债务国是指国际投资头寸表中对外净资产为负的国家，相应的，对外净资产为正的国家即为债权国。

② 〔美〕迈克尔·赫德森：《金融帝国——美国金融霸权的来源和基础》，嵇飞、林小芳等译，中央编译出版社，第 1 版，2008，第 15 页。

传统的经济学理论研究中，对外负债通常作为政府财政的预算约束被导入模型进行推演，由此，经济学家进一步认为债务国在与债权国的交涉中处于弱势。因此，人们很难想象一个国家兼具金融霸权国与债务帝国两种身份，更难理解金融霸权与对外负债的共生关系。那么，美国的对外负债与金融霸权这种共生关系是如何产生而又如何维持的？为什么20世纪70年代的美国可以通过对外负债保住陷入危机的金融霸权而20世纪初的英国却没能做到？美国政府部门、私人部门和美联储是如何利用这种关联机制去维系甚至是强化金融霸权的？而这种维系作用又能持续多长时间？本书将通过大量的理论与经验研究分析对外负债在维系美国金融霸权过程中所发挥的作用，找出隐藏在上述问题背后的答案。全书结构框架如图1所示。

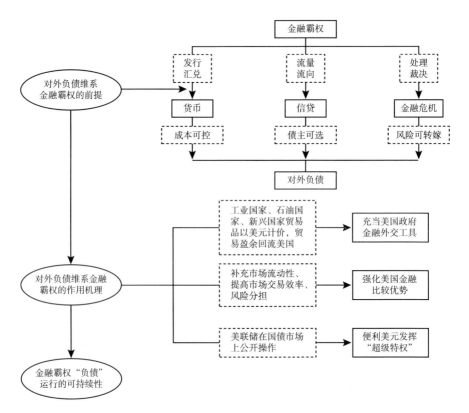

图1　全书结构框架

　　本书先是在理论分析的基础上探究了对外负债与金融霸权的关联机理。根据霸权稳定论中的成本收益分析法，本书认为，金融霸权的长期平稳运行固然离不开霸权国家自身在经济增长率和金融实力方面的相对优势，但最关键的还是尽可能地扩大金融霸权收益，同时控制维系金融霸权的成本。因此，以对外负债维系金融霸权就需要三个前提条件：一是外部债务以本币标价；二是霸权国家对国际信贷资金流动具有控制权；三是具备控制和化解金融危机的能力。满足前提条件一，金融霸权国家通过通货膨胀和汇率调整等手段控制负债成本；满足前提条件二，金融霸权国对债权国的挑选空间会增大；满足前提条件三，金融霸权国家不但可以提高在国际金融领域的威望，更有利于作为债务国的金融霸权国转嫁负债风险。随后，本书分别就美国政府部门、私人部门和美联储如何帮助美国满足这三个前提条件并各司其能地保证对外负债维系美国金融霸权模式的平稳运行。

　　美国政府部门在支持对外负债维系金融霸权的过程中主要依靠的是金融外交。财政部所发行的本币计价的政府债券则在美国金融外交中充当利益交换的载体性工具。根据不同的国际情势，购买美国国债在金融外交中时而作为手段时而作为目的。在布雷顿森林体系崩溃前美国通过金融外交使主要工业国家接受将美国国债作为黄金的替代品，在美国主动关闭黄金兑换窗口后，美国国债就顺理成章地成为美元回流的载体。为强化新生的美元债务循环体系，美国凭借其军事实力迫使中东地区接受石油美元定价，该金融外交的一项重要意义在于石油输出国的贸易盈余最终会通过投资美元金融资产的方式回流美国。为将新兴市场国家纳入美元债务循环体系，美国积极推动全球金融自由化和一体化进程。美国通过向新兴国家提供出口市场和信贷资金与它们形成经济利益关联，并在此基础上开展金融外交说服新兴国家开放资本账户和国内金融市场，以使高经济增长所创造的财富以金融资本的形式向美国转移。

　　美国私人部门在支持对外负债维系金融霸权的过程中主要通过营造美国金融比较优势吸引国际资本流入。美国金融比较优势得力于多层次的金融市场深度、较强的金融市场稳定性和高效的资金配置效率。本书通过指数构建初步对美国的金融优势进行了量化，横向比较出美国在金融方面较其他主要国家的优越程度。随后，本书将私人部门分为银行部门、非银行金融部门和跨国公司分别进行了研究。美国商业银行在国际金融市场中主要处于融资方地位，以充足的流动性和低风险性吸引国际资本流入。以影子银行体系为主的美国非银行金融部门因大量使用金融创新工具而在从事信用、期限和流动性转换业务上具有极强的灵活性，因此美国私人投资组合净头寸往往呈现负值。正向增长的对外投资净收益为缩窄负的美国私人投资净头寸贡献良多，以跨国公司为代表的私人部门对外直接投资是美国国际投资净收益增长的主要动力来源。因此，以市场力量形成的美国私人部门的对外净负债规模的增长速度一直较为温和。

美联储在支持对外负债维系金融霸权的过程中主要体现为对美元霸权的维护。美元霸权是美国金融霸权的重要组成部分，由于全球金融资产多以美元计价，因此美元汇率的波动会影响到美国对负债规模的变动。一战及其战后重建时期，美联储配合美国政府所施行的金融扩张主义对美元国际货币地位的提升起到了积极作用。在布雷顿森林体系时期，美联储在多数时间内都践行着低利率政策来维持美元升值幅度会超过其他货币的市场预期，以此通过国际货币互换市场所形成的金融网络，使美元向世界各国更深入地渗透、更持久地在海外留存。布雷顿森林体系崩溃后，美联储通过扮演最后贷款人和最后交易商，确保美国金融市场在特殊情况下一日具有充足的流动性，锁定国际资本对美投资风险，为债务美元的顺利回流保驾护航。在维护美元霸权的同时，美联储也在借助美元霸权，配合财政部的汇率调整政策调控国际收支、调节美国对外负债规模，增强以对外负债维系金融霸权的可持续性。

通过上述美国以对外负债维系金融霸权作用机理的分析，本书对美国金融霸权的可持续性和未来发展趋势进行了探讨。整体来看，美国的金融霸权尚处于壮年时期，以对外负债维系金融霸权的运行模式在中短期内难有改变。只要美国的金融霸权的主要构成因素（即美元霸权、绝对占优的金融实力、制定国际金融秩序的主导权、对金融危机的裁处权）不出现病变，这种负债式金融霸权的运行就不会出现根本动摇。因此，仅根据美国对外负债规模及其未来变化趋势判断美国金融霸权强弱或是可持续性是有失偏颇的。鉴于美国负债式金融霸权的运行机理，美国对外负债规模的发展趋势实际上更多地依赖于全球经济走势。美国除了利用估值效应在账面上对国际投资头寸进行调整外，很难单方面地调控对外负债的变化。

本书总体结论如下。

第一，无论从主权国家层面还是金融机构层面，美国的金融霸权都符合学者的界定，具备应有的霸权构成要素。因此，美国是真正意义上的金融霸权国家，也因此完全符合以对外负债维系美国金融霸权运行的前提条件。

第二，在以对外负债维系美国金融霸权的过程中，美国私人部门以金融优势凭借市场力量吸引国际资本流入；美国政府部门以国家信用和金融外交手段将市场力量难以左右的外国美元储备和美元贸易盈余引渡至美国境内；美联储的国内货币政策与财政部的国际货币政策相配合，通过美元霸权平抑债权国对美国对外负债规模的非议，缓解因对外负债而被动调整国内货币与财政政策的国际压力。

第三，美国对外净负债主要助推力量是外国对美国政府债券的投资，美国私人部门的对外净负债因市场力量主导而总体表现平稳。因此，美国对外负债的持续增长更多地是国际对美国国家信用的肯定，是对美国金融霸权的承认。也就是说，以对外负债维持美国金融霸权的持续时间与对外负债规模并无根本联系，而与支撑美国金融霸权要素的寿命直接相关，这些支撑要素不仅包括美元霸权、绝对占优的金融实力、制定国际金融秩序的主导权、对金融危机的裁处权，而且涉及美国在军事与政治等国际领域的霸权。

本书的创新之处主要体现在研究视角方面。本书将金融学、国际经济学、国际政治经济学相结合，以对外负债变化为主线对美国金融霸权建立与维系的历史进行了重新解读。为考察一国金融霸权提供了一个崭新的视角。

本书的不足之处也十分明显，主要在于以下两点。

第一，由于学界在对外负债与金融霸权的相互作用关系方面没有系统的理论研究框架，因此，本书的研究既未能在系统的理论框架下进行，也未能建立系统的金融霸权发展理论。只能试图在国际政治经济学和纯经济学的研究框架下，运用经验分析、统计性描述等研究方法证明美国对外负债在金融霸权成长过程中的作用机理。

    第二，由于笔者学识浅薄粗陋，因此本书的观点难免欠缺成熟（如国际军事战略部署方面）、研究框架尚存在很多值得商榷的地方（如在主权债务清偿时对国内与国际法律限制的忽视）、研究深度也有待提高（如在理论模型推导与实证计量方法方面）。此外，由于笔者阅读书籍和文献有限，而文中的多处研究论证还需要更多地外文历史资料和数据做支撑，因此，相关参考文献还有待进一步补充。

目录
CONTENTS

表目录
CONTENTS

图目录
C O N T E N T S

第一章

对外负债与金融霸权的关联机制

对外负债并不是霸权国维系金融霸权的必要条件,同样也不是削弱金融霸权的内在原因,它们之间的关联机理较为复杂。由于外部债务确实会对债务国政府的经济行为与经济决策形成一定的约束,因此,以对外负债维系金融霸权是需要前提条件的。在本章,我们从分析金融霸权的特征与运行机制入手,探究对外负债维系金融霸权的前提条件,并通过考察英国和美国在各自霸权时期对于对外负债的不同应对方式以及由此而导致的金融霸权走向,来验证这些前提条件存在的合理性与必要性。

一 金融霸权的一般特征与运行机制

(一)金融霸权的内涵

目前,学术界尚未对"金融霸权"进行专门地系统性的理论研究,学者有关"金融霸权"的观点和认识往往散落在"霸权理论"的研究成果中。在这些研究中,包括经济学学者在内的社会科学研究者对"金融霸权"的审视角度各有不同。对于金融霸权的内涵,学者主要从金融机构层面和主权国家层面进行了界定。

1. 金融机构层面

从金融机构层面界定的"金融霸权"的行为主体是微观的。这个层面上的"金融霸权"更侧重强调金融机构的垄断性和对产业资本的控制力,具体表现为因垄断对市场资金流向具有支配力,以及因自身的信用创造功能而对市场的资金量具有控制力。

在早期的金融控制理论中，以银行为主的金融机构可以通过持有的公司股权对实体产业进行控制，希法亭（Rudolf Hiferding）将长期束缚于产业之中的银行资本称为"金融资本"。"金融资本"转化为固定资本的比重越大，银行对产业的影响和控制力也就越大越持久。① 20世纪30年代的"大萧条"使多国立法限制银行持有实体企业的股票数量，银行与产业间的利害关系淡化，"金融资本"理论也失去了早期的关注。二战结束后，"金融资本"与"产业资本"的利害关系链条再度强化，银行对企业的控制力度加强。20世纪70年代末，以格拉斯伯格（Davita S. Glassberg）为代表的美国左派经济学家发展了早期的金融资本理论，提出了"银行霸权"的概念。银行霸权理论认为，银行通过操纵资本流动改变金融参数大小（如利率、负债比率等），以此影响企业管理层的投融资决策，达到间接控制企业的目的。② 在20世纪90年代亚洲金融危机后，陈观烈进一步完善了金融控制理论，并将"金融资本"和"银行霸权"融合为"金融霸权"一词。他认为，机构投资者已取代银行成为当前金融市场资金的主要载体，他们通过蓄意操纵资金的流向与流量，分享产业资本家所创造出来的大量利润。③ 从这个角度出发，"金融霸权"就是指"在市场经济中，金融领域内的巨头及其政治代表，通过操纵资金的流动，迫使实际部门不得不依照其意志行事，并且拱手让出大量利润以至于破产的经济关系。"在陈观烈看来，"金融霸权"是国际金融秩序动荡不安的肇始与主因。④ 因为早期关于"金融霸权"的研究有其时代的局限性，因此柳永明参照了前人的研究，对当前的"金融霸权"进行了再定义。他认为，当前的"金融霸权"是指"以大银行家和大机构投资者为核心的金融寡头及其政治代表，通过控制资本流动和金融市场调节，对实际经济活动施以重大影响并以此牟取暴利或实现其他经济、政治目的的一种社会关系。"这种"金融霸权"的影响范围可以

① 〔德〕鲁道夫·希法亭：《金融资本》，福民等译，商务印书馆，1994，第 vi 页。
② 柳永明：《论金融霸权》，《经济学家》1999年第5期，第68~73页。
③ 陈观烈：《货币·金融·世界经济：陈观烈选集》，复旦大学出版社，2000，第375页。
④ 陈观烈：《货币·金融·世界经济：陈观烈选集》，复旦大学出版社，2000，第379页。

是地区性、全国性乃至国际性的。[①]

2. 主权国家层面

从主权国家层面界定"金融霸权"的行为主体是霸权国家。拥有金融霸权的国家不仅有能力为全球金融建立秩序和规则，还能够支配其他国家遵守其规则并维持全球货币金融体系稳定。居于国际垄断地位的金融机构只是霸权国家行使"金融霸权"的工具之一，另一个重要的权力工具便是可以代行国际货币职能的国家信用货币。这个层面的"金融霸权"虽然只是霸权体系多元权力维度的一个分支，但它处于全球权力分配体系的中心枢纽的位置。任何一个有能力占据并控制这一枢纽的主权国家要么已是世界霸主，要么是未来的世界霸主。

金德尔伯格虽然并未明确提出"金融霸权"的概念，但他在其代表性著作《1929—1939 年世界经济萧条》中明确提出，霸权国家必须能够提供"国际公共产品"并自愿承担"公共成本"。这一点体现在金融方面便是——霸权国有能力维系日常国际货币金融体系的稳定运行并在萧条期间向国际市场提供反经济周期的长期贷款。[②] 苏珊·斯特兰奇（Susan Strange）同样也没有直接使用"金融霸权"的概念，但她将"金融结构权力"列入维系国际生产关系的四大"结构性权力"之中。她将"金融结构"定义为"支配信贷可获性的各种安排与决定各国货币之间交换条件的所有要素之和"。[③] 那么拥有"金融结构权力"的国家就应对全球信贷与汇率拥有绝对的控制权。她认为，在经济发达国家中，投资不是依靠利润积累所得的现金而是依靠可以创造的信贷。在高科技时代，工农业对资金的需求也只能依靠信贷创造融通。因此，一旦一国获得他国对其创造信贷能力的信任，即发放信贷的权力，该国就可以控制资本主义与社会主义经济。学者们对经济霸权的诠释对我们理解金融霸权的内涵具有重要的启发性。在对经济霸权的研究中，相对于金德尔伯格和斯特

---

① 柳永明：《论金融霸权》，《经济学家》1999 年第 5 期，第 69 页。

② 〔美〕查尔斯·金德尔伯格：《1929—1939 年世界经济萧条》，宋承先、洪文达译，上海译文出版社，1986，第 12 页。

③ 〔英〕苏珊·斯特兰奇：《国家与市场》，杨宇光等译，上海人民出版社，2012，第 90 页、第 26 页。

兰奇，吉尔平（Gilpin）和莫德尔斯基（Modelski）更注重霸权国在制定国际经济秩序与规则方面的能力。吉尔平认为经济霸权就是有能力为全球经济运行建立秩序，[①] 莫德尔斯基认为一国至少要拥有维持全球秩序所需资源的一半才能称得上拥有经济霸权。[②] 沃勒斯坦（Wallerstein）、阿瑞吉（Giovanni Arrighi）和希尔弗（Siliver）在"世界体系论"的框架下对经济霸权进行了讨论。他们认为经济霸权体现在一国可以将自己的规则和愿望强加到世界经济领域，并有能力领导全球经济沿着为霸权国利益服务的方向发展，同时被领导国家还相信这一方向有利于利益的普遍实现。[③]

由此，主权国家层面的"金融霸权"可以看成传统霸权在国际货币体系和国际金融市场领域的延伸，金融霸权国家凭借其整体实力的压倒性优势占据国际货币体系和国际金融市场的主导地位，制定全球金融市场秩序和资本流动规则，通过这种规则从他国攫取霸权利润的同时也承担维护国际金融秩序平稳运行的成本。

（二）金融霸权的一般特征

由于学术界对经济霸权的衡量标准尚无定论，西方学者在界定世界经济霸权国家及其周期时也存有分歧（见表1-1）。金融霸权以经济霸权为基础，其出现时间也必然要晚于经济霸权。一般来说，每个时期的霸权国家都是当时的国际贸易与金融中心，但并不是每个霸权国家都具有金融霸权。那么，一国要具有怎样的能力与支配力才称得上具有金融霸权？也就是说，金融霸权的一般特征都有哪些呢？

金融的核心是价值的跨时空交换，霸权的核心是对他国的支配与控制，因此，金融霸权的一般特征主要表现在以下几方面。

[①] Robert Gilpin, *War and Change in World Politics* (University of Cambridge Press, 1981), p. 141.

[②] George Modelski, *Long Cycles in World Politics* (University of Washington Press, 1987), p. 40.

[③] Immanue Wallerstein, *The Politics of the World Economy* (University of Cambridge Press, 1984), p. 42; Giovanni Arrighi and Beverly J. Siliver, *Chaos and Governance in the Modern World System* (University of Minnesota Press, 1999), p. 21.

表 1 - 1　西方学者界定的世界经济霸权国家及其周期

学者	哈布斯堡王朝	葡萄牙	安特卫普	荷兰	英国	美国
布罗代尔			1500～1590 年	1610～1790 年	1815～1929 年	1929 年至今
沃勒斯坦	1450～1575 年			1575～1672 年	1789～1897 年	1897 年至今
莫德尔斯基		1516～1580 年		1609～1688 年	1714～1792 年；1815～1914 年	1945 年至今
金德尔伯格				17 世纪	1770～1870 年	1945～1971 年
阿瑞吉、希尔弗				17 世纪中叶～18 世纪初	18 世纪初～19 世纪末、20 世纪初	19 世纪末、20 世纪初至今

资料来源：蔡一鸣《世界经济霸权周期：一个一国模型》，《国际贸易问题》2011 年第 9 期，第 170 页。

1. 霸权国货币为国际硬通货

货币是价值交换的媒介，也是进行金融交易的核心工具。国际硬通货以其国际信用好、币值稳定、汇价坚挺的特质被广泛应用于国际贸易和金融等领域。在国际贸易中，出口商一般都采用国际硬通货进行贸易结算；在国际借贷中，债权人也会倾向于以硬通货标记债权；而在储备货币中，国际硬通货自然也是首选货币。霸权国是发展中国家获得资本的主要来源，其货币自然也是全球金融联系的基础。金德尔伯格在《西欧金融史》中追溯了国际硬通货的发展史，从中世纪拜占庭帝国的金币，到文艺复兴时期的威尼斯杜卡特、佛罗伦萨的佛罗林，再到西班牙比索、荷兰盾、英镑、美元，国际硬通货的演变反映了国际金融中心的转移，是霸权更迭的结果。当一国市场发展成货物贸易枢纽，国家经济强盛，其他地区的金融业务就不约而同地采用该国的货币作为国际硬通货。当经济发展达到某一阶段时，主要贸易大国对外贸易发展将减速，金融产业将加速发展，以对外贷款所获利息和投资利润支付进口。① 本国货币作为国际硬通货不仅有助于霸权国金融实力的扩张，而且是霸权国向全球征收国际铸币税、获取

① 〔美〕查尔斯·P. 金德尔伯格：《西欧金融史》，徐子健、何建雄、朱忠译，中国金融出版社，2010，第 488 页。

霸权利润的利器。

2. 强大的金融实力

拥有金融霸权的国家往往较同一时期的其他国家更具金融比较优势，具体表现在金融市场的成熟度、金融制度的先进性以及金融创新等方面。成熟的金融市场能确保资源的优化配置和资产的价格发现，先进的金融制度可以保证市场资金来源的多样性以及交易的安全性，而金融创新能拓展资金配置的时间与空间。例如，16～17世纪的荷兰曾是当时名噪一时的海上霸主，它创建了世界上第一个证券交易所——阿姆斯特丹证券交易所以及第一个集合中央银行和商业银行特征的现代银行——阿姆斯特丹汇兑银行，相对完善与先进的金融体系使当时的荷兰成为欧洲资金中转的中心，为日后的霸权扩张积攒着资金实力。18～19世纪英国的伦巴第街汇集了英格兰银行、商业银行、贴现行、证券交易所、保险公司以及黄金、外汇和商品市场，发达的金融市场以及开放自由的交易环境使伦敦成为当时世界最大的金融城。"伦敦的银行存款多倍于任何其他一个城市的存款，而英国的银行存款则多倍于任何其他一个国家。"① 在金融衍生工具尚未发明的当时，银行存款的多少是衡量一国金融实力的重要标尺。美国更是金融霸权国家的典范，历史上，任何一个霸权国家的金融实力都无法与当前的美国媲美。美国金融市场中种类繁多、功能各异的金融衍生工具拓宽了市场的深度和广度，无论是资金配置的效率还是投融资所跨越的时间与空间都达到了一个新的历史高度。

3. 制定国际货币金融秩序并维持国际货币金融体系稳定

英国在其霸权统治期间对国际金融秩序最突出贡献便是在1816年率先实行金本位制，并坚持了百年之久。金本位制运行的19世纪，是国际金融史上少有的金融稳定时期。然而，英国对国际金融秩序的影响就像斯特兰奇指出的那样，仅凭金本位制是无法保证1914年以前正在发展中的全球金融结构的相对稳定性和影响世界贸易的主要汇率的相对有序性。作为当时的全球霸主，英国一直担当着世界金融体系的管理者。正是英国政府对其金融机构和金融市场实施一系列政治上的有效安排，才维持了第一次世界

---

① 〔英〕沃尔特·白芝浩：《伦巴第街》，沈国华译，上海财经大学出版社，2008，第2～3页。

大战爆发前国际金融秩序的稳定。① 美国在第二次世界大战后替代英国成为新的世界霸主，由美国主导组建的布雷顿森林体系对战后的国际金融的稳定和经济复苏都起到了积极的作用。当该体系不再适应全球生产力的发展速度后，美国主动终结了美元黄金本位制，并通过建立美元债务循环机制继续维系着国际货币金融体系的相对稳定。

4. 金融危机的处理和裁决权

吉尔平在论述国际金融的政治经济学时特别提到，国际金融与霸权国对国际经济和政治事务所施加的影响紧密相关。霸权国既是国际金融体系的主要受益者，也是克服金融危机固定责任的承担者。② 金德尔伯格也指出，在金融危机期间，霸权国应是采取必要措施减少对国际金融体系威胁的行为主体，因为只有霸权国才是唯一能够发挥"起死回生"作用的国家。③ 在19世纪，发挥"起死回生"作用的国家是英国。沃尔特·白芝浩（Walter Bagehot）在分析英国金融机构的研究中就指出，以信贷为基础的现代金融体系需要有一个权威，它能够在金融危机或恐慌时期向受到威胁和风险过多的金融机构提供清算手段。④ 19世纪到20世纪初的英国和英格兰银行、20世纪中期到现在的美国和美联储便是这样的权威。与英国不同的是，美国还通过国际性经济组织（世界银行和国际货币基金组织）对救助危机的条件和处理危机的过程进行了程序化与规范化，这使得美国的金融霸权较英国霸权时期更加强大。

（三）金融霸权的运行机制

霸权稳定论是国际政治经济学中用经济学思维研究霸权理论的典范。早期的霸权稳定论由金德尔伯格创立，吉尔平加以完善，前者将经济学中

---

① 〔英〕苏珊·斯特兰奇：《国家与市场》，杨宇光等译，上海人民出版社，2012，第103页。

② 〔美〕罗伯特·吉尔平：《国际关系政治经济学》，杨宇光译，上海人民出版社，2011，第282页。

③ Charles P. Kindleberger, *Manias, Panics and Crashes: A History of Financial Crises* (New York: Basic Books, 1978). "起死回生"的最后一招的基本任务是向破产企业提供清偿手段或金钱，从而使他们有时间解决困难。这种防范金融危机的责任通常由一个国家的国民银行来承担。转引自〔美〕罗伯特·吉尔平《国际关系政治经济学》，杨宇光译，上海人民出版社，2011，第312页。

④ 〔英〕沃尔特·白芝浩：《伦巴第街》，沈国华译，上海财经大学出版社，2008。

的国际公共产品概念引入对霸权体系运行的分析过程之中，后者进一步从成本收益的角度详细论证了霸权的运行机制、兴衰趋势和稳定对策。早期的霸权稳定论被罗伯特·基欧汉运用博弈论和集体行为理论的分析方法进行了系统的批判性修正。修正后的霸权稳定论被称为"后霸权合作论"，它强调合作与纷争并非单纯由权力和利益决定，国际机制可以克服国际政治中的"市场失灵"，使合作在利益冲突下也能够得以实现。[1] 虽然早期和后期的霸权稳定论在理论命题和主要观点上存有很大差别，但它们所讨论的霸权运行机制都是围绕霸权成本展开的。因此，作为霸权体系中的一个权力维度，金融霸权的运转机制必与其有相通之处。

为简单明了地从成本收益角度描绘金融霸权国家的国际金融霸权运行机制，本书将采用简单的数理知识作为辅助手段。假设世界只有两个国家，一个是金融霸权国家 A，一个是非金融霸权国家 B。构建（1 - 1）式为金融霸权国家的金融霸权力量的动态方程：

$$\frac{\mathrm{d}p}{\mathrm{d}t} = r\left[1 + (\pi - c)\frac{p}{p^*}\right] \qquad (1-1)$$

其中，p 和 p^* 分别代表 A 国和 B 国的金融实力；r 代表 A 国在封闭条件下的经济自然增长率；π 代表 A 国利用金融霸权从 B 国那里攫取的金融霸权收益率；c 代表 A 国为维系金融霸权所付出的国际成本率。

因此，（1 - 1）式表示，A 国（即金融霸权国家）的霸权力量以其自身经济实力为基础，两国相对金融优势的大小将左右 A 国金融霸权力量的增长速度，而 A 国金融霸权的净收益率又作用于两国相对金融优势。解（1 - 1）式可得：

$$p = \frac{p^*}{\pi - c}\left[e^{r(\pi - c)t/p^*} - 1\right] + p_0 e^{r(\pi - c)t/p^*} \qquad (1-2)$$

其中，p_0 是 A 国金融霸权初始期的霸权力量。当 $p^*/p > (\pi - c)$ 时，有：

$$t = \frac{p^*}{r(\pi - c)}\ln\frac{p(\pi - c) + p^*}{p_0(\pi - c) + p^*} \qquad (1-3)$$

① Robert Keohane, *After Hegemony: Cooperation and Discord in the World Political Economy* (Princeton: Princeton University Press, 1984), pp. 49 - 51. 转引自樊勇明《西方国际政治经济学》，上海人民出版社，2006，第72 ~ 73 页。

　　由（1－3）式的成立条件 $p^*/p > (\pi - c)$ 可知，当 A 国从金融霸权攫取的收益小于维持金融霸权所付出的成本时，A 国的金融霸权并不会马上消失，只有霸权成本超出收益的部分大于两国相对金融实力时，A 国的金融霸权才会终结。值得一提的是，两国金融实力相差越悬殊，在霸权成本超出收益的情况下继续维持金融霸权的可能性就越小。在霸权成本已然超过霸权收益的情况下，A 国可以通过缩小两国金融实力差距分摊霸权成本，为霸权成本的增长争取一定的上升空间，以延续金融霸权的维持时间。在某种程度上，这与基欧汉的"后霸权合作论"相一致。

　　对（1－2）式中各参变量赋予假定的数值，可以得到在特定的霸权净收益率下 A 国的金融霸权力量随时间的变化曲线，如图 1－1 所示。

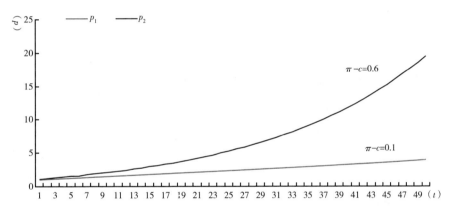

图 1－1　A 国金融霸权力量在不同霸权净收益率下的增长情况

注：假设 $r = 4\%$，$p_0 = 1$，$p^* = 0.5$。

　　由图 1－1 可以明显看出，如果其他参量不变，金融霸权力量是时间的递增凹函数，随着时间的推移，金融霸权的净收益率越高，霸权力量的增长速度也就越快。由此可以推断，金融霸权的长期平稳运行虽然离不开该国本身的经济增长率和金融实力方面的相对优势，但最核心、最关键的还是尽可能地扩大金融霸权收益、同时控制维持金融霸权的成本。要做到这一点，金融霸权国家必须为国际金融领域提供公共产品并承担公共成本，其具体体现在以下几方面。

　　其一，建立国际资本自由流动规则。国际资金的自由流动，一方面可以补充金融霸权国家金融市场的流动性，降低霸权国维持金融比较优势的流动性成本；另一方面也有助于霸权国金融霸权的国际扩张。

其二，使本国货币成为国际霸权货币。本币为国际霸权货币是获取金融霸权收益的重要途径。它不仅可以使霸权国家向世界各国收取国际铸币税，还可以通过将霸权货币作为国际资产的计价货币来引导国际价格走势并从中获取霸权利润，这些资产可以是贸易品、对外债权与债务，甚至是国际战略性资源。

其三，为国际金融交易提供安全的市场环境。这是霸权国出于共同利益所必须承担的公共成本。与前两者不同的是，营造安全的国际金融交易环境是对金融霸权国经济实力的一项纯粹消耗。霸权国家能为多少国家提供这项"搭便车"服务，能支撑多长时间，直接反映了霸权国家金融霸权的兴衰。

二 对外负债维系金融霸权的前提条件

举借外债通常是新兴国家在经济起步或扩张阶段被动采取的经济政策，在美国运行美元债务循环体制之前，人们很难想象一个国家能兼具金融霸权国与债务帝国两种身份。对外负债并不是维系金融霸权的必然手段，发挥对外负债的维系作用需要一些前提条件，本节将对这些前提条件进行分析与阐释。

（一）外部债务以本国货币标价

一般来说，债务的标价货币由债权国决定，债务国是无权对此提出要求的。但如果债务国为金融霸权国，它的货币必然是国际货币，且在国际金融市场中享有"国际硬通货"的地位，那么，债务以金融霸权国的货币进行标价便并非难事。一旦外部债务以本币标价，债务国不但可以避免对外负债所造成的货币错配和期限错配，还可以通过调节本币的发行与汇兑来控制对外负债的成本。

1. 通货膨胀与主权债务削减

通过货币减值进行主权债务违约的历史由来已久，早在金属货币的历史时期，政府就通过降低铸币金属含量、使用廉价金属铸币等方式从流通的货币中榨取铸币税、降低公共债务的实际价值。自法币替代金属货币成为主要交易媒介后，现代的货币印刷使这种债务违约方式变得更加便捷有效，通货膨胀成为削减国内主权债务的一大利器。而当一国的对外债务以本币标价时，通货膨胀削减政府负债的原理同样适用于对外主权债务。下面就来分析通货膨胀节省政府负债成本的具体作用渠道。

通常，用通货膨胀削减主权债务的方法有三种：突发性通货膨胀、金融抑制性通货膨胀以及债券市场价值变化。斯伯兰希亚研究了这三种通货膨胀削减债务的具体作用路径。他认为，突发性通货膨胀和金融抑制性通货膨胀削减主权债务的途径是干扰政府债务流动性，而债券市场价值变化是通过价值效应。[①]为表述得更加直观清晰，这里引用斯伯兰希亚中的部分数理公式进行说明。

政府财政预算平衡为：

$$g_t + \frac{1 + i_{t-1}}{1 + \pi_t} b_{t-1} = \tau_t + b_t + (h_t - \frac{h_{t-1}}{1 + \pi_t}) \qquad (1-4)$$

其中，g_t 为政府支出，i_{t-1} 为前期名义利率，π_t 为当期通货膨胀率，b_t 为新发行的实际政府债务，τ_t 为政府收入，h_t 为基础货币。

定义 $1 + r_t^P \equiv \frac{1 + i_{t-1}}{1 + \pi_t}$，$r_t^P$ 为前期债务的实际支付利率；定义 $1 + r_t^A \equiv \frac{1 + i_{t-1}}{1 + \pi_t^e}$，$r_t^A$ 为前期对当期债务的预期支付利率；定义 $1 + r_t^F \equiv \frac{1 + i_{t-1}^F}{1 + \pi_t^e}$，$r_t^F$ 为金融抑制利率，其中 i_{t-1}^F 为无金融抑制的市场自由利率。将三种利率表达式代入政府预算平衡式（1-4）中，便可清晰地看到突发性通货膨胀和金融抑制性通货膨胀对主权债务的影响。

$$g_t + (1 + r_t^F) b_{t-1} - (1 + r_t^A) \frac{\pi_t - \pi_t^e}{1 + \pi_t} b_{t-1} - \frac{i_t^F - i_{t-1}}{1 + \pi_t^e} b_{t-1} = \tau_t + b_t + (h_t - \frac{h_{t-1}}{1 + \pi_t}) \quad (1-5)$$

---

① Sbrancia, M. Belen, "Debt, Inflation, and the Liquidation Effect", mimeograph University of Maryland College Park, August 6, 2011.

$(1 + r_t^A) \dfrac{\pi_t - \pi_t^e}{1 + \pi_t} b_{t-1}$ 是突发性通货膨胀效应，它是实际与预期通货膨胀率的差和前期实际债务成本之积；$\dfrac{i_{t-1}^F - i_{t-1}}{1 + \pi_t^e} b_{t-1}$ 是金融抑制性通货膨胀效应，它是自由市场利率与实际名义利率的差和前期实际债务之积。从新的政府预算式（1-5）可以看出，如果不存在金融抑制，且实际通货膨胀率与预期通货膨胀率相等，那么 $(1 + r_t^F)$ 将既是事前实际利率，也是事后实际利率，政府在利息支付上将没有额外收入；当实际通货膨胀率（π_t）大于预期通货膨胀率（π_t^e）时，政府将通过突发性通货膨胀效应节省部分利息支付；当实际利率（i_{t-1}）小于自由市场利率（i_{t-1}^F）时，名义利率并不能代表政府借贷的真正成本，由此，金融抑制性通货膨胀将使政府节省出一定的借贷成本。如果这两种效应可以同时发挥作用，金融抑制效应会对突发性通货膨胀效应产生间接影响，这个间接影响将使 r_t^A 低于突发性通货膨胀单独起作用的情况，政府从突发性通货膨胀中省的利息支付将低于金融抑制性通货膨胀不发挥效应的情况。

债券市场价值效应的情况如下，政府预算为：

$$g_t + i_{t-1} \dfrac{B_{t-1}}{P_t} + \dfrac{P_t^B B_{t-1}}{P_t} = \tau_t + \dfrac{P_t^B B_t}{P_t} + \left(h_t - \dfrac{h_{t-1}}{1 + \pi_t} \right) \qquad (1-6)$$

P_t^B 为当期债券价格，B_t 为当期债券名义数量。定义价值效应为 $V_t^B = \dfrac{P_t^B - P_{t-1}^B}{P_{t-1}^B}$，定义债券的实际市场价值为 $\hat{b}_t = \dfrac{P_t^B B_t}{P_t}$，将定义的价值效应和债券实际市场价值代入上式可得：

$$g_t + \dfrac{i_{t-1}}{1 + \pi_t} \dfrac{\hat{b}_{t-1}}{P_{t-1}^B} + (1 + V_t^B) \dfrac{\hat{b}_{t-1}}{1 + \pi_t} = \tau_t + \hat{b}_t + \left(h_t - \dfrac{h_{t-1}}{1 + \pi_t} \right) \qquad (1-7)$$

将（1-7）式与突发性通货膨胀和金融抑制性通货膨胀效应的政府预算式相结合，便可清晰区分这三种效应对节省政府债务成本的作用效果。

$$g_t + i_{t-1}^F b_{t-1} - i_{t-1} \dfrac{\pi_t - \pi_t^e}{1 + \pi_t} b_{t-1} - \dfrac{i_{t-1}^F - i_{t-1}}{1 + \pi_t^e} b_{t-1} + V_t^B \dfrac{\hat{b}_{t-1}}{1 + \pi_t} = \tau_t + (\hat{b}_{t-1} - $$

$$\frac{\hat{b}_{t-1}}{1 + \pi_t}) + (h_t - \frac{h_{t-1}}{1 + \pi_t}) \tag{1-8}$$

其中，$i_{t-1}\dfrac{\pi_t - \pi_t^e}{1 + \pi_t}b_{t-1}$ 为突发性通货膨胀效应，$\dfrac{i_{t-1}^F - i_{t-1}}{1 + \pi_t^e}b_{t-1}$ 为金融抑制性通货膨胀效应，$V_t^B\dfrac{\hat{b}_{t-1}}{1 + \pi_t}$ 为债券市场价值效应。（1-8）式中的突发性通货膨胀效应和金融抑制性通货膨胀效应是前面的恒等变换，其所表示的意义在此不做赘述。政府债券的市场价值效应表现为，当政府债券价格下降时，政府会因为其负债的价值下降而获得明显的资本利得。以上是外国政府以债务国货币计算的债权损失，如果再将其兑换为债权国货币，通货膨胀所带来的债务国货币贬值只会更加放大债权国的损失。

采用通货膨胀削减主权债务对债务国政府的信誉会产生极大的损害，并且由于三种渠道的综合效果是否真能起到削减主权债务的实际价值还有赖于政府和市场的双向作用，[①] 但通货膨胀一直是债务国削减主权债务的惯用工具，尤其当债务国为霸权国家时，对比使用这种工具所得收益与所耗成本，政府很难拒绝通货膨胀所带来的诱惑。

2. 汇率与私人债务的削减

对于债务国的私人部门债务来说，如果私人部门所出售的资产以本币标价，那么汇率的波动将直接影响债权国对外私人债权的价值。债务国货币的相对贬值将使债务国私人部门的名义利息支付得到削减。

债务国货币的贬值途径有很多，通过增发货币增加本币在国际金融市场上的供给是其中一种。债务国宽松的货币政策会给债权国的货币政策造

[①] 这也是诸多学者质疑通货膨胀能削减主权债务实际价值的原因，见以下文献：Reinhart, Carmen M. and Kenneath Rogoff, *This Time is Different: Eight Hundred Centuries of Financial Folly* (Princeton University Press, 2009). Sturzenegger, Federico and Jeromin Zettlemeyer, *Debt Defaults and Lessons froma Decade of Crises* (Cambridge, MA: MIT Press, 2006). Borensztein, Eduardo and Ugo Panizza, "The Costs of Sovereign Default International Monetary Fund", WP/08/238, 2008. Alesina, Alberto and Silvia Ardagna, "Large Changes in Fiscal Policy: Taxes Versus Spending", NBER Working Paper No. 15438, 2009. Perotti, Roberto, "The Austerity Myth: Gain Without Pain?", Working Paper, 2011.

成压力。债权国要么选择相应的宽松货币政策以维持两国货币相对价值的稳定，要么选择货币对外升值以维持国内物价稳定。虽然债务国对这种方式具有主动权，但这种人为制造的通货膨胀也易加快本国资产的泡沫化。增加国内需求使经常账户常年保持逆差也是一种迫使他国货币升值的方法，当然，这种方式的弊端也是显而易见的，本国的出口产业会受到威胁，附带着该领域内的国内就业机会下降。政治施压也是一种方法，对于已处于霸权国地位的债务国来说，用政治支持换取经济利益不失为一种选择，尤其是当换取来的经济利益会强化霸权国未来的政治地位，这一方法的优势就更加突显出来。

虽然债务国可以通过调整汇率来控制私人部门对外负债的成本存在一定的风险，且并不利于巩固债务国金融霸权的权威性。加之由于私人部门经济活动具有自发性和逐利性，政策施加到私人部门时总会产生一些不可预期的风险，汇率变动对于削减私人部分负债的效果一般不如主权负债明显有效。但这并不能否定债务国货币贬值削减私人债务的可能性和可行性。

当然，债务国也可以选择始终保持汇率的相对稳定。债务国货币币值的相对稳定会吸引债权国增持收益率下降的债务国资产，尤其是在金融危机期间，这也会使债务国的私人债务得到相对的缩减。对于金融霸权国家来说，保持本币币值的稳定是霸权国维持全球金融秩序所应尽的义务。

（二）对国际信贷资金的流动具有控制权

如果一国想要借助对外负债来维系金融霸权，对国际信贷资金的控制力必须与该国的霸权地位相匹配，这是一个非常重要的前提。这里所指的国际信贷资金，既包括私人银行部门和其他金融机构的国际借贷资金，也包括政府间的国际借贷与国际援助；这里所指的控制，不只是要控制国际信贷资金的流向，在必要的情况下，也能对国际信贷资金的流量进行掌控。

对国际信贷资金控制权之所以重要，是因为金融霸权国一旦拥有了这项权力便可以在一定范围内对未来的债权国进行选择，这将使得债务国在债权债务关系中的被动性大幅削弱。金德尔伯格曾在《疯狂、惊恐和崩溃：金融危机史》一书中详细论证了资本流动的特征是狂热和恐慌的观点，那么，如果金融霸权国要控制国际资金的流动，就要牢牢把握资本的"狂热"与"恐慌"。因此，金融霸权国家对国际资金控制权主要有三个来源——以经济关联利益诱导资金、以政治影响力吸纳资金、以军事实力引导资金。如果金融霸权国能够持续支撑着这三个来源，该国也就控制了国际信贷资金的流动。

1. 以经济利益诱导资金

无论是昔日的"海上马车夫"荷兰、"日不落"的大英帝国，还是当下的全球霸主美国，可以说，每个历史时期的霸权国家都是当时全球资金和货物的集散地、世界的经济中心。金融霸权国要有足够强大的经济实力为投资资金带来收益，也要有足够强大的金融实力为周转资金进行优化配置。

首先，霸权国的经济增长速度可以不是最快的，但要能确保投资于霸权国的风险收益率几乎是最低的。投资者在进行投资时除了考虑投资的收益性，更加注重投资的风险性。雄厚的经济实力和稳定的政治环境能为投资的收益性和安全性提供双重保障。

其次，金融霸权国要使全球资金在该国的金融市场都能得到最高效的优化配置，全球投资者的投资要求在此都可以得到最大的满足。金融霸权国以拥有当时最先进的金融市场为特征。与同期各国的金融市场相比，霸权国家金融市场的先进性主要体现在充足的市场流动性、完善的市场交易规则、成熟的市场运行制度、稳定畅通的市场信息传输系统以及功能各异的金融创新工具。回归各历史时期金融相对先进的霸权国家，都可以发现它们的金融市场具备以上几点。控制了 16 ~ 17 世纪世界贸易主要航道的荷兰，为适应贸易上升的实际需要，在 1530 年建立了阿姆斯特丹交易所，为商业流动资金提供了运行规范、功能设施齐全的交易场所；在 1609 年创立了阿姆斯特丹汇兑银行，解决了当时在欧洲普遍存在的货币稀缺问题，并通过不断完善该银行的信贷业务、坚持致力于金融创新等研发工作，为当时的霸权国荷兰提供了必要的金融支持。17 世纪的英国，通过金融制度创新（主要体现在以国债制度为核心的财政体系改革和金本位制）保证了金融市场资金的充足性和运行的稳定性，进而提高了国家的信用水平和融资能力，并通过一系列金融工具创新增加了货币供给、盘活了市场资金。在 17～18 世纪，英国金融市场的优越性为同期其他欧洲国家所望尘莫及。自 20 世纪中后期至今，美国在金融方面所创造的辉煌众所周知，在下一节还有详细的分析，在此暂且不做细述。

最后，金融霸权国家以在金融方面的比较优势攫取着霸权利润，但同时也承担着霸权成本。资金在此汇集，又经此地重新配置到世界各地。由于处于盘根错节的全球经济利益网络中心，金融霸权国家也因此需要营造着一荣俱荣、一损俱损的国际金融体系。全球资金对金融霸权国家金融市场的依赖使霸权国家金融市场的流动性，即便是市场危机时期，都会得到外来资金的支持。

2. 以政治影响力吸纳资金

金融霸权国吸纳储蓄型资金的政治影响力主要体现在稳定的国内政治环境、与资金来源国相似的政治理念以及在国际组织或区域同盟中的地位。

世界历史的长河中永远不会缺少战争和动乱的存在，即使是霸权国家主导下的稳定时期，局部战争和少数国家内乱也时有上演。金融霸权国家相对稳定的国内政治环境使其成为他国政治避险资金理想的存放场所。政治避险资金的流入代表着世界对霸权国政治环境的认可与正面预期。

政治理念是政治生活的客观反映，它对政治主体的政治实践活动起到支配作用，对政治秩序的运行与维持起到导向作用。相似的政治理念可以增进两国政府间的信任与相互认同感。金融是建立在信用基础上的资金融通，而国家间的资金融通自然需要以国家信用为基础。因此，非逐利性的资金往来（如储蓄性资金以及援助性资金）更易发生在具有相似政治理念的国家之间。与金融霸权国家政治理念相似的国家越多，金融霸权国家对非逐利性资金流向的把握就越大。

根据吉尔平的霸权稳定论，霸权国将在维持霸权的边际成本递增而边际收益递减的情况下耗散国力，从而使得霸权式微。由此导致的世界经济多极化将催生出某种形式的国际经济组织或区域经济联盟。金融霸权国家只有在霸权式微前取得这种国际组织或联盟的领导权和规则制定权，才会对未来国际借贷资本的流通多一分引导，延缓控制权因霸权式微而减弱的速度。

3. 以军事实力引导资金

罗伯特·基欧汉和约瑟夫·奈在《权力与相互依赖：转变中的世界政治》一书中曾将一国的政治权力分为硬权力与软权力。所谓硬权力，是指"通过威胁、惩罚或者许诺回报来使得其他人做那些原本他不会去做的事情的能力"；而软权力是指"因为别人做了你希望他们做的事而不是你强迫他们去做，从而得到你希望的结果的能力。这是一种通过诱惑而不是强制来获得期望的结果的能力"。[①] 显然，军事实力被列归为硬权力。

然而此处的军事实力并不是霸权国家强迫别国屈从其意志的工具，而是引导战略型资金流转的条件基础。强大的军事实力不仅可以保证霸权国自身发展环境的稳定，还可以向其他国家提供有偿的军事支持与援助，这其中就包括向其他国家主动提供或销售先进的军事装备。如果购买国的经济实力无法支付，这种军事支持与援助就会转化为战争贷款。无论贷款国最后成为战胜国还是战败国，霸权国都控制了未来战争贷款资金的回流。此外，霸权国还可以出于战略目的在全球必要区域（非本国）进行军事部署，以此作为引导资金流向的威慑力量。

（三）具备控制和化解金融危机的强大能力

根据霸权稳定论，是霸权国家的存在维系了世界体系的稳定。因此，能够控制并化解全球性金融危机、维护国际金融体系稳定是金融霸权国家的主要职责，也是金融霸权的立足之本。莱因哈特和罗格夫对近800年的金融危机史所进行的研究发现，繁荣时期的过度举债会造成极大的系统性风险，这也是为什么债务危机后往往跟随着银行危机和货币危机

[①] 〔美〕罗伯特·基欧汉、约瑟夫·奈：《权力与相互依赖：转变中的世界政治》，门洪华译，北京大学出版社，2012，第243页。

的原因。① 因此，如果霸权国家欲以对外负债维持金融霸权，那么金融霸权国家对金融危机的控制和化解能力就要足够的强大，才能使负债的风险可控，或者至少也要做到风险可转嫁。控制与化解金融危机的能力主要体现在以下几个方面。

1. 具备危机防御与风险转嫁能力

金融霸权国家对金融危机防御能力主要体现在两个方面：一方面是金融霸权国家自身应对处理金融危机的能力；另一方面是协调各国抵御金融危机的相互行动，号召各国在防范金融风险、应对国际金融危机上采取共同措施的能力。就金融霸权国家而言，具备强于他国的金融危机应对能力是正常且必要的，关于这一点不做过多解释。相比之下，协调各国共同防御金融危机对金融霸权国家往往更具挑战，尤其是当危机波及国在政治体制、国内利益格局和经济发展水平都存在较大差异的情况下，令各国在防范金融风险的收益和应对金融风险所分担的成本问题上达成共识实在是难上加难，实力再强大的金融霸权国家也很难完全具备防御金融危机的能力。因此，转嫁金融风险的能力便成为抵御金融风险、确保金融霸权国地位的一种补充，它的终极目标就是使金融霸权国所受金融危机的影响小于其他国家，无论金融危机的起源国是不是金融霸权国家。

对外负债的可持续需要两个基本条件：一是能借到，二是能偿还。金融危机所造成的经济动荡会对债务国满足这两个条件造成阻碍。因此，只有当债务国金融市场的抗风险能力和经济增长潜力得到普遍认可时，才有可能实现对外负债的可持续。而如果要以对外负债维持金融霸权的可持续，只做到防御外来金融冲击是不够的，还需要在对外负债的情况下保持金融霸权国家的金融优势，而这种金融优势在金融危机时期便体现为所受危机影响最小。如果金融霸权国家因危机过于严重而无法做到对危机的绝对化解，也要有能力通过市场力量将风险转嫁国外，确保金融霸权国所受危机影响相对最小，以此确保金融霸权国的金融优势。当然，最后一种办

---

① 〔美〕卡门·莱因哈特、肯尼斯·罗格夫：《这次不一样——800 年金融荒唐史》，綦相、刘晓峰、刘丽娜译，机械工业出版社，2010。

法会对金融霸权国的权威性造成极大的损害，因为这无异于向世界承认霸权国已无力独自承担霸权成本，为潜在的霸权挑战国提供替代金融霸权国的最佳时机。

2. 具备充当最后贷款人的能力

最后贷款人的职责是在金融危机时期向市场提供流动性以维护公众、企业等对金融体系的最终信心。最后贷款人往往由金融霸权国的中央银行或具有类似职能的国际金融机构承担，主要通过货币发行和金融工具的市场操作提高市场流动性。

金融危机期间，由于市场动荡以及未来走向的不确定性，繁荣时期的市场投资者与投机者都会将资金撤离保持观望。而流动性的匮乏只会导致公众信心的进一步下降，市场将在更长时期内处于萧条状态，此时市场的流动性具有公共产品性质，而有能力且愿意在这一时期提供市场流动性的便是最后贷款人。表 1 - 2 列举的便是 16 ~ 20 世纪各金融危机时期充当最后贷款人的国家与国际组织。

表 1 - 2　16 ~ 20 世纪各金融危机时期的最后贷款人

项目	1763 年	1772 年	1772 年	1793 年	1797 年	1799 年	1810 年	1819 年	1825 年
危机地区	阿姆斯特丹	英国	阿姆斯特丹	英国	英国	汉堡	英国	美国	英国
最后贷款人	英格兰银行	英格兰银行	阿姆斯特丹市政府	汇票	汇票、黄金	汇票	汇票	财政部货币存款	英格兰银行

项目	1828 年	1836 年	1837 年	1848 年	1848 年	1890 年	1907 年	1929 年	1931 ~ 1933 年
危机地区	法国	英国	美国、法国	欧洲大陆	美国	英国	美国	美国	欧洲
最后贷款人	巴黎、巴塞尔的银行	法兰西银行	法兰西银行和汉堡帮助英格兰银行	英格兰银行对法兰西银行贷款、俄罗斯购买法国公债	资金从英国流入	巴林债务担保；法兰西银行；俄罗斯对英国黄金贷款	从英国流入 1 亿美元	FRBNY 的公开市场操作	美国、法国的努力微小

续表

项目	20世纪50~60年代	1974~1975年	1979~1982年	1982~1987年	1990年	1994~1995年	1997~1998年
危机地区	世界	美国、世界	美国、世界	美国	日本	墨西哥	泰国、印度尼西亚、马来西亚、韩国、俄罗斯、巴西
最后贷款人	BIS的掉期网络	BIS的掉期网络	IMF、纽约联邦集团银行、美国政府、农场贷款银行委员会	FRBNY的公开市场操作、FDIC、FSLIC、掉期	大藏省、日本银行反应迟缓	美国稳定基金、IMF、IADB	IMF、WB、亚洲开发银行、双边贷款

注：BIS为国际清算银行，IMF为国际货币基金组织，FRBNY为纽约联邦储备银行，FDIC为联邦存款保险公司，FSLIC为联邦储贷保险公司，IADB为泛美开发银行，WB为世界银行。

资料来源：根据〔美〕查尔斯·P. 金德尔伯格、罗伯特·Z. 阿利伯《疯狂、惊恐和崩溃：金融危机史》（第五版），朱隽等译，中国金融出版社，2011中附录有关内容整理而得。

可见，最后贷款人在金融危机时期的救助确实可以缩短危机的持续时间，对市场信心的恢复也有着积极的作用。根据最后贷款人的执行机构和所用工具，最后贷款人的救市操作属于技术层面问题，而选择的救助对象则会涉及政治层面问题。充当最后贷款人的国家往往在政治上具有主动性，当最后贷款人为国际债务国，或最后贷款人的决策由债务国主导时，经济预算受到债务制约的债务国在国际债权债务关系中的议价筹码必然会增加，这将削弱债权国在债务关系中的主导地位。

3. 拥有裁决危机责任的权力

为防止已发生的金融危机在未来重新上演，金融危机过后，危机的根源要被彻查，危机的责任人要受到惩处，被危机利用的制度缺陷要被进行修正与完善。如果金融危机是国际性的，那么上述工作往往会由具有国际公信力的国际组织或国家来承担。

对危机根源的探究通常是学者们热衷的题目，也是裁定危机责任人和改进旧有国际金融制度的基础和重要依据。因此，裁定危机责任的国际组织或国家必须拥有相对多的、研究能力较强的独立学者。然而，对危机责任国的惩罚和对旧有国际金融制度的改进并不会完全依照学者们的研究结果，承担此项工作的国际组织或国家还需要综合考虑诸多经济外的因素，例如，危机责任国对惩罚的承受能力，新国际金融制度是否能够平衡相关国家短期的政治与经济利益，这样的危机责任裁定对未来世界经济与政治格局产生的影响等。稍有不慎，这一次对危机的处理将成为下一次金融危机的导火索。

如果由金融霸权国家来负责或主导危机后的裁决，那么，金融霸权国家势必将其引向有利于强化自身霸权的方向。在尚不存在实力相当的霸权挑战国家的情况下，金融霸权国家的这种裁决结果极可能会被多数国家认可。因为，金融霸权的强化即便增加了各国经济间的不对称，对于刚刚经受过金融危机冲击的各国来说，单极霸权的强化也有利于国际金融的暂时性稳定，而这种稳定是世界经济复苏的前提。

三 英美金融霸权兴衰中对外负债的不同作用及成因

自 17 世纪荷兰建立霸权开始，金融在经济发展中的作用得到日益强化。在经历了 19 世纪的英国与 20 世纪的美国霸权时期后，人们对金融作为国际社会里的一种"结构性权力"① 有了更深层次的认知，金融与霸权兴衰的密切联系也得到了广泛认可。英国与美国在其各自的霸权时期都产生过对外负债，但对外负债对两国金融霸权的演进产生了截然相反的作用。英国因不堪债务重负而使霸权旁落，美国却因开启债务时代而使霸权走强。在本节中，我们将通过回顾英美霸权时期债务债权关系的变化历史，对比分析对外负债在两国霸权兴衰期间的不同作用，探究英国未能通过对外负债维持金融霸权的根源。

---

① "结构性权力"这种说法源自苏珊·斯特兰奇的观点。见〔英〕苏珊·斯特兰奇《国家与市场》，杨宇光等译，上海人民出版社，第 2 版，2012。

（一）英美霸权时期霸权国国际借贷地位的演变

1. 英国的国际借贷地位变化

正如金德尔伯格所言，英国的崛起与衰落近乎完美地遵循着国家生命周期，"贸易、工业、金融迅速增长，逐步达到顶点，并成为世界经济霸主，然后缓慢衰落"。[①] 而英国国际借贷地位的变化轨迹也遵循着霸权力量的强弱转变，即从新兴时期的债务国到鼎盛时期的债权国再到衰落时期债权国地位的下降。

18 世纪中后期，国外资本应战争与工业化的需求，纷纷流入处于霸权崛起阶段的英国。而到了 19 世纪初，随着英国贸易的日益扩张和票据交换业的发展，英国已逐步摆脱了对阿姆斯特丹所提供的金融服务的依赖，并开始向外提供战争贷款，典型的例子便是巴林兄弟银行对法国的战争贷款。此外，英国政府战争融资方式的转变和对殖民地财富的掠夺使得英国对外来资金的需求减少，[②] 这一切使得英国在 19 世纪初从一个债务国成功转型为债权国，并且，在之后的近百年中，英国的国际债权国地位随其霸权的扩张而得到进一步的巩固与强化。1761~1900 年英国国际收支见图 1-2。

英国在其处于霸权国地位时期积极地从事对外投资活动，向全世界输送资本（见表 1-3）。英国的对外放债因 1825~1826 年外国债券市场的暴跌而转向了商业贷款，[③] 资本输出方向因 19 世纪 50 年代欧洲保护主义抬

---

① 〔美〕查尔斯·P. 金德尔伯格：《世界经济霸权：1500—1990》，高祖贵译，商务印书馆，2003，第 125 页。

② 在 1797 年英国发明所得税之前，英国更多的是依靠对外借贷为战争融资，而随着英国经济实力的增长，自 1797 年之后，英国政府减少了对外支出，开始通过提高税收来资助战争。参见 Elise S. Brezis, "Foreign Capital Flows in the Century of Britain's Industrial Revolution: New Estimates, Controlled Conjectures", *The Economics History Review*, 1995, 48 (1), p. 55。英国对海外殖民地财富的掠夺主要来源于印度，Davis (1979) 中提到，从印度所攫取的巨额财富使英国能够从荷兰和其他债权国手中购回国家债务。参见 Davis, R. *The Industrial Revolution and British Overseas Trade* (Leicester University Press, 1979), p. 55。

③ 〔美〕查尔斯·P. 金德尔伯格：《西欧金融史》，徐子健等译，中国金融出版社，第 2 版，2010，第 235 页。

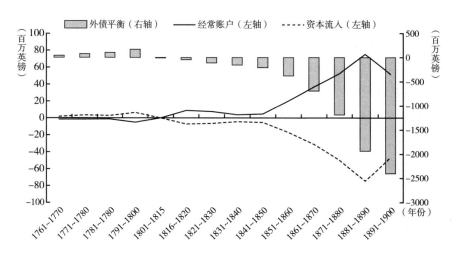

图 1 - 2 1761 ~ 1900 年英国国际收支

资料来源：根据 Elise S. Brezis，"Foreign Capital Flows in the Century of Britain's Industrial Revolution: New Estimates, Controlled Conjectures"，*The Economics History Review*，1995，48 (1)，p. 51，Table2 数据所绘。

头从欧洲大陆转向海外。① 从英国流出的资金主要被各国用来筹建大规模的公共工程项目，例如，对埃及开凿苏伊士运河的借款，为印度铁路提供信贷担保，购买美国铁路证券。

表 1 - 3 1825 ~ 1913 年主要国家对外投资

单位：百万美元

国家	1825 年	1840 年	1855 年	1870 年	1885 年	1900 年	1913 年
英国	500	750	2300	4900	7800	12100	19500
法国	100	-300	1000	2500	3300	5200	8600
德国	—	—	—	—	1900	4800	6700
荷兰	300	200	300	500	1000	1100	1250
美国	*	*	*	*	*	500	2500

注："—"表示无估计数字，"*"表示可忽略不计。
资料来源：转引自〔美〕查尔斯·P. 金德尔伯格《西欧金融史》，徐子健等译，中国金融出版社，第 2 版，2010，第 240 页，表 12.1。

---

① 莱维 - 勒博伊尔（1977，第 184 页），转引自〔美〕查尔斯·P. 金德尔伯格《西欧金融史》，徐子健等译，中国金融出版社，第 2 版，2010，第 239 页。

19 世纪末期，金本位制的内在缺陷开始显现，通货紧缩压力笼罩着恪守金本位制的国家，经济的不景气外加逐年上升的战争债务使英国开始收缩海外投资，对外债务开始相对增加。一战前，英国是世界上最大的债权国，但在一战期间，英国战前 40 亿英镑的海外投资缩减了 1/4，甚至还向美国举借了 8.42 亿英镑的债务。[1] 英国的国债也因一战出现前所未有的飙升（如图 1－3），由 1914 年的 6.5 亿英镑上升至 1920 年的 78.3 亿英镑。

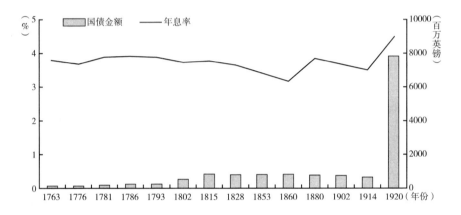

图 1－3 1763～1920 年英国国债

资料来源：绘图所用数据转引自〔美〕查尔斯·P. 金德尔伯格《西欧金融史》，徐子健等译，中国金融出版社，2010，第 178 页，表 9.1。

虽然在二战前，英国的对外投资规模已恢复到与一战前相差无几，但霸权挑战国——美国已然出现，并且开始威胁到英国世界债主的地位（见表 1－4）。第二次世界大战使得英国霸权的衰落既成定局。印度民族主义运动力量的强化迫使英国无法再通过在当地征税支撑其在印度的军事支出。以借债来维持殖民帝国的成本远远超过了它所能带来的收益，于是，英国于 1947 年从印度撤出。在随后的不到 10 年时间里，英国从东亚和非洲殖民地全面撤离，彻底宣告了英国殖民统治时代的终结。[2]

---

[1] 〔英〕梅德利科特：《英国现代史（1914—1964）》，商务印书馆，1990，第 81 页。

[2] 〔英〕安格斯·麦迪逊：《世界经济千年史》，伍晓鹰等译，北京大学出版社，2003，第 95 页。

表 1 - 4　1914 年和 1938 年境外投资规模

单位：百万美元

国家	年份	欧洲	西海岸国家	拉丁美洲	亚洲	非洲	合计
英国	1914	1129	8254	3682	2873	2373	18311
	1938	1139	6562	3888	3169	1848	17335
美国	1914	709	900	1649	246	13	3514
	1938	2386	4454	3496	997	158	11491
法国	1914	5250	386	1158	830	1023	8647
	1938	1035	582	292	906	1044	3859
德国	1914	2979	1000	905	238	476	5598
	1938	274	130	132	140	—	676

注：表中数据按当期汇率计算。

资料来源：〔英〕安格斯·麦迪逊《世界经济千年史》，伍晓鹰等译，北京大学出版社，2003，表 2 - 26a 和表 2 - 26b。

2. 美国的国际借贷地位变化

与英国在霸权崛起阶段的经验相似，美国在霸权起步阶段也是世界上主要的资本输入国。19 世纪 70 年代至第一次世界大战爆发前，外国资本大规模涌入美国，并以直接投资和间接投资的形式向美国私人部门进行全面渗透，这些外国资本推动了美国工业实力的迅猛增长。1870 年，美国工业生产总值占世界工业生产总值的比重为 23%，而到 1914 年时，这一比重增长到 38%。[1] 美国将其生产的大量工业产品推向世界市场，并于 1876 年扭转了长期以来的贸易逆差国地位，步入了贸易顺差国行列，直到 1970 年才再次转为贸易逆差国。

虽然美国在 1876 年便已成为贸易顺差国，但到 1914 年第一次世界大战爆发前夕，美国依然处于国际债务国地位。根据《美国历史统计：从殖民地时期到 1970》显示，截至 1914 年 6 月 30 日，美国的对外总资产为 50 亿美元，而美国的对外总负债为 72 亿美元，是当时美国 GNP

---

[1]　宿景祥：《美国经济中的外国投资》，时事出版社，1995，第 12 页。

的 20%。① 第一次世界大战的爆发使得原本兴盛活跃的国际资本流动骤然冷却，同时也扭转了美国的国际债务国地位。在英、法、德的国际债权国地位因战争而被大为削弱时，美国却以 64 亿美元的对外净资产一跃成为国际债权国。② 1919～1929 年，世界经济发展的原动力主要来自美国。美国的资本和市场促进了从欧洲到拉丁美洲再到亚洲各国的经济发展。美国的银行和企业将资金与技术带到全球各地。战争与战后重建对资本的需求使得美国仅用了 10 年多一点的时间就使其全部国际投资额与 1913 年的英国持平，而英国为达到如此对外投资水平却花费了 100 多年的时间。1919～1929 年，美国的对外贷款以平均每年 10 多亿美元的规模从纽约涌向世界，华尔街逐渐取代伦敦成为国际金融中心。③

　　1933～1939 年，"大萧条"后的新一届美国政府积极参与到振兴美国经济的方方面面。国内与国际的政治经济形势使得美国的净国际投资再创新高，达到 79.1 亿美元。1934 年，美联储决定按黄金平准美元币值，美国成为全球资本的"避难所"，加之 1935～1936 年美国经济相对繁荣，外国资本开始大量涌入美国。1936 年底，外国在美国的投资增长到 76.4 亿美元，美国的净国际投资较 1934 年缩减为 56.1 亿美元。④ 1938 年底，美国以 115 亿美元的对外资产成为世界第二大资本输出国，仅位列英国之后。而英国仍然以 216 亿美元的对外净资产位居国际最大债权国。⑤

　　第二次世界大战是美国夺取英国霸权的关键契机，战争使美国政府进一步介入国际债务债权关系。由于美国远离世界战场的中心地带，外国资本出于短期避险目的纷纷流入美国，而美国由于较强的经济实力致力于增

① Vincent P. Barabba (Director), *Historical Statistics of the United States*: *Colonial Times to 1970*, Bicentennial Edition (Washington, D. C., 1975), Part2, Chapter U: International Transaction and Foreign Commerce.

② Vincent P. Barabba (Director), *Historical Statistics of the United States*: *Colonial Times to 1970*, Bicentennial Edition (Washington, D. C., 1975), Part2, Chapter U: International Transaction and Foreign Commerce, p. 869.

③ 〔美〕杰弗里·弗里登：《20 世纪全球资本主义的兴衰》，杨宇光等译，上海人民出版社，2009，第 126～127 页。

④ 宿景祥：《美国经济中的外国投资》，时事出版社，1995，第 20 页。

⑤ Mira Wilkins, *The History of Foreign Investment in the United States*, *1914 - 1945* (Harvard University Press, 2004), Table7.2.

加对外长期投资。因此，第二次世界大战期间，美国增加的对外负债以短期形式为主，而外国增加的对美负债则主要以长期形式存在。此外，美国政府部门和私人部门的国际投资头寸出现了明显的反向变动，战后美国政府部门对外净负债较战前增加了近9倍，而私人部门由参战前的10.3亿美元净负债反转为1945年底的15.3亿美元净资产。① 不过，在第二次世界大战刚刚结束时，美国依然以5.48亿美元的净负债处于国际债务国的位置。但在1946年这一年中，美国对外资产猛增至39.26亿美元，而美国对外负债却因外国将投资于美国私人部门的长期证券资本和投资于美国政府部门的短期资本撤出而下降了11.45亿美元。到1946年底，美国以45.23亿美元的对外净债权一跃成为世界最重要的债权国。

1946~1970年，除个别年份外，美国的对外净资产规模不断扩大，国际债权国地位呈持续上升趋势。大量的美元资本外流使美国在维持布雷顿森林体系时越发力不从心。自1971年到布雷顿森林体系崩溃前夕，美国的对外投资规模落后于海外对美投资，美国对外净资产开始出现急剧萎缩，国际债权国地位开始下降（见图1-4）。

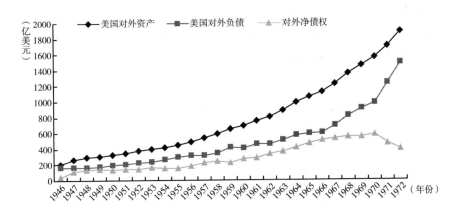

图1-4　1946~1972年美国对外资产与对外负债变化趋势

注：美国对外资产中不包括黄金储备。

资料来源：根据 United States Census Bureau，"Statistical Abstract of the United States"，1950~1977年统计资料相关数据整理而得。

---

① United States Census Bureau，"Statistical Abstract of the United States"，1950，p. 829.

庞大的军事开支使美国国际收支赤字日益严重。为避免国外将所持美元向美国兑换黄金，1968 年美国开始关闭黄金交易所，1971 年正式切断美元与黄金的关联。由于无法兑换黄金，以欧洲为代表的持有过剩美元的国家被迫持有美国财政部期票。这段时期，对于欧洲和亚洲，美国是债务国，而对于落入债务陷阱和粮食依赖的"发展中国家"，美国是债权国。1973 年，美国在 1945 年所设计的、基于债权国的国际金融规则——布雷顿森林体系宣告破产。由于此前美国一系列政策对美国财政部债券本位的铺垫与强化，布雷顿森林体系崩溃后，美国的债务国地位顺理成章地得到了承认和制度化。自此，美国便兼具金融霸权国和债务帝国两种身份，从外国中央银行处得到无限的美元"贷款"，以此维持国际收支赤字。

（二）以对外负债维系金融霸权的基础铺垫——英国与美国的比较

回顾英美霸权时期国际借贷地位变化的全过程，不难发现，英国与美国的境况有诸多相似之处。例如，两国霸权时期的国际货币制度类似，两国霸权时期国际贸易与资本跨境流动都相当活跃，庞大的海外军事开支都曾恶化两国的国际收支。当然，两国在相似情况下的处理方式未必相似，而这些处理方式的不同直接导致了英美金融霸权截然不同的走向——前者在两次世界大战后彻底衰落，后者在国际货币体系崩溃后得到强化。在本小节，我们对英美在相似境况下的不同处理方式做以下比较，为下一小节探究英国未能以对外负债维系金融霸权的根源进行铺垫。

1. 关于应对金本位制内在缺陷

金本位制是一种以自然金属黄金为本位币的货币制度，金币本位制、金块本位制和金汇兑本位制是这种货币制度的三种形态。金币本位制由于黄金的可自由兑换与流通保证了外汇市场的相对稳定，而金块本位制和金汇兑本位制因黄金的流通性和可兑换性受到制约而被视作残缺的金本位制。无论是哪种形态的金本位制，它们共同的内在缺陷都是黄金不可再生的自然属性无法与持续上升的经济流通需求相匹配。

金本位制的这一缺陷都曾给英国和美国的霸权地位造成致命的威胁。英镑因金币本位制的内在稳定机制而取得国际货币地位，可以说，金本位制是英国金融霸权的基石。第一次世界大战各国对战争筹款的庞大需求终结了已运行百年的金币本位制，英国为延续其霸权在一战后启动金汇兑本位制。然而，金本位制对经济的天然束缚性使自身深陷战争债务问题的英国再也无法独自承担维系战后重建的金融霸权运行的成本。20 世纪 30 年代的大萧条最终迫使英国放弃金汇兑本位制，这也意味着英国摘下了世界霸主的王冠。类似的过程也在二战后世界新霸主美国身上进行了重演，只不过结果却大相径庭。二战后的布雷顿森林体系本质上是一种金汇兑本位，黄金与美元双挂钩的国际货币体制使美国肩负起战后重建的金融霸权运行成本。25 年后，随着战后重建的完成，与当年英国类似，美国感受到了恪守金汇兑本位制对霸权维系的压力，而与当年英国不同，在 1973 年，美国为延续金融霸权，选择主动终结了布雷顿森林体系。结果的不同源自对过程的不同处理。

第一，政府对未来债务偿还问题的准备不同。

金本位制是无法满足战争期间资金流通与周转的需求的，因此，在一战之初，英国便放弃了金本位制，这一举措直接导致英国国内价格上涨、国家债台高筑。战争期间的英国政府完全看不清行动的未来方向，只是一味地埋头向前；而战争结束前的英国公众对如何惩罚德国的兴趣竟要高于对英国重建的关注。① 也许以战争赔款清偿战争债务便是英国对战后债务问题的唯一备选方案，否则很难理解在美国拒绝将赔款和战债混为一谈后，昔日霸主英国在处理、协调国际"三角债务"问题上的被动与乏力。一战后英国在经济与政治上的对美依赖预示着英国金融霸权旁落只是时间问题。

布雷顿森林体系崩溃前的美国在与欧洲各债权国对峙时却不似英国这般悲情，因为美国事先为最终的清偿积攒了议价的筹码——一个是美元，一个是国债。② "黄金－美元"双挂钩的国际货币制度设计使美国拥有了终结布雷顿森林体系的主动权；而国家实力和信用将用来挑战世界对黄金的认可，

---

① 〔英〕彼得·马赛厄斯：《剑桥欧洲经济史》（第八卷），王宏伟译，经济科学出版社，2004，第 628 页。

② 英国霸权衰落的经验表明，无论是否爆发战争，随着全球经济的扩张，金汇兑本位制下的霸权国家最终都会成为实际意义上的债务国，因为它承担着向世界输送流动性的义务，黄金的存在只是在账面上美化了霸权国家的债务情况，关于这一问题本书将在下一章做详细解释。

以本币标价的国债替代黄金。因此，美国在美元对黄金的可兑换性受到广泛质疑时果断地结束了布雷顿森林体系。由于受质疑的是美元的可兑换性而非美元本身，美国成功地使债权国接受了美国国债，保住了金融霸主的地位。

第二，对金本位制的态度不同。

也许是因为无法释怀过去一百年金本位制下大英帝国的辉煌，[①] 也许是因为支持金本位制确实能为英国带来极大的利益，[②] 能维持金本位制的运行被英国视为其金融霸权的根基。在一战后的几年时间内，欧洲与美国的战债和赔款问题终于得到了某种程度的解决，久违的通货稳定也随之到来。英国为了恢复战前的金融霸权地位，于1925年决定承担起恢复战前国际货币体系稳定的义务，以1英镑兑4.85美元的汇率恢复金平价。[③] 然而，就当时英国的经济实力来说，黄金价格定得过高，这将直接损害英国的出口能力，降低英国对适度增长的国际贸易的反应能力，而贸易顺差对于清偿国际债务和恢复国内经济具有十分重要的作用。英国政府弥补过高黄金平价的方案有三种——降低黄金平价、使英镑浮动、降低贸易品成本以弥补过高估价带来的损失。然而，就像珍妮·高娃（Joanne Gowa）在对比英美国际货币政策时所指出的那样，英国为了维持英镑的国际地位，不惜使国内宏观经济政策屈从于国际货币政策。[④] 因此，英国选择了第三种

---

① 英国对金本位制的偏爱贯穿其整个霸权时期，在爆发短期商业危机时，英国可能会暂时放弃金本位，但在危机过后会马上将其恢复。更多相关历史可参见〔英〕彼得·马赛厄斯《剑桥欧洲经济史（第八卷）》，王宏伟译，经济科学出版社，2004，第540～571页。

② 奥德尔曾在《美国国际货币政策》一书中提到一种观点，即"一个前霸权国家只有在失去它与具体问题有关的相对力量地位并因而失去它在支持某一特定体系方面的利益时，才会放弃其支持该体系的政策"，并认为这种观点通过阐述储备中心国家保持或停止对黄金的可兑换性而适用于国际货币问题。见〔美〕约翰·奥德尔《美国国际货币政策》，李丽军等译，中国金融出版社，1991，第25页。

③ 在关于是否要恢复金本位的辩论中，凯恩斯反对按1914年让英镑恢复金平价，呼吁执行积极的货币政策，维持就业和经济稳定，反对政府原封不动地用战前的观点和思想来抨击业已变化的战后世界问题。然而凯恩斯的观点在当时的英国并非主流。引自〔美〕杰弗里·弗里登《20世纪全球资本主义的兴衰》，杨宇光等译，上海人民出版社，2009，第138～139页。

④ 在牺牲国内经济以捍卫本币的国际储备货币地位方面，美国的意愿就要比英国小很多。参见 Joanne Gowa, *Closing the Gold Window: Domestic Politics and the End of Bretton Woods* (Ithaca: Cornell University Press, 1983), p. 110。

补救方案，同时也选择了放弃重拾霸权的最后机会。因为，降低贸易品成本意味着压缩劳动力要素成本（资本要素的成本已经被固定了），工资的降低使工会与工人间的斗争日趋激烈。[1]

美国没有像英国那样钻进币值稳定与国际债务神圣不可侵犯的僵化哲学中而不可自拔。虽然美国也同样重视币值的稳定和外债的清偿，但当它们与霸权维系产生冲突时，美国是能以经济和政治理性辨别孰轻孰重的。霸权的维系依仗的是确保霸权体系下各国的利益的能力，而不是币值稳定这种表面形式带来的幻觉。因此，美国并不认同将金汇兑本位制作为世界发展的坚实基础，这种看法自一战后便已形成。[2] 从布雷顿森林体系设计之初，美国就意识到这种金汇兑本位制是实现战后大国间合作的妥协产物，它的使命便是促使世界经济快速走出战后经济的阴霾。因此，20世纪60~70年代，当因恪守金汇兑本位制而给世界的贸易往来和金融稳定造成危机时，美国在确保各国债权的存续性后，果断地终止了这一国际货币制度。

第三，阻止黄金兑换的处理方法不同。

一战后的英国和二战后的美国都是为了振兴世界的战后经济而分别重拾金汇兑本位制的。本位货币国维持金汇兑本位所面临的最大风险便是别国向本国进行黄金兑换导致本国黄金储备不足。对于黄金兑换的处理稍有不慎，就会直接危及各国对该货币体系的信心。

在劳动力成本被强制压缩的情况下，恢复金平价的英国已无法用提高利率来防止黄金流出。于是，英国将希望寄托在了法国和美国身上，这为英国在日后黄金兑换问题上的被动埋下隐患。英国希望法国继续持有英镑，并且希望美国降低美国利率而不是提高欧洲利率来解除德国和英国受到的压力。法国和美国接受了英国这次在金融方面的领导，但考虑到本国的利益，他们随后又各自展开了行动。法国开始从事在本国货币市场上卖出英镑的同时补进相应英镑期货的金融活动。法国对英镑的期货操作有效地抑制了私人资本对法郎的投机，同时也使英国无法辨别私人持有的英镑在未来是否会因法国

① 〔英〕彼得·马赛厄斯：《剑桥欧洲经济史》（第八卷），王宏伟译，经济科学出版社，2004，第630页。
② 〔美〕查尔斯·P.金德尔伯格：《世界经济霸权：1500—1990》，高祖贵译，商务印书馆，2003，第61页。

的期货交易而收归官方持有。[①] 这使得英国无法消除来自法国黄金兑换的威胁。美国降低利率后的行动更是出乎英国意料和控制。美联储 1927 年 7 ~ 9 月在公开市场操作中买进 2 亿美元债券，并将贴现率降为 3.5%。金德尔伯格认为这次宽松的货币政策与 1928 ~ 1929 证券市场的价格上涨不无关联。[②] 证券市场的非理性繁荣使美联储在接连提高再贴现利率，随后便是著名的"大萧条"以及由此连带的欧洲金融危机。法国对英镑的巨额持有妨碍了英国作为最后贷款人能力的发挥，而美国证券市场的繁荣与崩溃凸显了英国在处理金融危机上的无能。此外，英国对金融衍生品把握能力的低下和对证券市场融资能力的低估也使其在金融实力上开始落后于法国和美国。因此，无论英国在 1931 年是否放弃金本位制，英国的金融霸权早已在战后的十多年里消耗殆尽。

四十多年后的美国又是如何处理黄金兑换问题的呢？1968 年，黄金总汇，即美元与黄金的固定联系崩溃，美元相对黄金的价格马上升至约 38 美元一盎司。人们对美元可兑换的信心开始动摇。如何维持国际对美元的信心成为摆在当时美国政府面前的最大难题。美国可以选择削减国际和国内的军费支出以力挺美元在国际金融市场上的地位，但是这将直接威胁到美国在世界上的军事霸权，因此这一选择不在美国政府的考虑之内。另一种选择是阻止各国将美元直接兑换成黄金，这需要由国际货币基金组织、十国集团以及欧洲和亚洲的国际收支盈余国家共同决定。[③] 于是，被称为"纸黄金"的特别提款权便在国际货币基金组织的设计下应运而生了。与四十年前的英国不同，同样是需要他国的配合，美国却没有将希望寄托在他国身上，而是通过国际机构组织（其实也是以美国的意志做主导）创造了一个可以阻止黄金被直接兑换的新货币工具。[④]

[①] 如果私人仅是单纯持有英镑，这对于英国政府来说是相对安全的，但如果私人持有的英镑现货同时也是官方机构的英镑期货，那么这部分私人持有的英镑与官方机构持有的英镑并无差异，都会存在兑换黄金的危险。

[②] 〔美〕查尔斯·P.金德尔伯格：《世界经济霸权：1500—1990》，高祖贵译，商务印书馆，2003，第 62 页。

[③] 〔美〕迈克尔·赫德森：《全球分裂》，杨成果等译，中央编译出版社，2010，第 284 页。

[④] 其实，类似"特别提款权"的方案在 1932 年的一份报告中被提及，见〔英〕苏珊·豪森、唐纳德·文奇《1930—1939 年经济顾问委员会：大萧条与复苏期间的经济顾问研究》，剑桥大学出版社，1977，第 272 ~ 281 页，报告建议国际清算银行发行一种叫国际凭证（International Certificates）的纸黄金来完成最后贷款人的功能。但对于当时世界经济的情形来说却是为时已晚。转引自〔美〕查尔斯·P.金德尔伯格《疯狂、惊恐和崩溃：金融危机史》（第四版），朱隽译，中国金融出版社，2007，第 265 页。

与此同时，美国财政部开始制订各种计划，辅之以政治压力，确保外国将美元储备再借给美国财政部，为美国联邦政府债务融资。至此，金汇兑本位的强制机制已然被架空，而这段期间的高通胀和货币危机更利于官方储备及美元化程度的提高，[①] 美国金融霸权又得到了进一步的强化。

2. 关于资本的国际循环

对于霸权国家来说，资本的输出与输入路径不但关乎资本的盈利性，还关乎对本国经济的稳定和在全球经济危机时期的"救市"能力，前者彰显了霸权国家的金融实力，而后者却能检测金融霸权的根基是否牢固。

英国在霸权崛起阶段是典型的资本输入国，在霸权确立之后便随之转为资本输出国。资本输出的途径主要以货物贸易逆差和对外贷款为主，而资本回流的方式主要是海上航运业的服务收入和贷款的利息偿还（见表1-5）。英国的对外贷款在多数时间[②]符合顺周期的资本供应模型，即"投资机会在国内外均很充足或者同样不足，分配给国内和国外投资渠道的资金一起因收入和储蓄的增长而增长，随收入减少而引起的储蓄的下降而下降"。[③] 然而，根据英国资本流入的途径可知，英国的资本流入多是私人商业资本，这些资本对支撑英国经济具有重要意义。[④] 但当世界经济进入萧条期时，私人资本的逐利性会使其大幅从英国撤出，而金本位制又限制了英国在萧条时期所有可能的经济扩张政策（如贬值提高出口竞争力、降低利率或增发货币刺激经济复苏），也注定了英国在经济危机期间带领世界经济复苏的无作为。

---

① 莱因哈特和罗格夫搜集了大量的历史资料与数据发现，在高通货膨胀与货币危机的过程中，美元化程度会不断提高，而危机过后美元程度却难以下降。见〔美〕卡门·莱因哈特、肯尼斯·罗格夫：《这次不一样——800年金融荒唐史》，綦相、刘晓峰、刘丽娜译，机械工业出版社，2010，第174页。
② 比如英国在1817年、1823~1825年、1835~1836年、1850~1870年以及1913~1914年的资本输出情形都比较符合顺周期下的资本供应模型。
③ 〔美〕查尔斯·P. 金德尔伯格：《西欧金融史》，徐子健等译，中国金融出版社，2010，第274页。
④ Brezis研究发现，18世纪后半叶，英国国内储蓄资助的投资占2/3，而经常账户赤字资助了剩余的1/3。参见 Brezis, Elise S., "Foreign Capital Flows in the Century of Britain's Industrial Revolution: New Estimates, Controlled Conjectures", *The Economic History Review* 48 (1), 1995。

表 1 - 5   18 ~ 19 世纪英国国际收支

单位：百万英镑

年份	货物贸易收入	服务收入	债务偿还	资本流入
1720	-1.83	1.25	-0.10	0.27
1730	-2.76	1.64	-0.23	1.26
1740	2.28	1.97	-0.78	1.56
1750	0.48	2.86	-1.48	-0.14
1760	-2.36	3.41	-1.42	-0.68
1770	-4.44	4.23	-1.12	1.72
1780	-3.82	4.52	-1.89	3.35
1790	-10.14	6.44	-1.89	2.80
1800	-10.24	8.85	-2.58	6.41
1816	1.60	17.60	1.74	-8.59
1820	-9.6	16	1.74	-7.22
1830	-14.3	15.4	4.43	6.47
1840	-32.9	24	6.65	-4.47
1850	-23.2	28.2	8.49	-5.30
1860	52.4	55.9	14.11	-17.09
1870	-65.5	86.8	26.17	-31.13
1880	-130	107.1	53.17	-49.72
1890	-96.8	111.2	74.47	-74.58
1900	-178.6	121.1	96.48	-46.48

注：表中数据为净值。"债务偿还"和"资本流入"为10年平均值，如1720年的债务偿还数值为1710~1720年债务偿还的加总后的均值。

资料来源：Elise S. Brezis, "Foreign Capital Flows in the Century of Britain's Industrial Revolution: New Estimates, Controlled Conjectures", *The Economics History Review* 48 (1), 1995, p.51, Table1, Table2。

美国的情况便有所不同。美国在担任霸权国家期间的资本输出途径也是贸易逆差和对外投资，但资本回流的形式比当年的英国更加多样化，既包括私人资本也包括官方资本（包括带有政府意志的私人资本，如主权财富基金）。外国官方资本的逐利性较弱，在经济危机时期具有较强的稳定性（见图1-5）。美国不仅利用外国官方资本的流入加强了外国经济与美国经济共繁荣同进退的关系，还将国家间的政治外交筹码由传统的军事力量震慑转移到经济上的相互依存。

3. 关于国际军事开支融资

有史以来，军事从未淡出过国际政治经济的大舞台，军事实力反映一

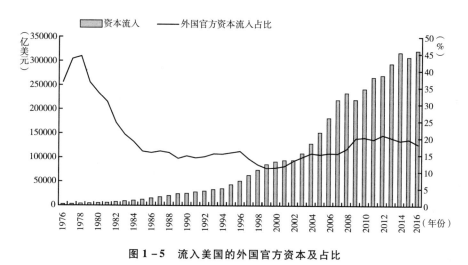

图 1 - 5　流入美国的外国官方资本及占比

数据来源：美国经济分析局网站（http：//www.bea.gov/international/index.htm#bop）。

个国家力量的强弱，也是霸权国家霸权力量的重要来源之一。支撑强大的军事实力离不开国家雄厚的经济基础。然而，要维护世界霸权，霸权国家的军事力量就要向全球进行渗透，军事部署更要在世界主要战略地区进行铺广。英国和美国在各自霸权时期的军费开支规模都相当巨大，但他们为军费融资的渠道不尽相同。

　　除了所得税外，英国国债市场对军费融资具有不可磨灭的贡献，表 1 - 6 列举的是 17 世纪末到 20 世纪初英国国债市场为战争开支所筹集到的资金。在战争结束后，国家债务会进行转换，债券的息票率将由高转低。不过令这种方法生效的前提是战后储蓄得以恢复且旧债券可以溢价售出。而投资者往往不会购入溢价的短期债券，因此，在战时发行债券的到期日来临时，大量战时高息票率的债券会使短期利率处于较高水平，而短期利率的居高不下带给经济的作用是非常负面的。此外，虽然财政部可以通过债权人提前赎回被转换的债券而减少年度开支，但债券持有人不会甘于收入的降低，他们往往会放弃政府债券而转向风险和利润更大的投资，成为助长投机热潮和引发金融危机的隐患。[1]

①　〔美〕查尔斯·P. 金德尔伯格：《西欧金融史》，徐子健等译，中国金融出版社，第 2 版，2010，第 179 ~ 180 页。

表1-6 1697~1920年英国国债

单位：百万英镑

年份	债额	年息额	特殊开支
1697	14.5	1.2	九年战争结束
1714	36.2	3.1	西班牙王位继承战
1748	75.8	3.1	奥地利王位继承战
1763	132.1	5.0	七年战争
1781	187.8	7.3	美国独立战争
1786	243.2	9.5	第四次英荷战争
1802	523.3	19.5	拿破仑战争
1815	834.3	31.4	拿破仑战争
1860	821.7	26.0	克里米亚战争
1920	7831.7	349.6	第一次世界大战

资料来源：转引自〔美〕查尔斯·P.金德尔伯格：《西欧金融史》，中国金融出版社，2010，第178页，表9.1。

二战后，朝鲜战争、越南战争、军备竞赛和在盟国的防务部署都使得美国军事开支的节节攀升，推动美国国际收支赤字规模不断扩大。国际收支赤字的扩大影响着世界对美元地位和布雷顿森林体系持续运行的信心。为此，20世纪50~60年代，美国在从欧洲裁撤军队问题上所面临着巨大的经济压力和国内政治压力。但是，为维持北约体系的实力，以防苏联对东欧采取攻击性军事行动，美国没有大幅裁减派驻欧洲的常规部队，而是以此要求欧洲通过购买美国国债间接换取美国对北约的军事支持。[1] 实际上，欧洲对美国国债的购买行为相当于代替美国国内居民为美国的国际军事支出融资。同样是通过国债市场为军费融资，美国似乎比英国更技高一筹。它减少了美国主动终结布雷顿森林体系的顾虑，为布雷顿森林体系崩溃后美国金融霸权的平稳过渡提供了最佳范式。因为如果有了外国政府对美国财政部债务的支持，美国终结布雷顿森林体系的代价将降至最低，甚至几乎无需付出代价。至于未来的债务清偿，也因为债权人的借款动机而拓宽了美国的议价空间和周旋余地。

---

① 〔美〕弗朗西斯·加文：《黄金、美元与权力》，严荣译，社会科学文献出版社，2011，第10页。

（三）英国以对外负债维系金融霸权失败的根源

在前文中，我们对以对外负债维系金融霸权的前提条件进行了分析，也比较了霸权时期的英美在由债权国转向债务国时为延续金融霸权所采取的应对措施。下面，我们就对英国未能以对外负债维系金融霸权的根源进行深入地挖掘。

1. 对金本位制的依赖限制了最后贷款人的执行力

从前文的叙述中可以清楚地看到英国对金本位制的钟爱与依赖。产生这种依赖可能的原因一是世界经济确实在金本位制下平稳运行达百年之久，二是源于英国的实用主义传统。由于具有实用主义的长期传统，英国"总是试图在一个方向或另一个方向上做出权宜之计，并期望在长期的行动过程中自动体现出合理性"。[①]

对金本位制的恪守大大限制了英国作为国际最后贷款人向世界提供的流动性能力。霍特里在《中央银行艺术》中的一段话可以说明金本位制对最后贷款人执行力的限制："如果国家能维持原货币本位而无不当的紧张局面，就可以无限授信；如果维持平价的努力极端困难，那就不要信贷，让货币贬值。"[②] 在英国霸权鼎盛时期，关于伦敦和巴黎国际金融中心地位的争论从未间断。[③] 法兰西银行更是在国际金融危机救助过程中频繁出现（见表1-2）：1890年，为防止因巴林财务状况被披露所引起的市场恐慌，英国安排法兰西银行提供300万英镑的黄金贷款；1907年，法兰西银行再次向伦敦运送了8000万法郎的美国金币；在1920~1921年的战后经济危机中，国际最后贷款人始终空缺；1931年的危机彻底证明英国根本无力扮

---

① 英国的这种实用主义传统既可见于对金本位制的执着，也可见于对自由贸易的坚持。此外，英国在经济和社会两者之间的公共政策也具有非协调的实用主义特征，对试图根据普遍而全部的联系来解决重要问题非常反感。见〔英〕彼得·马赛厄斯《剑桥欧洲经济史》（第八卷），王宏伟译，经济科学出版社，2004，第629页、第570页。

② 转引自〔美〕查尔斯·P. 金德尔伯格《疯狂、惊恐和崩溃：金融危机史》（第四版），朱隽译，中国金融出版社，2007，第264页。

③ 相关争论观点和论据可参见〔美〕查尔斯·P. 金德尔伯格、罗伯特·Z. 阿利伯《疯狂、惊恐和崩溃：金融危机史》（第五版），朱隽等译，中国金融出版社，2011，第260~261页，以及〔美〕查尔斯·P. 金德尔伯格《西欧金融史》，徐子健等译，中国金融出版社，第2版，2010，第282~286页。

演国际最后贷款人的角色。

如果一国无法胜任国际最后贷款人，便无法通过救助国际性金融危机得到各国对该国金融霸权的认可。若是再兼具债务国的身份，不要说以对外负债维系金融霸权，能否在危机中免于债权国的落井下石都尚未可知。

2. 金融体系的独特性限制了英国的金融竞争力

英国的金融体系是因商业融资而得以逐渐发展的，它从来都不为产业发展融资而组织起来的，因此，英国的金融体系是一个缺乏为促进产业增长而建立长期融资的体系，英国的银行借贷行为具有独特的短期偏向特点。① 短期借贷意味着银行根本不用去关心贷款企业未来的盈利性，也不需要对企业未来的竞争力进行评估，银行唯一关心的是企业的现有资产是否可以保证贷款的偿还。这将同时导致两种后果，一是金融体系的创新力低下，② 二是金融发展与实体经济发展脱离。

首先，英国金融体系的短期偏向性使具有期限转换、套期保值和风险对冲等功能的金融工具都无用武之地，自然也就没有被开发的必要，这将极大地限制金融体系的创新动力。缺乏金融创新的金融体系是缺乏活力的，也将在长期中丧失它的吸引力。资本往往会流向能给予它生命力的金融体系，毕竟金融资本的优化配置并不等于贸易信贷资金的中转。其次，英国金融体系的短期偏向性使金融发展与实体经济的发展没有必然联系，金融无法形成比较优势，只能作为依附实体经济的一种工具性存在。也许，随着实体经济的发展，金融体系的业务规模会扩大，但金融发展并不仅仅由规模来衡量，还有投资的盈利性、风险性以及资金的周转效率等。短期偏向性的金融体系可能会形成单方面的竞争优势，但不会形成整体的比较优势。这或许可以解释为什么在英国霸权时期巴黎一直挑战着伦敦的国际金融地位，就连纽约这个后起之秀也会在一战后使伦敦神经紧张。英国的金融实力和金融发展潜力确实不似历史数字所展示的那般强大，成就伦敦

① 参见 Vivian Anthony, *Banks and Markets* (London: Heinemann, 1979), p.35。转引自〔美〕约翰·齐斯曼《政府、市场与增长》，刘娟凤、刘骥译，吉林出版集团有限公司，2009，第192页。
② 〔美〕约翰·齐斯曼：《政府、市场与增长》，刘娟凤、刘骥译，吉林出版集团有限公司，2009，第193页。

国际金融中心地位的也许更多的是它"日不落"大英帝国首都的名分。

前文已经分析过,用对外负债维系金融霸权需要该国具有强大的金融实力,无论是在金融市场的成熟度、金融制度的先进性还是金融创新等方面都较同一时期的其他国家更具金融比较优势。显然,英国在这一方面远不及它的霸权继任者美国。

3. 对金融在协调国际关系中的工具性作用认识不足

英国对金融在协调国际关系中的工具性作用认识不足具体体现在两方面:一是英国政府将货币发行与金融事务交由私人机构处理;二是在金融危机爆发时对国际组织的借助力度不足。

首先,一个脱离政府意志的、私营性质的中央银行是无法将金融集团利益转化为实现国家战略的工具的。英国的中央银行英格兰银行在1694年成立之初便是以私营方式成立的,直至1931年才服从财政部的政策,1946年被收归国有。在英国霸权期间,英国政府并不直接关注货币,而是将货币事务完全交由英格兰银行——一个完全脱离政府意志的私营机构管理。这就意味着英国的金融事务与国家的国际战略和政治利益相脱节。例如,英格兰银行可以独立制定英镑的适当平价,负责管理英镑的国际货币地位,[①] 而它一直提倡英镑对黄金的高比价。对于这一立场,很多文献都进行了批判,因为这会导致英国商品在国际市场上被高估,从而对国内生产造成一系列严重的制约,并让英国失去经济繁荣的动力。[②] 这个弊端在一战后英国恢复金本位平价的过程中显现出来,并加剧了英国的衰落。此外,英格兰银行一直致力于使金融机构摆脱中央政府的控制,充当着代表银行业利益向中央政府的官僚进行游说的代言人。从某种角度说,英格兰银行甚至可称得上是中央政府的调控者。这种局面直接导致的后果是英国政府的官员既不熟悉金融部门的领导者,也不了解金融市场的运作,[③] 更不要说统筹协调国际关系对金融力量加以利用。这与之

---

① 〔英〕彼得·马赛厄斯:《剑桥欧洲经济史》(第八卷),王宏伟译,经济科学出版社,2004,第570页。

② 转引自〔美〕约翰·齐斯曼《政府、市场与增长》,刘娟凤、刘骥译,吉林出版集团有限公司,2009,第220页。

③ 〔美〕约翰·齐斯曼:《政府、市场与增长》,刘娟凤、刘骥译,吉林出版集团有限公司,2009,第221~222页。

后美国"华尔街 - 财政部混合体"① 的金融霸权国内权力网络形成了鲜明对比。

其次，英国政府轻视了国际金融组织机构在协调国际经济与政治问题上的作用。在和平时期，英格兰银行对与他国中央银行和政府间的货币业务交流与合作漠不关心，而危机时期的欧洲主要国家的央行间合作也因政治敏感性而很有几分犹抱琵琶半遮面的味道。② 因此，欧洲主要国家央行间的政府资本往来较少，各国中央银行在合作管理国际金本位制时并没有建立起共同的利益关系。在危机期间，缺少连接各国共同利益的筹码将使作为领导者的英国处于非常被动的境地。如果说，出于国家自尊和政治敏感性，英格兰银行不便与各国政府及央行频繁地进行政府资本的互动，那么国际组织或联盟将是一个很好的调和性存在。必须承认，英国在组建国际组织这一点上是有认识的，③ 但它没有利用好国际组织在世界政治与经济问题方面的协调作用。从表 1 - 2 可以看出，在英国霸权期间的危机救助中，极少有国际性组织的出现。直到一战后，为减少国际纠纷避免第二次世界大战，国际联盟才正式成立。④ 在20 世纪 20年代，国际联盟在安排给予奥地利、匈牙利以及东欧国家的中央银行业稳定贷款问题上做出了贡献。⑤ 但国际联盟的存在并未阻止第二次世界大战的爆发，并且，二战前有关处理战争债务和赔款的杨格计划⑥国际联盟也并未参与。杨格计划中，负责管理德国赔款相关金融业务的是新成立的国际清算银行。此外，在 1931 ~ 1932 年欧洲经济危机期间，英国所捍卫的金本位制受到严重质疑，英镑地位一落千丈，当时，一个类似 40 年

---

① Jagdish Bhaagwati, "The Capital Myth: the Difference Between Trade in Widgets and Dollars", *Foreign Affairs*, 1998, 77 (3), pp. 7 - 12.
② 详细案例可参见〔美〕查尔斯·P. 金德尔伯格、罗伯特·Z. 阿利伯《疯狂、惊恐和崩溃：金融危机史》（第五版），朱隽等译，中国金融出版社，2011，第 255 ~ 260 页。
③ 1889 年，英国的和平主义者威廉·兰德尔·克里默及法国的和平主义者弗雷德里克·帕西建立了国际联盟的前身——国际国会联盟。
④ 英国外交大臣爱德华·格雷 (Edward Grey) 最先提出建立国际联盟。
⑤ 〔美〕查尔斯·P. 金德尔伯格、罗伯特·Z. 阿利伯：《疯狂、惊恐和崩溃：金融危机史》（第五版），朱隽等译，中国金融出版社，2011，第 263 页。
⑥ 一战后，战胜国为代替道威斯计划而实施的德国支付赔款计划。因其由美国银行家杨格主持制定而命名。

后 "特别提款权" 的方案曾在一份报告①中被提及，该报告引用了巴杰特的观点，建议国际清算银行发行一种叫国际凭证（International Certificates）的纸黄金来完成最后贷款人的功能。但对于当时世界经济的情形来说为时已晚。②

由此可见，英国的国际协调能力是有待提高的，它的政治经济外交手段的成熟度与其霸权国地位并不匹配。英国政府将金融事务的管理工作完全交由私营性质的中央银行负责，使其根本无法意识到金融在协调国际关系中的重要性。其实，从根本上来说，虽然英国在当时拥有国际货币英镑和国际金融中心伦敦，但它的霸权成长路线一直是在一个工业国家的发展思路下向前延伸的。也正因如此，即使没有第一次世界大战，美国也将会在于伦敦争夺金融霸权的斗争中取得最终的胜利。③

四　小结

金融霸权的内涵主要分为两个层面——金融机构层面和主权国家层面。从金融机构层面界定的 "金融霸权" 的行为主体是微观的。这个层面上的 "金融霸权" 更侧重强调金融机构的垄断性和对产业资本的控制力，具体表现为因垄断对市场资金流向具有支配力，以及因自身的信用创造功能而对市场的资金量具有控制力。从主权国家层面界定的 "金融霸权" 的行为主体是霸权国家，这个层面的 "金融霸权" 是传统霸权在国际货币体系和国际金融市场领域的延伸。金融霸权国家凭借其整体实力的压倒性优势占据国际货币体系和国际金融市场的主导地位，制定全球金融市场秩序

---

① 〔英〕苏珊·豪森、唐纳德·文奇：《1930—1939 年经济顾问委员会：大萧条与复苏期间的经济顾问研究》，剑桥大学出版社，1977，第 272~281 页，转引自〔美〕查尔斯·P. 金德尔伯格《疯狂、惊恐和崩溃：金融危机史》（第四版），朱隽译，中国金融出版社，2007，第 265 页。

② 〔美〕查尔斯·P. 金德尔伯格、罗伯特·Z. 阿利伯：《疯狂、惊恐和崩溃：金融危机史》（第五版），朱隽等译，中国金融出版社，2011，第 265 页。

③ 〔美〕罗伯特·基欧汉、约瑟夫·奈：《权力与相互依赖》，门洪华译，北京大学出版社，2012，第 75 页。

和资本流动规则，通过这种规则从他国攫取霸权利润的同时也承担维护国际金融秩序平稳运行的成本。

金融霸权的一般特征主要有四点：霸权国货币为国际硬通货，拥有强大的金融实力，能够制定国际货币金融秩序并维持国际货币金融体系稳定，对金融危机具有处理权和裁决权。在对金融霸权的运行机制的分析时，本章采用了霸权稳定论中的成本收益分析法。金融霸权的长期平稳运行固然离不开该国本身的经济增长率和金融实力方面的相对优势，但最核心与关键的还是尽可能地扩大金融霸权收益，同时控制维持金融霸权的成本。

以对外负债维系金融霸权的前提条件有三个：一是外部债务要以本国货币标价，二是霸权国家要对国际信贷资金流动具有控制权，三是具备控制和化解金融危机的能力。外债以本币标价可以使金融霸权国通过通货膨胀和汇率调整等手段控制负债成本；能够控制国际信贷资金流动便可以使金融霸权国在选择债权国的问题上有了挑选空间；能够对金融危机进行控制和化解不但可以提高金融霸权国的威望，更有利于作为债务国的金融霸权国转嫁负债风险。

英国曾被视作历史上的金融霸权国家，它的国际借贷地位变化历程与美国有诸多相似之处，但因深陷战争债务问题而最终霸权旁落。英国未能以对外负债维系金融霸权的根源有三点。一是英国对金本位制过于执着与依赖，导致它无法在危机中胜任国际最后贷款人的角色，也无法独立处理和化解金融危机。二是英国的金融实力没有强大到可以使英国在金融方面形成比较优势，其金融体系的短期偏向性限制了金融市场的深化与国家金融力量的强化。三是英国并没有意识到金融在协调国际关系中的工具性作用，作为霸权国家，英国的政治经济外交手段的成熟度与其霸权国地位并不匹配。综合来看，虽然英国在当时拥有国际货币英镑和国际金融中心伦敦，但它的霸权成长路线一直是在一个工业国家的发展思路下向前延伸的。因此，并不是对外负债不能延续金融霸权，而是英国尚不具备完全意义上的"金融霸权"。

第二章

美国金融外交的主要工具：
政府部门对外负债

　　布雷顿森林体系的崩溃结束了黄金在国际货币体系中的本位货币地位。为重振因美元黄金"双挂钩"的内在缺陷而逐渐衰落的金融霸权，美国通过一系列的金融外交活动将国际本位货币从资产货币（黄金）成功过渡到债务货币（美国国债），并通过石油美元定价机制和金融自由化将石油输出国与新兴国家纳入美元债务循环体系，使之成为美国以对外负债维系金融霸权的重要支撑力量。本章将对这一过程予以详尽的描述与分析。

一　美国金融外交与政府对外
负债的工具性作用

　　美国选择政府债券作为黄金的替代品并将其作为金融外交的利益交换工具绝非偶然，这与美国的政府决策过程和其间的政府行政部门、国会和社会力量对决策系统的作用环节、作用力度都密切相关。

（一）金融外交概述

1. 金融外交的概念

　　现代的金融外交，起源于19世纪，发轫于一战期间，成熟于二战之后。然而，鉴于"外交"的政治本质属性，有的学者坚持外交并不直接负责处理经济问题的观点，认为"金融外交""经济外交"等类似提法只会泛化"外交"的概念，① 有混淆视听之嫌。还有学者认为"外交"因维护国家利益而存在，而金融利益隶属于国家利益，因此单独强调"金融外交"也就不存在意义。② 不过，也有相当一部分学者支持"金融外交"概念存在的必要性。如巴斯顿就认为人们以往赋予外交的传统概念已略显狭窄，现代外交的构成已然超出了传统外交的"政治－战略概念"。③

虽然学者们在界定"金融外交"的内涵与外延上存在争议和分歧，但他们中的大多数都认为界定"金融外交"的概念必须兼顾概念在金融与政治两个层面上的作用和意义。根据"金融外交"概念的使用者和研究者所探讨的实际问题，"金融外交"从实践角度出发可分为两种：一种是以金融为手段的外交，即以金融力量或工具实现国家战略目标、维护国家整体利益，这里的"金融力量或工具"具体是指以金融机构业务规模和效率为代表的金融实力和以货币、金融资产、援助和贷款为代表的金融工具；另一种是以金融为目的的外交，即以国家的外交决策和外交行动实现和维护国家的金融利益，包括一国通过外交方式参与国际金融秩序的筹建、监管与维护，进而保证本国的金融利益不在国际层面上遭受损失。第一类的文献包括格雷恩·欧哈拉（Glen O'Hara）的《美国权力的限制：约翰逊和威尔逊政府的跨大西洋金融外交，1964 年 10 月~1968 年 11 月》④、考马斯·特索卡司（Kosmas Tsokhas）的《盎格鲁－美国经济协定和澳大利亚金融外交》⑤、朱迪思·库克（Judith Lee Kooker）的《法国金融外交：两次世界大战期间》⑥ 以及尼古拉斯·拜尼（Nicholas Bayne）的《金融外交与信用恐慌：中央银行地位的上升》⑦。第二类的文献包括达芙妮·乔希琳

① 陈乐民：《西方外交思想史》，中国社会科学出版社，1995，第 2 页。
② 鲁毅、黄金祺等：《外交学概论》，世界知识出版社，1997，第 5 页。
③ 〔英〕巴斯顿：《现代外交》，赵怀普、周启朋、刘超译，世界知识出版社，2002，第 1 页。
④ Glen O'Hara, "The Limits of US Power: Transatlantic Financial Diplomacy under the Johnson and Wilson Administrations, October 1964 – November 1968", *Contemporary European History*, 2003, 12 (3), pp. 1 – 22.
⑤ Kosmas Tsokhas, "Anglo – American Economic Entente and Australian Financial Diplomacy", *Diplomacy & Statecraft*, 1994, 5 (3), pp. 620 – 641.
⑥ Judith Lee Kooker, *French Financial Diplomacy: The Interwar Years* (Johns Hopkins University, 1974).
⑦ Nicholas Bayne, "Financial Diplomacy and the Credit Crunch: the Rise of Central Banks", *Journal of International Affairs*, 2009, 62 (1), pp. 1 – 16.

（Daphne Josselin）的《在欧洲和硬地之间：法国金融外交，1995—2002》①、雅柯布·卡普兰（Jacob J. Kaplan）等的《欧洲支付联盟：20 世纪 50 年代的金融外交》②、安迪克特（S. Endicott）的《英国对华金融外交：雷斯－罗斯使团，1935—1937》③ 以及杰·塞克斯顿（Jay Sexton）的《债务国的外交：金融和美国内战时期的对外关系，1837—1873》④。

陆钢的《金融外交：当代国际金融体系的政治分析》是迄今为止国内唯一一本关于金融外交的专著，其认定的金融外交同时包括了上述两种含义。陆钢对金融外交的认识如下："金融外交，第一层意思是指，金融力量与军事力量一样，成为当代大国外交的一种新式的、更加有效的武器，以此来作为实现国家战略目标的一个手段；另一层意思则表明，由于金融力量在国际关系中的地位和作用日趋加强，强国政府不再单纯将金融事务交给下属职能部门处理，而是上升到国家重要利益的高度，通过各种外交手段不断处理各国之间的金融事务及其争端。"⑤

本书认为，"金融外交"中的"金融"对"外交"进行了限定，或者限定了外交的目的，或者限定了外交的行为方式，或者对外交的目的和行为方式同时进行了限定。只要符合这三种"限定"情况的其中之一，都可归为"金融外交"。即"金融外交"是这样一系列制定并实施的对外交往政策与行为，它既包括以金融手段实现国家的金融或非金融利益，也包括以非金融手段实现国家的金融利益。从美国霸权的发展历程来看，在霸权初期，美国多以非金融手段实现国家的金融利益，而在霸权鼎盛时期则转变为以金融手段实现国家的金融与非金融利益。

---

① Daphne Josselin, "Between Europe and a Hard Place：French Financial Diplomacy from 1995 to 2002", *French Politics, Culture and Society*, 2004, 22（1）, pp. 57 – 75.

② Jacob J. Kaplan and Schleiminger Gunther, *The European Payments Union：Financial Diplomacy in the 1950s*（Oxford：Clarendon Press, 1989）.

③ S. Endicott, "British Financial Diplomacy in China：The Leith – Ross Mission, 1935 – 1937", *Pacific Affairs*, Winter 1973/74, 46（4）, pp. 481 – 501.

④ Jay Sexton., "Debtor Diplomacy：Finance and American Foreign Relations in the Civil War Era 1837 – 1873", Oxford Scholarship Online, http：//www.oxfordscholarship.com/view/10.1093/acprof：oso/9780199281039.001.0001/acprof – 9780199281039, January 2010.

⑤ 陆钢：《金融外交：当代国际金融体系的政治分析》，福建人民出版社，2000，第 3 页。

2. 金融外交的金融元素

金融外交有别于其他形式外交的关键在于，这种形式的外交将政府力量与市场力量相关联，政府从决策制定到付诸行动以"金融"所代表的市场力量为依托。若要金融外交达到预期效果，便要对市场力量中的金融元素进行充分的利用。金融的本质是资金的融通，因此，金融外交中所依托的金融元素也是围绕"资金"与"融通"而产生的。

（1）货币

货币是金融外交中最基本的金融元素。在金融外交中，这一元素往往通过货币的价值尺度职能发挥作用，具体表现为货币兑换（即汇率）和货币计价。金融外交中的货币兑换元素，也就是常说的汇率外交，通常服务于一国的国际收支政策或目标，例如，1985年后的《广场协议》和《卢浮宫协议》都是美国运用这一元素进行金融外交的典型案例。货币计价元素的应用主要体现在国际大宗商品的计价以及围绕大宗商品交易而衍生出来的金融工具的结算。这一元素主要服务于一国对国际大宗商品价格的把握，尤其是具有战略意义的基础能源和农产品的价格。

（2）金融资产

金融资产是承载金融资本流动和存储的载体，它的构造与设计是资金价值实现跨期交换的基础。这一元素通过成为政府或金融机构的对外投资标的来连通国家间的对外资金往来，构建政府部门间的债权债务关系。一旦金融利益关系形成，金融外交便有了谈判的筹码，这也意味着外交有了进行的理由和利益交换的空间。金融资产是金融外交中在市场层面上不可或缺的工具。

（3）金融机构

金融机构主要从事信贷资金的周转与配置，是引导资金跨境流动的行为主体，它包括中央银行、存款性金融机构和非存款性金融机构。金融机构这一元素通常服务于国家的国际投资战略，政府部门对金融机构业务活动的监管对资金的流向与流量具有极强的导向作用。特别的，政府政策对金融机构业务的限制会直接影响本国私人资本的对外输出，进而在需要的情况下强化政府资本在国际金融市场中的地位，为连通政府和市场力量的金融外交创造条件。

（4）国际金融性组织

国际金融性组织的出现与存在通常是为了调和各国在多边金融外交中出现的利益纷争，促使各国在多边谈判下达成共识，并监督各国在已达成的协议框架下按规则进行金融活动，确保国际金融秩序的稳定。二战后，这种国际金融性组织由国际货币基金组织和世界银行担当。由于国际金融性组织的职能和权力，各国都十分重视本国在组织中的话语权。在国际金融性组织中拥有压倒性话语权意味着拥有国际资本的主要调配权和全球资本融通规则的主要制定权。因此，在国际金融性组织中的话语权直接影响了该国金融外交的实力。

（二）美国金融外交的决策系统

彼得·古勒维奇曾指出："为了解释经济政策的选择，我们需要把政策成果与政治联系起来。"[1] 而要理解美国在处理国际经济事务时所采取的金融外交活动，以及美国将政府对外负债作为金融外交工具的合理性与必要性，就要首先对美国金融外交决策系统的内部构成与决策机制进行了解。因此，本书有必要在此部分对美国金融外交的决策系统做以简要的介绍。

1. 美国决策形成过程的模式

外交是一国在国际关系方面的活动，因此金融外交决策的形成也自然脱离不了政府决策形成的一般模式。"铁三角"模式和"议题网络"模式被学术界广泛地用以描述多元政治背景下的美国决策过程。

"铁三角"中的"三角"分别指利益集团、国会委员会和行政机构，这三者因彼此目标相容可以在决策过程中进行互利互惠的合作，并形成有如密闭三角般牢靠稳定的关系，"铁三角"也因此得名。"铁三角"模式成形于20世纪50年代，"铁三角"的稳定性源自它能基本满足各方的利益诉求。然而到了20世纪70年代，随着经济的发展，政策问题变得日益复杂，利益集团的数量增长迅猛，利益诉求也变得多样化，"铁三角"模式

---

[1] 〔美〕彼得·古勒维奇：《艰难时世下的政治——五国应对世界经济危机的政策比较》，袁明旭、朱天飚译，吉林出版集团有限公司，2009，第46页。

因受到冲击而逐渐弱化。

"议题网络"继"铁三角"之后出现于20世纪70年代，是指围绕特定政策问题（即"议题"）在参与者之间所形成的松散网络。与"铁三角"相比，"议题网络"的参与者更多样化，不仅包括"铁三角"中的利益集团、国会和行政部门，还包括专家学者以及大众媒体等。也正因如此，"议题网络"参与者之间的关系十分松散，充满不稳定性。

对于研究金融外交的决策过程来说，"铁三角"的分析思路更值得借鉴，但金融外交毕竟只是政府在外交领域的决策，因此金融外交决策参与者范围会与具有普遍适用性的"铁三角"稍有不同，他们分别是社会势力（即社会私人个体和由个体组成的集团）、部分国会委员会以及行政部门中的相关部门。此外，在"铁三角"之外，还存在以美联储为代表的独立部门。因此，金融外交的决策过程是一个半封闭的三角模式。在下面两个小节中将分别对该模式的参与者和参与者之间的关联机制进行阐述。

2. 美国金融外交决策的参与者

（1）社会势力

美国是"强国家"的典型代表，这种类型的国家政权容易受社会私人行为的渗透，政策制定既无法独立于利益集团和公众的舆论压力，也无法与决策者所属政党利益及选区利益相隔离。[①] 正如斯蒂芬·克拉斯纳（Stephen D. Krasner）所说，美国在进行国际经济决策时常常会面临"对外强大"（external strength）与"对内软弱"（internal weakness）的悖论。[②] 美国新古典现实主义代表人物法利德·扎卡利亚（Fareed Zakaria）认为，美国这种国家政权与社会势力相连接的制度结构塑造着国家决策者在世界政治与经济体系中制定政策的行为能力与行为方向。[③] 因此，以私人利益

---

① Evenly B. Davidheiser, "Strong States, Weak States: The Role of State in Revolution", *Comparative Politics*, 24（4），1992, pp. 463 – 475.

② Stephen D. Krasner, "United States Commercial and Monetary Policy: Unraveling the Paradox of External Strength and Internal Weakness", *International Organization*, 31（4），Autumn 1977, p. 637.

③ 关于此方面的详细论述请参见 Fareed Zakaria, *From Wealth to Power: the Unusual Origins of America's World Role*（Princeton, N. J.: Princeton University Press, 1998），pp. 13 – 43。

集团、大众传媒、思想库为代表的社会势力在美国金融外交决策过程中具有举足轻重的政策导向作用。①

（2）国会

在美国金融外交政策的制定过程中，美国国会与行政部门的关系可被视作一种"伙伴"关系，其决策制定过程就是总统与国会寻求共识的过程。② 国会影响和制约美国金融外交决策的权力主要来自立法权、预算审批权、谈判授权、人事任命权以及监督调查权。

第一，美国国会对对外经济事务享有立法权，立法是国会管理对外经济事务最核心的方式。虽然美国对外经济事务最核心的是贸易，美国国会通过的国际经济政策法律多是贸易法案，③ 但国会的立法权依然会在特定情况下对美国的金融外交产生影响。例如，20 世纪 90 年代初，美国国会就曾立法限制世界银行对中国项目的贷款支持，导致中国与世界银行的合作一度中断。④ 第二，预算审批权是美国宪法赋予国会的重要权力，总统的对外经济政策所需资金，特别是大规模的对外经济援助和对国际经济组织的注资，必须经国会批准方可实行。⑤ 著名的"马歇尔计划"就曾在提案初期遭受国会的消极反应，而 1995 年美国对墨西哥金融危机的援助资金就未获国会批准，克林顿政府只能动用财政部的"汇率平准基金"来实行援助计划。⑥ 国会对"财权"的把持对美国金融外交的顺利进行有

---

① 早期的美国大众传媒主要是帮助选民理解政府及其领导人的行为与动机，同时也代表民众对政府进行监督，促使领导人保持诚实。而当今的美国大众传媒会在一定程度上受到利益集团的影响，利益集团通过媒体将自身的利益议题延伸为公众议题，以此向决策层制造舆论压力。对这一过程的理论探讨可参见 Nyada Terkildsen, Frauke I. Schnell and Cristina Ling, "Interest Group, the Media, and Policy Debate Formation: An Analysis of Message Structure, Rhetoric and Source Cues", *Political Communications*, 15, 1998, pp. 45 - 61。张春在《美国思想库与一个中国政策》一书中提到，思想库是美国外交政策走势的风向标。参见张春《美国思想库与一个中国政策》，上海人民出版社，2007，第 13 页。

② Stephen D. Cohen, *The Making of United States International Economic Policy: Principles, Problems, and Proposals for Reform* (New York: Praeger, 2000), pp. 97 - 98.

③ 对于国际投资政策的法规制定和管理工作，由于美国自由投资的经济传统，国会将其让渡给了商务部和行政部门内部的一些跨部门协调机构。

④ 王勇：《中美经贸关系》，中国市场出版社，2007，第 353 页。

⑤ 美国国会也正是通过对"财权"的把持来对国际组织施加影响的。

⑥ 〔美〕罗伯特·鲁宾：《在不确定的世界》，李晓岗、王荣军、张凡译，中国社会科学出版社，2004，第 5～30 页。

着不可估量的影响。第三，在谈判授权方面，总统和行政部门参加国际经济谈判的权力由国会授予，也就是说总统和行政部门是否具有谈判权，在多大程度上具有谈判权完全由国会决定。此外，国会对国际条约还有批准权，即国会有权否决总统所签订的国际经济条约。第四，国会的人事任命权表现在美国对外经济领域高级官员的任命必须经由国会认可或批准，这项权力可以确保国会在对外经济决策方面的影响力。第五，国会对行政部门国际经济政策的监督调查权主要体现在国会有权要求总统、财政部、商务部等机构定期向国会提交关于对外经济问题报告或要求行政官员出席听证会并提供证词。

表2-1列举的是美国国会参与国际经济决策过程的相关委员会，这些委员会也会根据国会需要参加金融外交的决策过程。事实上，在金融外交中，国会只是在对外援助方面拥有较大权力。由于国际金融政策的专业程度最高，技术操作又最为复杂，国会往往将权力更大地让渡给了行政部门财政部和独立机构美联储。

表2-1　美国国会参与国际经济决策过程的相关委员会

	国际贸易	国际金融	国际投资	对外援助
国会 委员会	参议院财政委员会	参议院银行委员会	参议院银行委员会	参议院 拨款委员会
			参议院外交委员会	
	众议院筹款委员会	众议院金融委员会	众议院外事委员会	
			众议院金融委员会	

资料来源：李巍《制度变迁与美国国际经济政策》，上海人民出版社，2010，第123页。

（3）行政部门

在美国，以总统为首的行政部门的职责在于拟定国际经济政策方案、与外国政府就具体国际事务进行谈判以及处理对外经济关系中的技术性细节。金融外交决策既属于经济政策，也属于外交政策，而美国行政机构中分管经济政策和外交政策的分别是财政部和国务院。①

---

① Stephen D. Cohen, *The Making of United States International Economic Policy: Principles, Problems, and Proposals for Reform* (New York: Praeger, 2000), p. 47.

由于掌管美国的外交政策，国务院是最少受到国内社会势力干扰的行政机构，它的职责是对整体国家利益负责，而不是维护其他私人集团和产业的利益。[1] 在金融外交政策制定和执行过程中，国务院更多的是出于政治和国家安全的角度去分析其他国家对美国金融外交政策的反应，以及这种反应对美国外交环境所造成的潜在影响。因此，国务院参与金融外交最多的是政治色彩最浓的国际双边援助事务，而在国际金融和国际投资领域的绝大部分政策权力被让渡给了财政部、商务部或总统办公室。

美国财政部是国内经济和国际收支平衡政策的主导，控制着美国的国际金融、国际税收和美元。财政部不但有权干预美元汇率，也能决定美国对他国和国际经济组织的经济援助。[2] 正因为具有诸多政策权力，财政部是美国对外开展金融外交的执行者，例如，1985 年的美日《广场协议》便是美国财政在金融外交方面的重要成果，近些年美国财政部在处理对华经贸关系中也逐渐成为对华金融外交的主导者。[3] 此外，在 IMF 和世界银行的财政部长会议、G7 财长会议中，美国财政部的表现也可圈可点。财政部下设的国际事务办公室（Office of International Affairs，OIA）主要负责财政部的金融外交活动，该办公室所拥有的国际经济专业人士数目可与中央情报局比肩。[4]

此外，除国防部与财政部的其他行政部门也可能根据实际需要在金融外交中发挥作用，表 2－2 所示的即美国行政部门参与国际经济决策的相关机构。

（4）独立部门

所谓独立部门，就是位于美国国会和行政部门之间的公共权力部门，

[1] Stephen D. Kransner, *Defending the National Interest: Raw Materials Investments and U. S. Foreign Policy*, (Princeton: Princeton University Press, 1978), p. 86.
[2] 在 IMF 和世界银行，美国财政部所占份额最大，从而具有最大的决策权。
[3] 孙哲、李巍：《国会政治与美国对华经贸决策》，上海人民出版社，2008，第 316～336 页。
[4] Stephen D. Cohen, *The Making of United States International Economic Policy: Principles, Problems, and Proposals for Reform* (New York: Praeger, 2000), p. 49.

表 2 - 2　美国行政部门参与国际经济决策系统的相关机构

部门名称	国际贸易	国际金融	国际投资	对外援助
总统办公室	美国贸易代表	国家经济委员会	—	管理和预算局
	经济顾问委员会	经济顾问委员会		
	国家经济委员会			
内阁各部	商务部	财政部	海外投资委员会	国务院
	农业部		国防部	
	国务院	国务院	商务部	财政部
	劳工部		国土安全部	
	环保总署		能源部	

资料来源：李巍《制度变迁与美国国际经济政策》，上海人民出版社，2010，第123页。

该部门中最主要的三个经济决策机构分别是联邦储备委员会、证券交易委员会以及国际贸易委员会。而前两个机构与金融外交决策的关系相对密切。

联邦储备委员会具有完全独立的货币供给职能[①]，财政部为金融外交所设计的国际货币政策必须得到美联储相应的国内货币政策配合方可达到预期的政策效果，这一点在美元汇率决定问题上体现得尤为明显。[②] 因此，在财政部的金融外交活动中总少不了美联储竞争与合作的身影，比如《广场协议》、《卢浮宫协议》、20世纪80年代对拉美债务危机的处理以及90年代对地区性金融危机的救助。

证券交易委员会（Securities and Exchange Commission，SEC）直属于美国联邦政府的独立准司法机构，负责美国资本市场的监督和管理工作，对维护资本市场秩序和保护投资者利益具有重要贡献。自20世纪90年代以来，美国资本市场日趋国际化，证券交易委员会的独立性也因此受到来

[①] 美元的货币供给完全由美联储自行决定，无需国会或任何行政机构的批准；美联储的运营经费不受国会预算审批权的控制；美联储成员的任期独立于总统和国会，由总统提名的美联储主席任期须与该总统任期相错。参见李巍《制度变迁与美国国际经济政策》，上海人民出版社，2010，第110～111页。

[②] 特别的，自布雷顿森林体系崩溃后，美元汇率的自由浮动使得美联储的货币政策更注重国际协调，这在某种程度上对美元的国际地位起到了积极作用。

自美国政府的压力，它被要求利用其监管权力对在美国资本市场中的外国投资者进行管理，以配合美国的外交政策。①

3. 美国金融外交的决策机制

在对美国金融外交的决策形成过程和决策参与者进行了初步了解后，我们便可以在此基础上分析美国金融外交的决策机制了。图 2 - 1 是美国金融外交的决策机制的全景，其主线是由私人个体和集团组成的社会势力通过选举和舆论将利益诉求信息传递给美国国会，国会通过立法权和"财权"等决策权力协助美国行政部门形成既能平衡国内私人利益又可达到国家利益的金融外交政策，最后，由行政部门说服独立部门进行配合，共同实施既定的金融外交活动。② 下面将对此全景图做以详细阐述。

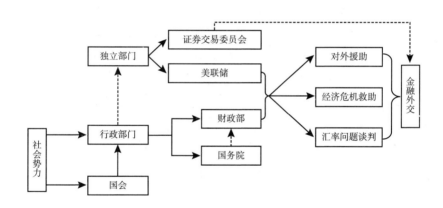

图 2 - 1 美国金融外交决策机制全景

① 参见 Benn Steil，Robert E. Litan，*Financial Statecraft：The Role of Financial Markets in American Foreign Policy*（New Haven and London：Yale University Press，2006），pp. 58－66。

② 金融外交决策过程主干线的思路借鉴李巍对美国制度代理关系的研究结论。他认为，美国国内存在宏观、中观和微观三个层次的制度代理关系。在宏观制度层面是国家与社会之间的委托代理关系，即社会中的私人个体以及由个体组成的集团如何将权力授予国家机器；在中观制度层面是府会之间的委托代理关系，即立法部门如何将权力授予行政部门；在微观制度层面是国际经济决策系统的委托代理关系，即行政、立法和独立三大部门内部各个组成机构之间的制度关系和各自的决策权力。详细参见李巍《制度变迁与美国国际经济政策》，上海人民出版社，2010，第三、四章。

美国的金融外交主要有三种形式，分别是对外援助、经济危机救助和汇率问题谈判。

对外援助主要是美国对他国或国际组织的贷款援助或资金注入，财政部对国库资金的动用必须得到国会预算审批的准许，而国会的审批态度在相当程度上受到来自利益集团、思想库和媒体舆论的社会压力的影响。这使得国会比行政部门更加具有孤立主义和单边主义倾向。没有国会预算的审批，财政部是难以实行大规模的对外援助的。此外，国会的立法权和人事权也遏制了行政部门在金融外交上的一意孤行。经济危机救助分为对外危机救助和对内危机救助。对外危机救助与对外援助类似，只是对外危机救助较对外援助附有更加严苛的贷款条件；对内危机救助是美国自身出现经济危机时需要他国给予资金和政策上的支持，至于是否接受他国所提出的救助条件更多是由美国金融霸权的实力决定。因此，在经济危机救助这种形式的金融外交上，财政部在决策方面受到来自国会和社会的影响较小。关于汇率问题的谈判往往由贸易问题引发，来自贸易领域的利益集团的利益诉求信息会迅速传递至国会，国会可以动用立法权对贸易事务进行处理。但如果现实情况使国会不便行使立法权，国会便会将利益集团的诉求传递至行政部门，以求助于财政部的汇率调整。由于美元的国际地位，汇率调整会涉及美国的物价、就业以及与各国的经济利益协调问题，财政部在汇率调整上会更多的与美联储进行协商与配合。在三种形式的金融外交中，行政部门中的国务院会主导具有浓重政治色彩和重要战略意义的金融外交活动，而财政部和美联储在这类金融外交中的行动更多集中在执行层面。

（三）政府对外负债在美国金融外交中的工具性作用

美国政府债务由美国财政部负责财政债券的发行与管理。美国政府公共债券按持有人可分为公众（包括外国投资者）持有债券和美国政府部门间持有债券。而美国政府对外负债指的是公众持有债券中的外国投资者持有部分。以 2016 财政年度为例（2016 年 9 月 30 日），美国政府公共债务总计 19.43 万亿美元，其中，公众持有债务为 14.17 万亿美元，而外国公众持有债务为 6.00 万亿美元，占美国政府公共债务的

30.9%。① 也就是说，美国财政部作为金融外交工具的是占 30.9% 的外国投资者持有的美国政府债务。图 2 - 2 显示的是 1960~2016 年美国政府对外负债占政府公共债务和占 GDP 的比例变化。明显的，在布雷顿森林体系崩溃前后，美国政府对外负债发生了质的变化，由对外债权变为对外债务。政府对外负债占政府公共债务和占 GDP 的比例可谓逐年攀升，外国官方持有美国政府债务比例在 20 世纪 80 年出现下降，但 90 年代中后期开始便基本呈现上升趋势。

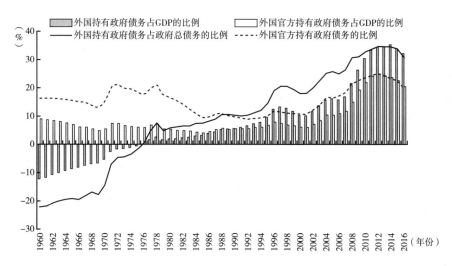

图 2 - 2　1960~2016 年美国政府对外债务变化趋势

注：GDP 数据来自美国经济分析局，政府公共债务、外国持有政府债务、外国官方持有政府债务数据来自美国财政部（相关网站：http：//www. treasurydirect. gov/govt/reports/pd/histdebt/histdebt. htm；http：//www. bea. gov/；http：//www. treasury. gov/resource - center/data - chart - center/tic/Pages/ticsec2. aspx）。

1. 美国财政部地位的提升

政府债务之所以能在美国金融外交中发挥工具性作用，很大程度上源

---

① 美国政府公共债务和公众持有债务规模来自美国财政部网站所提供的美国债务头寸与交易报告（Debt Position and Activity Report，http：//www. treasurydirect. gov/govt/reports/pd/pd_ debtposactrpt. htm），外国投资者持有政府债务数据来自美国财政部网站（http：//www. treasury. gov/resource - center/data - chart - center/tic/Pages/ticsec2. aspx）。

于二战后美国财政部在美国对外经济决策中地位的日益攀升。[①] 20 世纪 60 年代以来，美国财政部更是主导了一系列重大美国国际经济政策的制定。财政部长更是美国总统的内阁重臣。尼克松政府时期，财政部长约翰·康纳利关闭了美元黄金兑换窗口，为主动终结布雷顿森林体系迈出了关键一步；里根政府时期，财政部长詹姆斯·贝克主导了《广场协议》的谈判，解除了日本对美国金融霸权的威胁；克林顿政府时期，财政部长罗伯特·鲁宾推行"强势美元"政策，强化了美国金融比较优势。此外，财政部长通常兼任跨部门对外投资委员会主席，对美国国内经济安全负有责任，特别是外国对美国敏感行业的收购。[②]

美国财政部在对外经济决策中地位的提升有四个方面的原因。第一，亨利·摩根索建立了财政部对国际货币事务的控制权，[③] 财政部在六个与国际货币决策相关的机构[④]中处于绝对强势地位。财政部的集中控制使得社会行为体的干预微乎其微，它近乎能直接将自身的政策意向转化为具体的政策行为。第二，经济全球化的发展使财政部在国际经济事务中的地位得以提升，特别是在对外援助、在国外寻找战略能源和原材料来源地以及对外投资等领域。在 G7 财长会议和经合组织的财政会议上，美国财政部的见解对全球经济的未来走势具有重大影响。[⑤] 第三，自 20 世纪 70 年代以来，石油危机、区域性甚至是全球性金融危机、债务危机、货币危机的频繁上演，计划经济国家向市场经济国家转轨以及新兴市场国家的金融自由化都为美国财政部施展金融外交提供了国际舞台。第四，美国财政部担任着诸多国际金融机构[⑥]的股

---

① 1944 年，美国财政部长亨利·摩根索领导筹划了旨在重建全球金融秩序和货币体系的布雷顿森林会议，财政部在制定美国国际经济政策中的地位日益重要。参见 John S. Odell，"From London to Bretton Woods: Sources of Change in Bargaining Strategies and Outcomes"，*Journal of Public Policy*，1988，8（3/4），pp. 287–316。

② 李巍：《制度变迁与美国国际经济政策》，上海人民出版社，2010，第 105 页。

③ Alfred E. Eckes., Jr., *A Search for Solvency*（Austin: University of Texas Press, 1975），p. 42.

④ 这六个机构分别是国务院、经济顾问委员会、国家安全委员会、财政部、国际经济政策委员会和联邦储备委员会。

⑤ 李巍：《制度变迁与美国国际经济政策》，上海人民出版社，2010，第 104 页。

⑥ 主要包括国际货币基金组织、世界银行，以及诸如泛美银行、亚洲开发银行等地区多边发展银行。

东，其中以国际货币基金组织和世界银行的国际权威性最高、影响范围最广。这些国际金融机构中的执行官员多数来自美国财政部，这也意味着美国财政部的意志可以直接传递至国际金融机构并影响国际金融机构的政策走向。

2. 政府公共债券作为金融外交工具的原因

政府公共债券被美国财政部选作金融外交工具主要有以下几点原因。

首先，政府公共债券是以政府信用为担保、可在金融市场上交易的流动性债券，这与由政府意志和市场力量结合而成的金融外交十分契合。政府公共债券由美国财政部发行，承载着霸权国政府的信用，在金融资产中安全性较高。美国的国债市场，无论是市场深度还是市场广度都可以保证政府债券具有较高的流动性。因此，对于低风险偏好型投资者——外国政府及其他机构投资者认购美国政府债券的意愿较强。政府与政府之间所建立的债权债务关系为金融外交提供了基础条件。

其次，外国认购的美国政府债券是以美元标价，这为财政部金融外交的利器——美元汇率提供了载体。债务国所发放的债务凭证以本币标价，在浮动汇率体系下，不但利于财政部控制债务成本，还可以调节债务国的国际收支，分摊债务国通货膨胀的成本。这使得财政部在进行美元汇率干预时可以一石多鸟。此外，外国官方对美元债券的持有可以增加美元在国际储备货币中的份额，有助于提高美元的国际货币地位。

最后，以政府债券作为资本回流的载体，有助于美国政府把握国际资本流动。一战后，由于美国对战争赔款和战债偿还的坚持，国际资本环流的路径是从美国私人部门到欧洲各国政府再回流至美国财政部；布雷顿森林体系期间，国际资本环流路径改为由美国官方机构和国际金融机构到欧洲各国政府，经国际贸易到美国私人部门出口商，再经税收或购买政府债券回流至美国财政部；后布雷顿森林体系时代，国际资本环流路径为美国政府通过宽松的财政和货币政策，资金由美国私人部门到外国私人部门，再经外国私人部门和政府部门对美国债券的认购回流到美国财政部。在最后一种环流模式中，政府债券在起点作为货币投放工具，在终点作为资本回流载体，资本国际循环的起点和终点都是美国政府，进一步强化了美国政府对资本国际流动的把握。

政府债券在美国金融外交的工具性作用不仅体现在其是美元的载体，通过被各国政府持有提高美元的国际地位，它还是国际资本的载体，起于美国政府终于美国政府，但循环过程中为各国（包括美国）私人产业资本和金融资本服务。

二 布雷顿森林体系崩溃与美元债务循环模式的建立

二战后，为以战后重建为契机建立全球霸权统治地位，美国采取多种手段以使其他国家与其政策倾向保持一致。在冷战开始后的 20 年时间里，美国在国际贸易领域推行的是以 GATT 为框架的多边自由主义的贸易政策；在国际金融领域实行的是以布雷顿森林体系为框架的国际主义的金融政策；在国际安全事务领域采取以安全结盟体系为框架的积极的对外援助政策。因此，基欧汉和奈将这 20 年的美国霸权统治时期描绘为"复合型的相互依赖"的发展时期。[1] 美国执行再分配战略的能力，既依赖于其在多边贸易和金融机制中的中心地位，也依赖于其控制和攫取海外石油供应的措施。而西方资本主义国家对美国国际政策的服从既源于他们对美国政治和军事力量的依赖，也源于对美国工业和金融统治的依赖。[2] 然而，伴随战后全球经济的恢复，主要经济大国对美元的信心开始动摇，美国金融霸权的基础随着"特里芬困境"的加剧而受到挑战，美国最终选择主动终结布雷顿森林体系并以新的美元债务循环模式对已衰落的金融霸权进行了强化。

（一）布雷顿体系下美国金融霸权信心的动摇

在冷战时期的前 20 年里，支撑美国金融霸权的国际货币机制运行相对平稳，辅之以自由主义的国际贸易政策和慷慨的对外援助政策给主要经济

---

[1] 〔美〕罗伯特·基欧汉、约瑟夫·奈：《权力与相互依赖》，门洪华译，北京大学出版社，2012，第二章。
[2] 〔美〕罗伯特·基欧汉：《霸权之后：世界政治经济中的合作与纷争》，苏长和等译，上海人民出版社，2006，第 172 页。

体带来的红利，全球经济在战后得以迅速复兴。美国霸权维持机制最倚重的能力并非其对有形资源的占有，而是源自其处理国际金融事务信心这一象征性资源。① 在布雷顿森林体系下，这一信心具体表现为美国可以确保他国在 35 美元/盎司的比值下自由兑换美元与黄金。而稳固这一信心则取决于金融霸权国的清偿能力比率和国际收支状况。②

在清偿能力比率方面，美国的黄金储备自 1958 年开始便基本呈现下降趋势，相应的，世界其他主要国家的黄金储备之和自 1958 年起开始上升，并于 1963 年超过了美国的黄金储备（见图 2-3）。

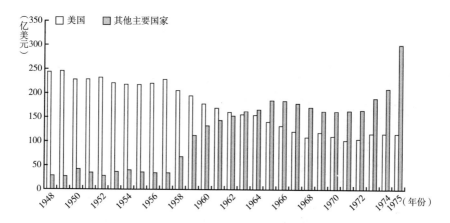

图 2-3 1948～1975 年美国与其他主要国家黄金持有量对比

注：其他主要国家为英国、法国、德国、意大利、荷兰、瑞士和日本。

资料来源：国际货币基金组织，转引自〔美〕弗朗西斯·加文《黄金、美元与权力——国际货币关系的政治（1958～1971）》，严荣译，社会科学文献出版社，2011，附录 B。

由于数据的可获得性，本书无法获知清偿能力比率的具体数值，但可以通过考察特定国际收支账户盈余或赤字的情况来间接推测美国在这一指

---

① 〔美〕罗伯特·基欧汉：《霸权之后：世界政治经济中的合作与纷争》，苏长和等译，上海人民出版社，2006，第 201 页。

② 清偿能力比率指的是霸权国黄金储备与外国拥有的短期债务比率，该指标反映的是金融霸权国的净储备状况。在布雷顿森林体系下，当外国积累的美元增加时，这一比率就会下降，美元持有国会因怀疑美国是否有足够的黄金满足他们未来的债务需求而对美元的信心下降。详细参见 Fred C. Bergsten, *Dilemmas of Dollar* (New York: New York University Press, 1975)。

标上的表现。这些特定账户分别是经常账户、单方转移和资本账户。[①] 在20世纪50~60年代的大部分时期，美国的经常账户都是盈余的，只是这种盈余随着海外军事支出而不断下降（见图2-4）。此外，美国在世界贸易中的份额在这段时期内有所下降（见表2-3），且他国出口对美国的依赖性要远大于美国（见表2-4）。这都对美国的美元黄金兑换造成巨大压力。

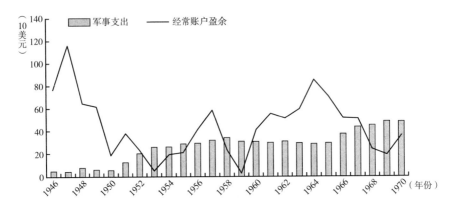

图2-4　1946~1970年美国经常账户盈余与军事支出变化

资料来源：U. S. Bureau of the Census, *Historical Statistics of United States*: *Colonial Times to* 1970, Bicentennial Edition, Part2 （Washington, D. C., 1975）, p. 864。

表2-3　1950~1970年美国贸易占世界贸易和OECD贸易份额

单位：%

年份	所占世界贸易份额			所占OECD贸易份额		
	出口	进口	总计	出口	进口	总计
1950	17. 61	16. 02	33. 63	28. 25	24. 30	52. 55
1955	17. 88	13. 59	31. 47	26. 59	20. 21	46. 80
1960	17. 43	13. 20	30. 63	24. 55	19. 16	43. 71
1965	16. 17	12. 94	29. 11	21. 90	17. 68	39. 58
1970	15. 10	14. 21	29. 31	19. 66	18. 81	38. 47

资料来源：IMF《国际金融年鉴》各期。转引自〔美〕亨利·R. 诺《美国衰落的神话：领导世界经济进入九十年代》，朱士清、高雨洁校订，中国经济出版社，1994，第92页。

[①] 在固定汇率体制下，这些账户的总和是盈余或赤字需要用短期的官方资本转移或官方储备的转移来弥补。如黄金、储备或"关键"通货。然而，平衡交易在布雷顿森林体系中并不会自动发生。引自〔美〕弗朗西斯·加文《黄金、美元与权力——国际货币关系的政治（1958~1971）》，严荣译，社会科学文献出版社，2011，第258页。

表 2 - 4　1970 年美国与其他经济大国双边出口依赖性

指标	加拿大	英国	日本	西德	法国
他国出口对美国依赖性（A）	0.134	0.018	0.030	0.017	0.006
美国出口对他国依赖性（B）	0.009	0.003	0.005	0.003	0.002
外国与美国依赖性比率（A/B）	14	7	6	6	4

注：A = 他国对美国的出口/该国的国民生产总值；B = 美国对他国的出口/美国的国民生产总值。表中数据差异因四舍五入。

资料来源：〔美〕约翰·奥德尔《美国国际货币政策》，李丽军等译，中国金融出版社，1991，第 158 页。

由于美国在这段时期一直慷慨地提供对外援助，因此，单方转移通常处于赤字状态。尤其是在肯尼迪和约翰逊政府期间，美国政府更是积极推行对外援助和对外贷款政策。而在资本账户方面，1946 ~ 1970 年，除个别年份外，美国的对外净资产规模不断扩大。1970 年，美国资本账户下的美元净输出规模较 1946 年增长了 13 倍，达到 581.28 亿美元。美国对外投资规模的增加主要是因为西欧和日本经济增长率的大幅提高给美国资本提供了更具吸引力的投资机会。[①] 作为全球的"银行"，美国的资本账户是借短贷长的，并不能将清偿短期债务的希望寄托在长期投资后的美元回流，因此，对外负债所引起的美元流入并不能在很大程度上缓解国际收支的赤字压力。表 2 - 5 是 1946 ~ 1970 年布雷顿森林体系运行以来美国国际收支特定项目与黄金储备的变化情况。可以看出，在 1968 年"特别提款权"被创造之前，美国的黄金储备下降迅速，经常项目收支盈余和黄金储备的减少、单方转移和资本账户赤字的攀升都加剧了"特里芬困境"。美元在世界官方储备中的份额从 1957 年的 40% 下降到 1972 年的 8%（见表 2 - 6）。在布雷顿森林体系下，美国的金融霸权基础正在被撼动，其金融权力也随货币实力的减弱而分散。[②]

---

① 还有一种可能的原因是国际收支的记账方法问题。美国银行和公司在海外进行的长期贷款和投资要被记为赤字，而外国持有的美元账户投资于美国短期金融工具也要被记为赤字，这意味着这些美元在赤字上被重复计算了。〔美〕弗朗西斯·加文：《黄金、美元与权力——国际货币关系的政治（1958 ~ 1971）》，严荣译，社会科学文献出版社，2011，第 259 页。

② 基欧汉和奈曾指出，世界储备比重表明了在布雷顿森林体系下的相对货币实力。参见〔美〕罗伯特·基欧汉、约瑟夫·奈《权力与相互依赖》，门洪华译，北京大学出版社，2012，第 136 ~ 140 页。

表 2 - 5　1946～1970 年美国国际收支特定项目与黄金储备变化情况

单位：亿美元

年份	贸易收支	单方转移	对外资产	对外负债	合计	累积美元净流出	黄金储备
1946	78.07	-29.22	-34.32	-9.85	4.68	4.68	—
1947	116.17	-26.25	-52.11	-13.27	24.54	29.22	—
1948	65.18	-45.25	-19.30	6.08	6.71	35.93	243.99
1949	62.18	-56.38	-12.05	1.74	-4.51	31.42	245.63
1950	18.92	-40.17	-14.21	19.12	-16.34	15.08	228.20
1951	38.17	-35.15	-12.04	5.81	-3.21	11.87	228.73
1952	23.56	-25.31	-15.80	16.73	-0.82	11.05	232.52
1953	5.32	-24.81	-6.01	10.74	-14.76	-3.71	220.91
1954	19.59	-22.80	-15.29	13.10	-5.40	-9.11	217.93
1955	21.53	-24.98	-15.65	13.57	-5.53	-14.64	217.53
1956	41.45	-24.23	-37.00	24.57	4.79	-9.85	220.58
1957	59.01	-23.45	-45.35	11.32	1.53	-8.32	228.57
1958	23.56	-23.61	-39.07	12.59	-26.53	-34.85	205.82
1959	3.10	-24.48	-27.28	35.71	-12.95	-47.8	195.07
1960	41.07	-22.92	-49.83	21.20	-10.48	-58.28	178.04
1961	55.99	-25.12	-51.05	24.68	4.50	-53.78	169.47
1962	51.26	-26.31	-45.21	16.97	-3.29	-57.07	160.57
1963	59.57	-27.42	-61.21	29.82	0.76	-56.31	155.96
1964	85.68	-27.54	-82.54	33.19	8.79	-47.52	154.71
1965	70.98	-28.36	-53.91	3.83	-7.46	-54.98	140.65
1966	51.70	-28.90	-58.66	33.21	-2.65	-57.63	132.35
1967	51.36	-30.80	-80.78	68.52	8.30	-49.33	120.65
1968	42.25	-29.09	-76.52	94.12	30.76	-18.57	108.92
1969	19.11	-29.45	-76.17	123.10	36.59	18.02	118.59
1970	35.63	-32.08	-84.69	59.46	-21.68	-3.66	110.92

注：由于国际收支项目数据为流量数据，而黄金储备为存量数据，为便于比较，这里"累积美元净流出"是将以 1946 年为基础的累积流量近似作为存量数据。"—"为数据不可得。

资料来源：贸易收支、单方转移、对外资产和对外负债数据均来自 U. S. Bureau of the Census，*Historical Statistics of United States*：*Colonial Times to* 1970，Bicentennial Edition，Part2.（Washington，D. C.，1975），p. 866。黄金储备数据来自国际货币基金组织，转引自〔美〕弗朗西斯·加文《黄金、美元与权力——国际货币关系的政治（1958～1971）》，严荣译，社会科学文献出版社，2011，附录 B。

表 2 - 6　各国货币战世界官方储备份额

单位：%

国家	1957 年	1967 年	1972 年
德国	9	11	15
日本	1	3	12
美国	40	20	8
法国	1	9	6
英国	4	4	4

资料来源：〔美〕约翰·奥德尔《美国国际货币政策》，李丽军等译，中国金融出版社，1991，第 161 页，表 7。

（二）布雷顿森林体系崩溃前的美国金融外交

在布雷顿森林体系下，美国通过对外投资和对外援助与贷款向世界输出美元，通过贸易盈余使美元回流，以减少各国对美国施加美元兑换黄金的压力。但随着西欧和日本经济的恢复，美国国际收支开始向赤字方向发展。早在 20 世纪 60 年代中后期，西欧便开始质疑美元兑黄金固定比价的可持续性，而美国则更早的对国际收支的恶化做好了准备，其中，以美国政府债务为工具的金融外交便是其中的重要手段。

表 2 - 7 列举的是 1961～1973 年布雷顿森林体系崩溃前美国为国际收支赤字融资的一系列的金融外交活动。

表 2 - 7　1961～1973 年美国金融外交事件

年份	事件	目的	筹码
1961	签订央行间货币互换协议	增加央行维护现行汇率反对投机活动和热门货币流动的能力	美国在欧洲的军事防护
	建立伦敦黄金总库	减轻美国黄金储备压力	美国在欧洲的军事防护
	认购鲁萨债券	将外国央行持有的过剩美元转变为更长时间的债务	美国在欧洲的军事防护
1966	欧洲在 IMF 的份额增加 25%	以 IMF 资金为美国国际收支赤字融资	美国在欧洲的军事防护 主要经济国家全球金融秩序稳定的需求

续表

年份	事件	目的	筹码
1967	创建特别提款权	允许国际收支赤字国家维持程度更高、时间更长的收支失衡而不需遵从传统金融调整过程	在 IMF 的占优投票权
1968	签订认购流动的美国国库券的协议	美元的回流不会消耗国内黄金储备，同时为联邦债务融资	黄金总库解散，欧洲官方美元结余被冻结，别无选择
1971	签订《史密森协议》	美元贬值，维持国际收支赤字	外国对外资和外贸的严重依赖，对货币稳定的渴望
1973	保罗·沃尔克走访各国进行私下谈判	结束布雷顿森林体系	外国对外资和外贸的严重依赖，对货币稳定的渴望

在肯尼迪政府时期，美国对国际收支状况还较为乐观，主要表现在美国将削减赤字的努力以及维护并加强与大西洋联盟之间的合作相结合，着力构造一个多边防御体系以应对美元因国际收支赤字而可能遭受的投机性攻击。美国财政部副部长罗伯特·鲁萨（Robert Roosa）为此分三条路线开展了金融外交活动。第一条路线是美国通过谈判与国外主要中央银行达成了一系列的货币互换协议，当美国或协议国货币遭受投机性攻击时，双方中央银行可以在互惠信贷额度内提取货币信贷以支持现行汇率。第二条路线是为抑制金价上涨导致美元贬值、美国黄金储备流失，美国牵头与欧洲八国[1]于1961年10月组建了黄金总库，美国承担了总库所需黄金的50%。黄金总库由英格兰银行代理，负责伦敦黄金价格的稳定。对于欧洲来说，黄金总库在当时的背景下以较低的代价提高了国际金融体系的稳定性。[2]对美国来说，黄金总库暂时缓解了黄金储备减少的压力。第三条路线是向各国推行"鲁萨债券"。所谓"鲁萨债券"是不能在美国流通的、面向外国中央银行发行的、顶替黄金的美国中期政府债券。"鲁萨债券"是一种具有潜在流动性的债务工具，它只需要2~9天的时间便可被转换成完全可出售的流动性债券。正因为具有政府信用和潜在流动性，外国持有者在金融稳定时期一般不会将其转换为流动性债券进而要求兑换黄金。因此，

---

① 欧洲八国分别为英国、瑞士、法国、德国、意大利、荷兰、比利时以及卢森堡。
② 陈宝森：《美国经济与政府政策》，世界知识出版社，1988，第918页。

"鲁萨债券"旨在将国外过剩的美元转变为更长时间的债务，且财政部还可以借此粉饰美国国际收支的赤字规模。①

肯尼迪政府时期的金融外交多是凭借美国的军事实力促成一系列协议的签订，虽然并未能阻止国际收支赤字的进一步扩大，但加强了美元对各国央行货币储备的渗透。而约翰逊政府时期，美国则将这种渗透进一步转化为迫使他国认可美国国际收支赤字合理化的筹码。尽管欧洲对美国此前的民族主义货币政策存在诸多不满，也曾坚定阻止美国进一步将 IMF 资金用于为资本账户赤字融资，② 但因惧怕美国将军队从欧洲转投东南亚，同时也出于对美国出口的依赖，③ 欧洲还是同意 IMF 在 1966 年将其份额增加25%，且再次允许它将其增加的黄金持有量转存至美国财政部。国际收支的进一步恶化使美国感受到金融权力逐渐在向欧洲转移。在布雷顿森林体系下，黄金即权力，为维持金融霸权，美国清楚地意识到金融外交方向要转向改变世界金融权力的基础，使美元与黄金脱钩。美国约翰逊政府时期的新财政部长亨利·福勒于 1965 年呼吁为讨论国际金融体系改革召开一次世界金融会议，虽然此次会议并未召开，但自此美国开始积极推动创建一种被称为"纸黄金"的新储备资产——特别提款权。IMF 于 1967 年接受了这项提议。特别提款权相当于 IMF 替收支赤字国向盈余国发放的一种新的债务工具，盈余国将其作为对美国黄金储备的潜在债权而不需要再积聚黄金，最终，赤字国将负责清偿这些信贷。但 IMF 并没有明确规定清偿期限和违约惩处。1968 年，黄金总库崩溃导致的美元危机促使特别提款权被激活。特别提款权的使用相当于架空了黄金对流动性的约束权力，也意味着美国"债务国"地位得到认可与制度化。不仅如此，黄金总库的崩溃迫使美国关闭了美元黄金兑换窗口，但美国也借此机会向加拿大、日本和欧

① 因为外国中央银行对"鲁萨债券"的购买会作为外国长期资本流入记入美国的国际收支平衡表。参见〔美〕迈克尔·赫德森《金融帝国》，嵇飞、林小芳等译，中央编译出版社，2008，第 267 页。

② 法国对美国的反对尤为强烈与坚定。

③ 美国政府是用借债而非税收为越战融资的，因此，美国国际收支的恶化实际是产生于美国私人部门在对外投资和进口账户上对欧洲资产和工业产品的需求，这也加强了欧洲经济增长与美国国际收支赤字扩大的相关性。参见〔美〕迈克尔·赫德森《金融帝国》，嵇飞、林小芳等译，中央编译出版社，2008，第十一章。

洲施压，使其中央银行的美元储备再投资于美国，尤其是美国国库券。①
而加拿大、日本和欧洲屈从美国的原因是因为他们别无选择，美元储备因
黄金窗口关闭而无法兑换，美元如不能回流美国，国际金融和贸易的崩溃
将使他们比美国付出更惨痛的代价。

　　如果说 1968 年的美元危机，美国借关闭美元黄金兑换窗口使美国债务
融资模式得到认可，那么 1971 年的美元危机则使美国终于实现了美元与黄
金脱钩。1971 年 8 月，尼克松宣布停止美元与黄金的兑换，这等同于迫使
欧洲在持有或者抛售美元（主要体现为短期国库券形式）之间进行选择。②
至此，国际收支赤字和捍卫美元不再是美国的重担，而是欧洲和其他国家
中央银行所面临的问题。③《史密森协议》④ 的签订终止了之前欧美因关
税、配额和汇率所引发的贸易战，也从侧面激励了美国政府将之前的"宽
容忽略"（benign neglect）⑤ 赤字政策转向故意忽略政策。终于，1972 年下
半年美元危机因国际收支持续恶化而再次爆发，美国财政部的金融外交活
动也再次开始。支持自由主义的美国财政部长乔治·舒尔茨于 1973 年派遣
副财政部长保罗·沃尔克与英国、西德、法国、意大利、日本进行私下谈
判，目的是要求彻底改变布雷顿森林体系，建立新的国际货币秩序。⑥
1973 年 3 月 16 日，美欧日等十四国财长在会议上通过了美国国际金融政
策的调整措施，⑦ 各国纷纷放弃了运行了近 30 年的布雷顿森林体系。

---

① 〔美〕迈克尔·赫德森：《金融帝国》，嵇飞、林小芳等译，中央编译出版社，2008，第
　285 页。
② 〔美〕迈克尔·赫德森：《金融帝国》，嵇飞、林小芳等译，中央编译出版社，2008，第
　320 页。
③ 〔美〕约翰·奥德尔：《美国国际货币政策》，李丽军等译，中国金融出版社，1991，第 3 页。
④ 《史密森协议》是"十国集团"（比利时、加拿大、法国、德国、意大利、日本、荷兰、
　瑞典、英国和美国）经秘密谈判而达成的货币比价调整协议，协议主要内容是美元贬值
　7.89%，其他国际货币对美元不同程度升值。作为交换，美国取消进口附加税和投资税。
　关于《史密森协议》的详细论述可参见 John S. Odell, *Negotiating the World Economy*
　(Ithaca: Cornell University Press, 2000), pp. 75 - 80.
⑤ 〔美〕罗伯特·吉尔平：《国际关系政治经济学》，杨宇光译，上海人民出版社，2011，第 128 页。
⑥ 李巍：《制度变迁与美国国际经济政策》，上海人民出版社，2010，第 190 页。
⑦ 此次美国国际金融政策调整措施主要有：美元贬值 10%，且开始使用特别提款权来度量贬
　值的幅度，以削弱黄金作为国际储备资产的象征性角色；逐步取消限制资本流动的利息平
　衡税、商务部对直接投资的控制以及联邦储备系统的自愿对外信贷限制计划。参见〔美〕
　约翰·奥德尔《美国国际货币政策》，李丽军等译，中国金融出版社，1991，第 237 页。

在这段时期的金融外交中，美国财政部集中控制了美国的国际货币政策，这种集中控制使得国内社会势力和美国国会对局势走向的作用微乎其微，政党政治和利益集团更是难以插足。财政部在此期间对政府债券的应用为牙买加体系下美国国库券本位制的建立打下了良好的基础。此外，美国选择终结布雷顿森林体系，也是在国际经济关系相互依赖程度加深的情况下增强国家相对市场对国际资金的引导力量，① 从而决定了美元循环新模式下背后的权力来源。

（三）美元债务循环模式的建立

美国的金融霸权并没有随着布雷顿森林体系的崩溃而结束，因为美国早已找到了替代黄金的本位货币，并在该体系崩溃前的金融外交中使债权国官方普遍接受了它。这个黄金的替代品就是财政部发行的美国国债。

由前文的分析可知，在 20 世纪 60 年代中后期，外国中央银行的美元结余已超过美国财政部黄金储备的支付能力。布雷顿森林体系下的国际金融规则是以债权人为导向的，如果美国此时遵从这一规则——对内实行紧缩政策，对外甩卖其在海外的投资、停止海外的军事行动，那么，它便会重蹈一战与二战后英国的覆辙从而丧失霸权国地位。然而，英国的经验表明，美国即便选择遵循金本位制下以债权人为导向的国际规则而牺牲霸权地位，以当时主要经济大国和美国之间不对称的相互依赖关系来看，② 全球金融秩序依然会因新霸主的缺位而陷入混乱。正如罗伯特·基欧汉所指出的，美国权力地位遭到侵蚀是由旧有机制的规则——保护债权国的利益——人为造成的，美国只有公开打破旧有规则（暂停以美元兑换黄金）才能真正提高谈判地位，使债权国做出让步。"加剧混乱程度是使各国按

---

① 西方国家相互依赖的加强促使私人跨国货币行为体所控制的资金越来越多，而私人行为体的资金流向主要受国际货币市场状况的支配，这意味着政府行为越来越受制于国际市场因素。这对于金融霸权国来说是另一种意义上的金融权力分散。参见李巍《制度变迁与美国国际经济政策》，上海人民出版社，2010，第 192 页。
② 其不对称性不仅体现在军事方面，还体现在经济方面，否则美国的金融外交也不会获得成功。

美国议员进行合作的先决条件。"① 因此，美国选择改变以债权人为导向的国际金融规则、替换世界金融权力的载体（黄金），它保留了对海外的军事援助，继续甚至鼓励着贸易项目和资本项目下美元的对外输出，毫不顾及国际收支方面的恶化。对于来自欧洲和日本债权国的抗议，美国以提供军事保护为安抚、以施加关税和贸易配额为惩治、以美元危机恶化贸易条件为威胁、以国际金融组织为调和，辅之以资本管制和黄金窗口关闭，迫使欧洲和日本官方接受以购买美国国债代替兑换黄金，使美元回流至美国。因此，早在1971年尼克松宣布停止美元黄金兑换时，布雷顿森林体系便已名存实亡。1976年国际货币体系正式进入以浮动汇率制为基础的无政府体系。

外国对美国国债替代黄金的认可使美元债务循环模式得以建立，其原理如图2-5所示。在美元债务循环模式下，美国不再畏惧国际收支逆差给国内经济所造成的紧缩压力，外国对美国国债的认购为美国实行扩张性的货币和财政政策提供了条件。1970年初到1973年3月，美国国债净增440亿美元，外国央行为美国联邦新债务融资520亿美元，减少美国私人投资者所持国库券75亿美元。② 有了外国对美国国债的支持，美国的国内资金便可抽身转投收益率更高的行业和区域：美国消费者将收入用于购买外国产品而非储蓄；美国企业可以选择收购外国公司或新的国内直接投资，而不是购买政府债券。因为收益率较低，即便在美元汇率平稳的情况下，投资美国国债对于外国央行来说也是情非得已。比如，央行将美元结余投资于收益率较高的美国资本市场，一旦因美国扩张的经济政策所形成的市场虚假繁荣破灭，该国央行乃至政府将要面临的政治困境便可想而知。

美元债务循环模式对于外向型国家，尤其是工业出口国家的负面影响是深远而又难以逃避的。美元债务循环模式使美国可以消极应对国际收支的再平衡，因此，这种模式下货币力量的相互作用极不对称。如果美元贬值，债权国国家储备财富缩水，且工业出口国和原料出口国的价格关系的

① 〔美〕罗伯特·基欧汉：《霸权之后：世界政治经济中的合作与纷争》，苏长和等译，上海人民出版社，2006，第201页。
② 〔美〕迈克尔·赫德森：《全球分裂》，杨成果等译，中央编译出版社，2010，第16页。

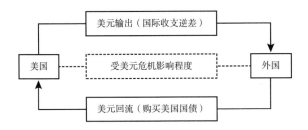

图 2 - 5 美元债务循环模式原理

改变更进一步削减了工业出口国的经济增长动力；如果美元升值，财富将从实体部门向金融部门转移，这不仅意味着央行会增加对美国国债的购买，还会导致私人资本对金融部门的依赖增加，这对于具有金融比较优势的国家是锦上添花，而对于金融市场欠发达的出口导向型国家来说则是一场无声的灾难。

1973 ~ 1976 年美国贸易逆差主要来源国及其为美国债务融资情况如表 2 - 8 所示。

表 2 - 8　1973 ~ 1976 年美国贸易逆差主要来源国及其为美国债务融资情况

单位：亿美元

国家	1973 年		1974 年		1975 年		1976 年	
	贸易顺差	短期债务融资	贸易顺差	短期债务融资	贸易顺差	短期债务融资	贸易顺差	短期债务融资
德国	- 40. 63	132. 27	- 35. 60	94. 29	- 23. 98	44. 07	- 9. 49	52. 50
英国	- 4. 88	61. 48	- 4. 88	75. 84	2. 62	68. 85	0. 23	70. 96
日本	- 14. 23	54. 20	- 10. 54	105. 41	- 18. 28	102. 07	- 53. 59	143. 63

注：由于《美国统计摘要》（1976）只将亚洲作为整体区域进行了统计，并没有统计日本 1973 年和 1974 年对美短期债务融资数据，根据《美国统计摘要》（1978）显示的 1975 年和 1976 年日本占亚洲在对美短期融资的比例，本书以 1973 年和 1974 年亚洲对美短期债务融资的 50% 近似作为日本对美国的短期债务融资。

资料来源：《美国统计摘要》（1976）表 1392、表 1394，《美国统计摘要》（1978）表 1498、表 1500。美国统计署网站（http：//www.census.gov/prod/www/abs/statab.html）。

图 2 - 6 显示的是 1973 ~ 2011 年自布雷顿森林体系崩溃美国政府部门对外债务对流出美元的补充。明显的，美国政府对外债务变化与美元流出呈反向对应关系，且在相当程度上弥补了经常项目和资本项目下的美元流出。

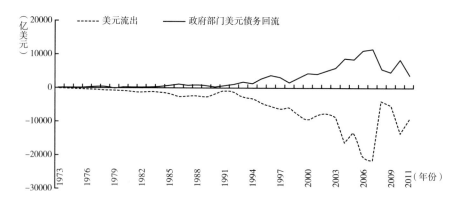

图 2 - 6 1973 ~ 2011 年美国政府部门对外债务对流出美元的补充

注："美元流出"为国际收支平衡表中经常项目平衡与对外资产之和，"政府部门美元债务回流"对美国政府债务的认购方既包括外国官方部门也包括私人部门，将私人包括在内是考虑到主权财富基金在 20 世纪 80 年代后的兴起。

资料来源：根据美国经济分析局网站（http：//www.bea.gov/）所提供国际收支数据绘制。

从图 2 - 6 同样不难看出，政府部门美元债务回流自 20 世纪 90 年代后增长迅速，这主要是有两方面原因，一是资本项目下美国私人部门增加了对国外金融部门的资本输出，二是因为美国经常项目逆差来源国由工业出口国转向石油输出国和新兴市场国家。政府对外债务的相应增加多来源于后者，这将是下文所要进行研究的问题。

三 石油美元定价与美元债务回流

在苏珊·斯特兰奇的结构性权力理论中，能源与运输、贸易、福利一起，被列为次级权力结构，受制于安全、生产、金融和知识四项基本权力结构。[1] 罗伯特·基欧汉也指出，从物质含义角度看，石油处于美国霸权再分配体系的中心，石油机制、国际货币机制和贸易机制作为美国霸权三大利益机制，使盟国服从美国的霸权领导。[2] 因此，石油作为美国霸权时期的核心能源，必然与美国所创建的美元债务循环紧密相连、环环相扣。

---

[1] 〔英〕苏珊·斯特兰奇：《国家与市场》，杨宇光等译，上海人民出版社，第 2 版，2012。

[2] 〔美〕罗伯特·基欧汉：《霸权之后：世界政治经济中的合作与纷争》，苏长和等译，上海人民出版社，2006，第 181 ~ 189 页。

在本节中，我们主要分析的是美国为何以及如何通过将美元作为石油交易的定价货币进而将能源出口国的盈余资金通过政府债务回流至美国财政部。

（一）石油美元定价与美元债务循环的关联机理

石油－美元定价机制，通过确立美元在石油交易中结算货币的垄断地位，不但塑造了美国在全球石油市场和世界能源格局中的影响力，还使石油输出国成为美元债务循环的"轴承"（见图2－7），促使石油消费国增持美元储备，引导石油输出国石油资金回流美国。

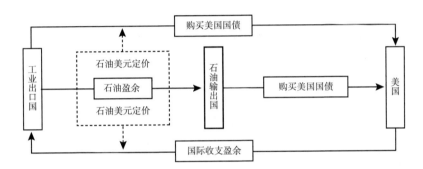

图 2－7　美元债务循环中石油输出国的地位

1. 吸取石油输出国的石油收入

美国通过石油－美元定价机制吸取石油输出国的石油收入主要有两种途径：一是通过美元汇率波动影响石油价格走势，二是通过石油输出国将石油出口盈余投资于美国国债和金融市场。

由于国际石油交易近乎100%以美元计价，因此，决定石油价格的因素除市场的供给与需求外，还有美元汇率。[①] 图2－8显示的是从1986年1月到2017年8月美元指数与石油价格走势的关系。可以看出，除个别时期（如20世纪90年代初海外战争、1997年亚洲金融危机、2007年次贷危机以及之后的全球金融危机），美元指数变化趋势与石油价格走势从整体上呈反向相关关系，这一现象在2002～2007年体现得尤为明显。

---

① 管清友：《石油的逻辑》，清华大学出版社，2010，第80页。

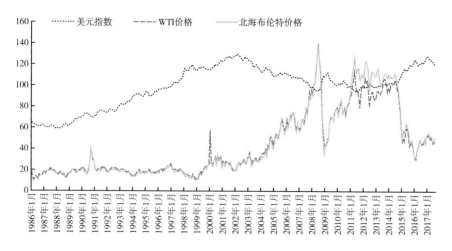

图 2 - 8　美元指数变化与石油价格走势

注：美元指数是由美联储贬值的美元名义贸易加权汇率指数（Trade Weighted U. S. Dollar Index：Broad），该指数随美元升值而增加，随美元贬值而下降。

资料来源：美元指数来自美国联邦储备委员会网站（http：//research. stlouisfed. org/fred2/），WTI 价格和北海布伦特石油价格来自 EIA 网站（http：//www. eia. gov/dnav/pet/pet_pri_ spt_ s1_ d. htm）。

　　美元汇率波动与石油价格走势的相关性为美国对冲基金和投资银行等金融机构的投机活动带来了便利。例如，在 2007 年 9 月到 2008 年 6 月美联储的降息期间内，美元指数累计下跌 8.4%，WTI 原油名义价格上涨了 71.8%，但实际价格只上涨了 57.3%，美元贬值为原油价格上涨的贡献比率达 14.5%。高油价为美国金融机构带来了客观的收益率：2004～2005 年，美国能源类共同基金投资回报率高达 88%；高盛和摩根士丹利 2005 年的大宗商品投资收益已超过证券发行收入。① 正如谭雅玲所指出的，国际石油价格错落变化在于美国的石油"庄家"作用，石油美元的定价机制使得美国可以掌控价格变数，主导石油价格走势。

　　自 20 世纪 70 年代以来，石油输出国的经常项目收支在多数时间内都处于盈余状态。石油输出国通常将因石油出口产生的贸易盈余进行对外投资，这也是这些国家成立主权财富基金较早、拥有主权财富基金数目较多、规模较大的原因（截至 2011 年底，中东地区主权财富基金规模占全

---

① 谭雅玲：《石油价格监管调节的战略性与投机性》，《期货日报》2008 年 8 月 20 日。

球主权财富基金的 35%①)。由于主权财富基金背后所隐藏的政府意志，它在进行投资选择时会适当的考虑收益性，但更多的是考虑风险性。美国金融市场的相对完善与成熟自不必说，以美元结算的贸易盈余在购买以美元计价的投资产品时也省去了汇率损失，因此，石油输出国的主权财富基金的投资地往往是美国。而美国国债更是在这些回流的石油出口盈余中占有相当的比例。以 2011 年为例，石油输出国的主权财富基金规模共计 16905 亿美元，而石油输出国在 2011 年购买的美国国债为 2583 亿美元，占主权财富基金的 15.28%。② 再如，1973～1982 年，沙特阿拉伯、科威特和阿联酋的贸易顺差占欧佩克全部贸易顺差的 82%，而沙特阿拉伯将贸易顺差的 30% 借给了美国政府，欧佩克全部顺差的 24% 也流入美国，其中大约一半的资金购买了美国政府债务。③ 这些投资于美国国债的石油美元形成了美国政府对石油输出国的对外负债，成为美国债务循环中的一部分，石油输出国通过高油价所获得的贸易利润就这样最终回到了美国。此外，美元汇率的波动还会侵蚀石油输出国在美国的债权，侧面增加了美国从石油输出国的石油收入中获取的收益。石油输出国和美国经常项目收支情况见图 2-9。

2. 主导石油输出国石油收入的流向

"石油收入资金就像借贷资金汇集而成的河流，其流向主要受到政治因素的影响，它对于全球金融资本及银行利率的整体结构都事关重大。"④ 中东地区的石油收入基本由执政王室控制，因此，若一国能在政治上对这些酋长国产生举足轻重的影响，那么，该国也就控制了石油收入资金的流向。在中东地区，沙特阿拉伯的石油收入被用于支配地区政治、巩固伊斯兰教国家的政权。然而，在 1974 年美国和沙特阿拉伯签

① 有关石油输出国主权财富基金成立和投资的详细情况请参见 The City UK 提供的 "Sovereign Wealth Funds" 系列年报（http://www.thecityuk.com/）和主权财富基金研究机构网站（http://www.swfinstitute.org/）。
② 主权财富基金数据来自主权财富基金研究机构网站（http://www.swfinstitute.org/），美国国债数据来自美国财政部网站（http://www.treas.gov/tic/ticsec2.shtml#ussecs）。
③ Richard P. Mattione, *OPEC's Investments and the International Financial System* (Washington D.C.: The Brookings Instituion, 1985), pp.12-14. 转引自梁亚滨《称霸密码》，新华出版社，2012，第 182 页。
④ 〔英〕彼得·高恩：《华盛顿的全球赌博》，顾薇、金芳译，江苏人民出版社，2003，第 216 页。

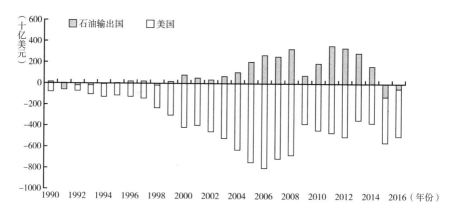

图 2 - 9　石油输出国和美国经常项目收支情况

资料来源：EIU 数据库。

署了一个军事和经济协议后，这笔原被沙特阿拉伯用来直接维护政权的资金最终由美国所控制。因为这个协议包括了两国"考虑在金融领域进行合作"的条款，并规定沙特阿拉伯的石油交易要以美元作为定价货币、沙特阿拉伯的中央银行可以购买不可流通的美国财政部特别债券。①这个协议在迈克尔·布鲁门萨尔担任美国财政部长期间，又从沙特阿拉伯拓展到整个中东地区。②

　　美国近些年来针对中东地区的军事行动多是为了捍卫这个协议的推广及顺利施行。例如，与伊斯兰宗教政治或王朝政策倾向相左的伊拉克复兴党政权一旦掌控了石油资金的流向，石油资金很可能被直接兑换成日元或欧元而不会选择回流至美国，这不仅对美元的国际地位造成冲击，而且直接威胁到美国金融霸权下的美元债务循环的稳定性和可持续性。拥有雄厚军事实力的霸权国是不会允许此类威胁存在的。

---

① "Slow - to - Emerge U. S. Oil Plan, Shaped by Kissinger, Gathers Force," New York Times, November 20, 1974. "Treasury Weighs Saudi Investing Talks with Nation Cited on Possible Purchases of Special Issues," New York Times, June 19, 1974. "Saudi Reply to Simon Likely Soon," Journal of Commerce, July 31, 1974. "Simon Urges Arab Switch to Longer - Term Holdings," New York Times, June20, 1974. "International Banks Shun Oil Dollars," Journal of Commerce, September 12, 1974. 转引自〔美〕迈克尔·赫德森《全球分裂》，杨成果等译，中央编译出版社，2010，第82页。
② 管清友：《石油的逻辑》，清华大学出版社，2010，第43页。

图 2 - 10 展示的是 2000 年 3 月至 2017 年 7 月石油输出国对美国国债的购买情况。不难看出，石油输出国购买美国国债比例基本稳定在 3% ~ 7% 的区间之内，并且在全球金融危机最严重的 2007 ~ 2009 年，这一比例一直维持在 6% 左右的相对高位。可见石油资金的流向非但不会因美国金融危机而撤离，反而会在危机期间给予美元债务循环模式以支持。

图 2 - 10 中东地区对美国国债的购买情况

注：根据美国财政部的划分，石油输出国包括厄瓜多尔、委内瑞拉、印度尼西亚、巴林、伊朗、伊拉克、科威特、阿曼、卡塔尔、沙特阿拉伯、阿联酋、阿尔及利亚、加蓬、利比亚和尼日利亚。

资料来源：根据美国财政部网站提供的相关数据绘制（http://www. treasury. gov/resource - center/data - chart - center/tic/Pages/ticsec2. aspx）。

3. 控制工业出口国的石油供应

日本和西方国家的石油供应控制权一直被美国视为与工业出口国建立利益关联的关键性政治手段。[①] 与美国相比，它们对石油的依赖性更强（见表 2 - 9）。美国控制了这些国家的石油供应，也就等同于增加了他们对美国霸权下的能源机制的依赖。

---

① 〔英〕彼得·高恩：《华盛顿的全球赌博》，顾薇、金芳译，江苏人民出版社，2003，第 217 页。

表 2 - 9　净石油进口量占总体石油需求的比重

单位：%

年份	美国	欧共体	日本
1967	9	50	62
1973	12	60	80
1979	22	46	75
1980	19	43	69

资料来源：〔美〕罗伯特·基欧汉《霸权之后：世界政治经济中的合作与纷争》，苏长和等译，上海人民出版社，2006，第 194 页。

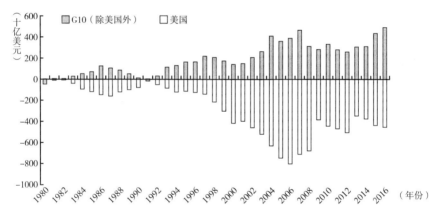

图 2 - 11　G10 国家（除美国外）与美国经常项目收支情况

注：G10 国家包括比利时、加拿大、法国、德国、意大利、日本、荷兰、瑞典、瑞士、英国和美国。

资料来源：EIU 数据库。

　　此外，由于工业出口国所购进的石油均以美元定价，如前文分析，美元汇率波动与石油价格息息相关，美国在控制了工业出口国石油供应量的同时也主导了石油供应的价格，即工业出口国的原料成本。这意味着，工业出口国要获得贸易竞争优势，只能压缩劳动力成本，因为原材料和资本品的价格都是由美元计价的。[1] 压缩劳动力成本最直接的途径就是降低工资，降低工资的压力会随着美元贬值而变得日趋紧迫。工

[1]　〔美〕迈克尔·赫德森：《全球分裂》，杨成果等译，中央编译出版社，2010，第 6 页。

资降低随后便是国内消费能力的降低，而工资降低所带来的正效应——出口增加所带来的外汇利润，也会因为美元债务循环机制而流回美国。当美元升值时，即工业出口国本币贬值时，压缩劳动力成本的压力会减少，但随之而来的是资源从国内发展部门向出口部门转移，对该国经济的增长模式会产生深远的影响——如果没有新兴出口国家出现，老工业出口国将深陷出口导向型经济而难以自拔。这一现象自布雷顿森林体系崩溃后便在不同国家轮番上演，从未间断。最具代表性的便是 20 世纪 80 年代前期的德国、20 世纪 80 年代中后期至 90 年代中后期的日本，以及 20 世纪 90 年代末至今的中国。而美国因受益于美元债务循环模式，则可以有足够的财力与精力去投身于高新科技和金融创新的研发工作。

（二）美国金融外交与石油美元定价机制的成长历程

20 世纪 60 年代中期至 80 年代中期，产油国开始在日益紧缩的原油市场发挥作用，旧有的以七大石油公司为中心的石油机制被破坏，丧失了对产油国的控制权。[①] 1960 年，伊朗、伊拉克、科威特、沙特阿拉伯和委内瑞拉为联合对抗国际石油公司母国的压力，维护石油收入，于 9 月 14 日成立了石油输出国组织（OPEC）。1971 年产油国在德黑兰达成协议，导致油价猛涨；1973 年赎罪日战争爆发后，油价又被提高 3 倍。然而 OPEC 并未就此成为世界石油体系的霸主，美国通过一系列的外交与军事行动稳固了石油美元定价机制，使石油美元成为支撑美元债务循环模式中的"轴承"，并经受住了欧元对石油美元定价的挑战。

1. 美国金融外交与石油美元定价机制的形成

在整个 20 世纪 70 年代，美国始终反对使用武力，断定"以武力治疗会比疾病本身更糟糕"。[②] 在 1971 年英军撤离波斯湾时，美国并没有介入，

---

① 〔美〕罗伯特·基欧汉：《霸权之后：世界政治经济中的合作与纷争》，苏长和等译，上海人民出版社，2006，第 186 页。

② 〔美〕罗伯特·基欧汉：《霸权之后：世界政治经济中的合作与纷争》，苏长和等译，上海人民出版社，2006，第 198 页。

只依靠伊朗国王来填补这一地区的权力真空，约瑟夫·奈对此所做的评论是"最终，伊朗国王的倒台暴露出了美国能源安全政策的真正代价"。[1] 因此，20世纪60年代中期至80年代中期石油政治的变化与美国在中东地区军事力量的相对下降不无关联。[2]

1973年的石油危机给刚刚建立的美元债务循环模式带来了冲击，国际石油价格的急剧飙升使多数石油进口国出现巨额贸易赤字。以西欧和日本为代表的工业出口地区同时也是主要的石油进口地区与消费地区，石油价格的上涨严重地影响了美国与它们之间的贸易收支状况（见表2-10）。石油危机期间，西欧和日本对美国的贸易赤字均有所降低，而与此同时，这些地区相对于石油输出国组织的国际收益平衡却产生了巨额赤字。[3] 这意味着，本应回流至美国的贸易盈余因油价上涨而被转移至石油输出国，而石油输出国的贸易盈余资金流向当时还不在美国的掌控下。1973年的石油危机使美国意识到，石油美元定价和石油资金的流向对维持债务美元循环是一个相当关键的问题，自此，美国开始对中东展开了一系列的金融外交活动。

表2-10　两次石油危机前后美国对西欧和日本经常项目收支情况

单位：亿美元

地区	1971年	1972年	1973年	1974年	1975年	1976年	1977年	1978年	1979年	1980年
西欧	-25.6	-38.5	-11.8	12.3	57.7	67.7	49.8	14.0	138.1	205.5
日本	-35.0	-46.9	-12.9	-7.6	-12.4	-54.4	-80.8	-117.5	-85.7	-89.1

资料来源：美国经济分析局网站（http://www.bea.gov/）。

---

[1] Nye, Joseph S., *Energy and Security*（In Deese&Nye, 1981），p. 8. 转引自〔美〕罗伯特·基欧汉《霸权之后：世界政治经济中的合作与纷争》，苏长和等译，上海人民出版社，2006，第198页。

[2] 基欧汉认为，将石油政治变化归因于美国军事力量的相对下降的分析在石油领域比在货币和贸易领域更为适用。参见〔美〕罗伯特·基欧汉《霸权之后：世界政治经济中的合作与纷争》，苏长和等译，上海人民出版社，2006，第197页。

[3] 1974年，欧洲国家和日本对石油输出国组织的国际收支赤字为400亿美元，1975年和1976年均为200亿美元。转引自〔美〕迈克尔·赫德森《全球分裂》，杨成果等译，中央编译出版社，2010，第80页。

作为世界第一大石油输出国，沙特阿拉伯无论在政治还是经济方面都对整个中东地区有着绝对的影响，它的石油政策对 OPEC 其他国家的选择基本可以起到导向作用。不仅如此，沙特还是产油国垄断集团中唯一不受配额限制的国家，是一个"无约束产油国"。[①] 因此，沙特阿拉伯成为美国有关石油美元问题金融外交的重点对象国。表 2 - 11 列出了从第一次石油危机到欧元诞生前美国为石油美元定价机制的形成所做出的金融外交努力。美国以为沙特阿拉伯王室提供政治支持和军事保护为条件，取得了沙特阿拉伯在石油美元化问题上的积极配合。1974 ~ 1975 年，美国与沙特阿拉伯签署了一系列协议，最终使美元成为沙特阿拉伯石油唯一的定价与交易货币，并于 1974 年底开始购买美国国债，将贸易顺差转化为美国金融资产。美国与沙特阿拉伯签署的此类协议在短短几年时间内便被 OPEC 其他成员国所接受。在此后的几十年内，以石油美元循环换取美国政府对王室的支持和保护成为历任沙特国王所奉行的对外政策。

表 2 - 11　美国金融外交与石油美元定价机制的形成

时间		参与地区	金融外交
1974 年	4 月	美国、沙特阿拉伯	两国发表扩大并加强经济领域合作的联合声明[①]
	6 月	美国、沙特阿拉伯	建立沙特阿拉伯与美国经济合作联合委员会
	7 月	美国、沙特阿拉伯	沙特与美国达成购买财政部特别债券的协议[②]
	11 月	美国等 16 个石油消费国[③]	国际能源机构成立
	12 月	美国、沙特阿拉伯	沙特阿拉伯货币局购买了 250 亿美元的政府债券[④]
1975 年		美国、沙特阿拉伯	沙特阿拉伯只接受美元作为本国石油的标价和交易货币，美国则对沙特王室政权提供支持和保护[⑤]
1978 年		美国、沙特阿拉伯	美国同意给予沙特大幅度提高配额，换取沙特对以特别提款权为石油定价货币的计划，并保证 OPEC 不会改变石油以美元定价[⑥]

---

① 梁亚滨：《称霸密码》，新华出版社，2012，第 173 页。

续表

时间	参与地区	金融外交
1977 ~ 1979 年	美国、中东地区	美国与沙特阿拉伯自 1974 年达成的系列协议拓展 到整个中东地区

注：① "United States and Saudi Arabia to Expand Cooperation", State Department Press Release, No. 133, 5 April 1974. 转引自梁亚滨《称霸密码》，新华出版社，2012，第 172 页。

②David E. Spiro, *The Hidden Hand of American Hegemony*：*Petrodollar Recycling and International Markets* (Ithaca and London：Cornell University Press, 1999), p. 107.

③16 个签署国分别为奥地利、比利时、加拿大、丹麦、德国、爱尔兰、意大利、日本、卢森堡、荷兰、西班牙、瑞典、瑞士、土耳其、英国和美国。转引自梁亚滨《称霸密码》，新华出版社，2012，第 173 页。

⑤Department of Treasury, "Jeddah, Saudi Arabia, Joint Statement：US – Saudi Arabian Economic Dialogue", http：//www. ustreas. gov/press/releases/po1074. htm, 6 March, 2002.

⑥ Richard P. Mattione, *OPEC's Investments and the International Financial System* (Washington D. C.：The Brookings Instituion, 1985), pp. 12 – 14。转引自梁亚滨《称霸密码》，新华出版社，2012，第 182 页。

2. 美国对石油美元定价机制的捍卫

美国经过 20 世纪 70 年代与沙特阿拉伯的金融外交，终于结束了国际石油交易计价货币的多元化，使美元成为石油供应链、运输路线和期货市场中的核心货币，为美元债务循环打通了大宗商品市场的资金通道。对于美国来说，挑战石油美元定价机制是触及美国对外政策底线的行为，因为它等同于挑战美国的金融霸权地位。美国会根据挑战者的不同身份施以不同的应对策略。与 20 世纪 70 年代不同的是，美国不再坚持"以武力治疗会比疾病本身更糟糕"，必要情势下，美国会不惜动用军事力量去捍卫石油美元定价机制。

作为美国的同盟国，沙特阿拉伯曾在 20 世纪 70 年代末迫于美元贬值压力试图改用其他货币或特别提款权为石油定价，美国以取消对沙特军事援助相威胁。① 最终，美国将沙特阿拉伯在 IMF 中的配额提高了 350%，使其成为当时 IMF 的第六大成员国，而这一切只为换取沙特放弃以特别提款

---

① David E. Spiro, *The Hidden Hand of American Hegemony*：*Petrodollar Recycling and International Markets* (Ithaca and London：Cornell University Press, 1999), p. 123.

权为石油定价，且保证 OPEC 其他成员国也继续坚持以美元作为石油唯一的定价货币。[①]

而美国对伊拉克这个挑战者的态度就截然不同了。作为一个长期处于阿拉伯复兴社会党[②]统治下的国家，伊拉克的政权不同于沙特阿拉伯和伊朗，它并不希望因统治阶级的特性而受到西方的束缚，也不希望依靠西方强国来维护其国内安全。[③] 因此，伊拉克的金融活动倾向与沙特阿拉伯等中东国家并不一致。因此，无论是海湾战争还是"石油换食品计划"，美国对伊拉克的制裁都是极其严苛的。2000 年，伊拉克将石油结算货币由美元换为欧元的要求被联合国批准。当时，伊拉克已探明的石油储量居世界第二位，可以想象如果伊拉克将结算货币变为欧元会给美元和美元债务循环体系带来怎样致命的冲击。为遏制伊拉克的后续行动，美国以伊拉克存在大规模杀伤性武器为借口再次发动伊拉克战争，并彻底终结了复兴党在伊拉克的政权。[④] 2006 年，伊朗继伊拉克之后再提改变石油结算货币方案，并计划在石油交易和相关金融衍生品市场交易中均使用欧元。很快，美国便以伊朗开发核武器为由向伊朗施压，导致伊朗的国际石油交易所推迟到 2008 年才正式成立，为避免重蹈伊拉克的覆辙，伊朗采用了多种货币（伊朗里亚尔、日元、欧元等）作为交易货币，以防单一货币地位的快速提升对美元造成冲击，刺激美国对伊朗采取更为严苛的制裁。[⑤]

1999 年欧元的诞生可以说是石油美元定价机制自创建以来接受的最大挑战。然而，由于欧盟仅存在统一的货币政策而缺乏相应统一的财政政策，欧元赖以生存与成长的经济基础并不牢固。欧洲资本运作无法脱离美

① Richard P. Mattione, *OPEC's Investments and the International Financial System* (Washington D. C.: The Brookings Instituion, 1985), pp. 12 – 14. 转引自梁亚滨《称霸密码》，新华出版社，2012，第 182 页。

② 阿拉伯复兴社会党成立于 1947 年，是一个激进的、非宗教的民族主义政党，在多个阿拉伯国家都有分支，其中在伊拉克和叙利亚具有重大的影响力。

③ 〔英〕彼得·高恩：《华盛顿的全球赌博》，顾薇、金芳译，江苏人民出版社，2003，第 218 页。

④ 〔日〕岩本沙弓：《别上美元的当》，崔进伟、承方译，广东经济出版社，2011，第 123 ~ 124 页。

⑤ 〔日〕岩本沙弓：《别上美元的当》，崔进伟、承方译，广东经济出版社，2011，第 127 ~ 129 页。

国金融市场而实现独立盈亏。在 2008 年金融危机前，欧元走势因与石油价格走势趋同而被视为可以准确反映石油价格。这其实是对欧元实力的一种错误判断。首先，由于美元的国际货币锚地位，欧元和国际石油价格的走势其实都与美元波动和美国经济运行状况密切相关。在全球经济运行平稳时期，欧元和国际石油价格也许因为与美元波动的关联机理不同而在变化时点和变化幅度上有所差异，但大体走势应趋同。其次，在石油美元定价机制成立初期，由于美国金融霸权尚未成熟，美元债务循环尚属于试水阶段，因此美元的波动会受到石油价格的影响与牵制，①而经过三十年左右的发展，如今美国金融霸权已相对成熟，石油价格变动反而会受到美元汇率变动的较大影响，具体体现在作为定价货币美元与石油价格的反向变动。因此，欧元与国际石油价格的同向变动并不能证明欧元能反映国际石油的真实价值，更不能说明欧元比美元更适合作为石油的计价货币。由图 2 - 12 可以看出，自 2008 年金融危机爆发后，国际石油价格和欧元汇率都出现了大幅波动，且二者呈反向变化，而美元则表现得相对平稳。由美国次贷危机所引发的全球金融海啸促使潜藏在欧洲主权债务中的不稳定因素浮出水面，欧洲主权债务危机直接导致欧元波动加剧，国际信任度也随之下降。因此，对于欧元对石油美元定价机制的威胁，美国仅通过市场力量便可轻易化解。

四 美元债务循环模式向新兴国家的延展

在美元债务循环模式得到石油美元定价机制的巩固后，卡特政府的政策重点并没有在进一步强化美元债务循环模式上，而是试图通过美元贬值以提高制造业的产量和出口。而在里根政府时期，降低通货膨胀、控制货币增长和削减预算赤字成为政策主线，而后两者其实是为消除通货膨胀预期而服务的。为降低通货膨胀而又不致加重失业，里根政府选择压缩非国防开支和降低税率来刺激储蓄向私人投资转化，旨在提高劳

① 参见 Amano 和 Norden 对 1972～1993 年美元汇率与国际石油价格关系的实证分析研究结果。Amano R. A., Norden S., "Oil Prices and the Rise and Fall of the US Real Exchange Rate", *Journal of International Money and Finance*, 1998, 17 (2), pp. 299 - 316.

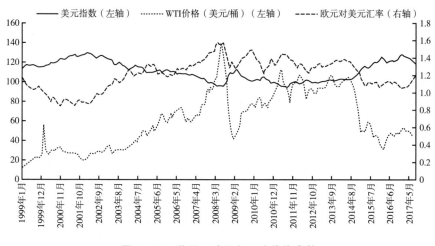

图 2 - 12　美元、欧元和石油价格走势

注：欧元汇率采用的是直接标价法，即图中欧元曲线上升，说明美元贬值欧元升值。
美元指数是由美联储贬值的美元名义贸易加权汇率指数（Trade Weighted U. S. Dollar Index：
Broad），该指数随美元升值而增加，随美元贬值而下降。

资料来源：美元指数来自美国联邦储备委员会网站（http：//research. stlouisfed. org/
fred2/），欧元汇率来自 EIU 数据库，WTI 石油价格来自 EIA 网站（http：//www. eia. gov/
dnav/pet/pet_ pri_ spt_ s1_ d. htm）。

动生产率的投资。① 在此过程中，里根政府意识到吸引海外资金流入美国
金融市场能大大缓解因高利率政策可能造成的经济低迷，因此，美国着手
接触了经济合作与发展组织中其他国家内部对资本的控制，特别是日本和
西欧国家。② 而在 20 世纪 80 年代初因强势美元政策而引发的拉美国家和
东中欧国家的债务危机或许并非美国蓄意为之，但这次危机使美国政府意
识到，以金融危机为契机迫使新兴国家③国内生产的社会关系进行重组，
通过该国向美国开放其金融体系和产品市场将其纳入美元债务循环体系，

---

① 详细参见〔美〕赫伯特·斯坦《美国总统经济史》，金清、贺蔾莉译，吉林人民出版社，
2003，第 7~9 章。

② 〔英〕彼得·高恩：《华盛顿的全球赌博》，顾薇、金芳译，江苏人民出版社，2003，第
55 页。

③ 高恩指出，美国政府欲纳入美元债务循环体系的新兴国家共有 10 个，其中 6 个亚洲国家
（中国、印度尼西亚、韩国、泰国、马来西亚和印度），拉丁美洲 3 个（墨西哥、阿根廷、
巴西），还有 1 个东欧国家（波兰）。〔英〕彼得·高恩：《华盛顿的全球赌博》，顾薇、
金芳译，江苏人民出版社，2003，第 108 页。

成为支撑美元债务循环模式的分支力量。在本节中，我们就来分析美国在金融危机前后的对国内和危机国的经济政策，以探究美国是如何运用金融外交将新兴国家纳入美元债务循环之中的。

（一）新兴国家加入美元债务循环模式的必要性

使生产力达到更高水平、促进经济向前发展是每一个民选政府的基本职责。为提高生产力而对生产性环节进行的投资是一国经济发展动力来源的物质基础。然而，在民选制度的资本主义国家中，私人资本而非政府资本控制着生产性环节，私人资本家的投资决定着经济发展方向。而民选政府在经济层面所追求的国家利益便是尽可能地满足私人资本家的利益，它所要做的便是为本国私人资本运作服务。其实，私人资本家需要的是能使资本增加的途径和安全投资的环境，而对投资所带来的经济发展并不关心。因此，政府只有保证本国资本家在这两方面能获得相对好的条件才能增加私人资本投资生产性环节的意愿，补充经济发展动力来源的物质基础。当这些私人资本的运作范围拓展到国际时，政府也要将对私人资本的服务延伸到国际，一方面为本国资本稳固该国在国际上的地位和影响力创造条件，另一方面为保证这些资本在海外所获得的收入和利润可以回流本国。

而对于布雷顿森林体系崩溃后的美国来说，美国需要将其金融霸权地位构筑在对全球经济生产环节的控制之上，为私人资本投资其中并获取利润扫除障碍。否则美国所建立的、以美元债务循环为支撑的金融霸权终将因物质基础不稳而变得异常脆弱。20 世纪 70 年代末，美国已通过政府的介入，将对生产环节至关重要的战略性经济原材料——石油控制在手，而美国对生产环节中其他要素的控制（如劳动力资源和市场）基本集中在西欧、北美和日本。为日后能从经常项目中赚取大量收入，美国在二战后便向西欧和日本市场进行大规模的生产性投资。布雷顿森林体系崩溃后，这些国家和地区仍与美国保持着同盟关系，并通过购买美国国债对美国的霸权体系予以支持。然而，以德国为代表的一些西欧国家和日本对美元债务循环的顺从并非心甘情愿。例如，西欧国家大多坚持维护国内以银行为主导的金融体系，以抵制美国投资银行对本国企业的收购，避免美国私人资本通过投资环节入侵国内生产环节；德国更是通过说服西欧伙伴国向实现货币统一的方向组建区域性金融体系，以防御美元波动带给西欧经济的调整性危机；日本在20世纪80年代中后期向东亚和东南亚投入生产性资本，使自身的生产资本先于美国渗透进该区域，试图在东亚和东南亚形成区域性生产和贸易网络，以便美元贬值时日本可从后方区域网络中与日本有关的资本处获益。①

虽然这些对美元私人资本获取控制权的抵抗都被美国在不同程度上一一化解，② 但鉴于西欧和日本的经济发展形势，全球的生产环节必然会转移到新兴国家，为美国私人资本寻找未来全球经济增长的新市场、并设法先于西欧和日本控制该市场产生的价值就成为美国国家战略的重中之重。因此，20世纪80年代的拉美国家和90年代的东亚国家便成为美国政府服务私人资本控制生产环节的新区域，而在这些新兴国家所产生的投资利润回流和贸易盈余回流将继西欧和日本成为支持美元债务循环模式的新生力量。

（二）美元汇率、金融危机与金融自由化的推进

前面我们分析了美国将新兴国家纳入美元债务循环体系的重要性，这部分我们主要对美国将新兴国家纳入美元债务循环体系所运用的工具和实施方法做以理论分析，为能更好地理解下文中所提及的美国政策实施过程和成果进行铺垫。

自1980年以来，最具盈利性的新资产一直来自公共领域。私人资本，尤其是银行家的借贷资本更是倾向于贷款给以不动产和公司股票及债券为

---

① 东亚和东南亚地区国家货币汇率以钉住美元居多。

② 虽然西欧以德国马克为中心建立了区域性金融体系，但除德国外，其他西欧国家都保持着固定汇率和资本自由流动，这也就意味着这些国家将货币政策的控制权让渡给了欧洲私人金融市场。由此，西欧与美国在国内宏观经济问题上优先考虑的都是降低通货膨胀，为货币资本的利益减少劳动力人数或降低劳动力成本。西欧与美国的货币资本利益趋同，构成了大西洋新自由主义的真正基础。西欧的区域性金融体系因缺乏一个强有力的政治性权威机构而使各国受政府规范制约的银行机构之间竞争激烈，这为不受政府规范约束的投资银行等金融机构提供了占领西欧金融市场的机会（里根政府期间美国对资本控制的解除更是为私人金融资本的流动提供了政策上的便利）。日本通过注入生产性资本构建区域网络的想法虽然很好，但由于该地区的历史宿怨，无需美国介入，该区域网络的构建与运行都存在相当的政治阻碍。〔英〕彼得·高恩：《华盛顿的全球赌博》，顾薇、金芳译，江苏人民出版社，2003，第62～65页。

代表的、业已存在的所有权和公共垄断，通过私有化将政府企业转变为生产利率、分红和资本收益的金融工具。① 私人资本的国际盈利能力在很大程度上支撑着各国对美国金融霸权的信心，其投资收益也是美国债务清偿资金的重要来源，维持着美元债务循环体系的健康运转。因此，进入 20 世纪 80 年代后，美国政府便开始着手推进全球金融自由化，为美国私人资本的国际扩张和产业渗透提供便利，而新兴国家由于金融开放度相对低但拥有巨大的经济增长潜力而成为美国私人资本扩张的重点目标。金融开放度的提高将使政府因更多地受到外汇和资本市场的束缚而加大对财政和货币的管制力度，② 而资本账户自由化会通过侵蚀国内金融控制清除工业政策和产业保护工具，减少政府通过发行低于国际市场利率的政府债券来为自己筹措资金的机会。③ 与二战后向工业国植入霸权的过程类似，美国也将以债权国的身份，通过向新兴国家提供借贷资本促进新兴国家提高金融开放度，为美国金融霸权的进一步渗透打下基础。

迫使他国接受金融自由化的机制有两种，一是通过利用贸易和金融的相互依赖影响与政策相关的经济利益集团的优先选择和能力，二是通过国际收支危机提高内向性经济危机处理方式的成本。贸易和金融的相互依赖不仅提升了与国际市场存在利益往来的国内行为体的重要性，而且扩大了能从金融开放中获益的利益集团范围，这些利益集团不断在院外进行游说以要求市场开放，从而在更加国家化的方向上影响了政治力量的平衡。不仅如此，随着贸易和投资的数额与复杂性的增加，投机资本可利用的、规避管制的机会也越来越多，资本控制难以为继。④ 在面临国际收支危机时，提高金融开放度有利于提升外国对危机国偿债能力的信心，彰显政府对财政和货币保持自主权的意愿，进而促进资本流入以缓解危机。工业国家的

① 〔美〕迈克尔·赫德森：《全球分裂》，杨成果等译，中央编译出版社，2010，第 4 页。
② Andrews, David M., "Capital Mobility and State Autonomy: Toward a Structural Theory of International Monetary Relations", *International Studies Quarterly*, 1994, 38, 2 (June), pp. 193 - 218.
③ Alesina, Alberto, and Guido Tabellini, "External Debt, Capital Flight, and Political Risk", *Journal of Development Economics*, 1989, 27, pp. 199 - 221.
④ Frieden, Jeffry, "Invested Interests: The Politics of National Economic Policies in a World of Global Finance", *International Organization*, 1991, 45, 4 (Autumn), pp. 425 - 51.

资本账户开放多可用第一种机制诠释，而对于新兴国家的资本账户开放过程来说，虽然第一种机制也部分地发挥了作用，但第二种机制的作用则更为明显。

美国迫使 20 世纪 70 年代的石油危机给新兴国家的国际收支带来了极大的压力。为缓解压力，他们要么紧缩国内经济、使本币贬值，要么举借外债。出于权衡国内政治和经济理性的考虑，拉美和部分东欧国家选择了后者。在 IMF 1992 年的报告中，1985 年，发展中国家仅采取了 22 项资本自由化措施，而到 1988 年，资本自由化措施增加到了 62 项，1990 年，国际收支危机有所缓和，资本自由化措施也降至 49 项。[①] 不过，多数的东亚国家因具备相对较强的政策调整代价转嫁能力而选择了前者。[②] 但无论怎样，这两类新兴国家最终都被美国成功纳入美元债务循环体系。对于选择举借外债的国家，美国直接选择了以债权人的身份施以偿债压力，迫使债务国进一步提高金融开放度，使美国私人资本在更为宽松的管制条件下得以进入债务国市场；而对于选择本币贬值的国家，美国借助外汇衍生工具市场力量对该国货币进行攻击，迫使该国进入债务国行列；而对于选择贬值但本币能够抗击货币攻击的新兴国家，美国则通过直接投资将资金注入新兴国家产品市场，通过贸易层面的相互依赖关系促成两国货币的汇率问题，以此形成进行金融外交谈判的利益交换基础。

无论是应对哪种类型的新兴国家，金融危机（包括债务危机、银行危机、货币危机）一直是美国在开展金融外交的前奏，而美元汇率则通常是引爆金融危机的导火索。图 2 - 13 展示的是 1979 ~ 2017 年美元指数与外国持有美国政府债务比例，体现了美元汇率走势。表 2 - 12 归纳了 1982 ~ 2008 年新兴国家所爆发的具有代表性的金融危机和 IMF 所实施的援助。

---

① 〔美〕罗伯特·基欧汉、海伦·米尔纳主编《国际化与国内政治》，姜鹏、董素华译，门洪华校，北京大学出版社，2003，第 225 页。

② 如果国内各社会阶层力量较为均衡，国内调整的速度将较为缓慢。拉美和东欧国家选择借款是为了避免国内社会冲突，在当时的情形下该政策是符合政治和经济理性的，但这些国家疏于考虑债务关系的建立将使本国未来的经济决策受制于美元汇率和美国利率的调整。而东亚国家内部社会阶层力量相差较为悬殊，调整的代价可以向工人阶层转移，因此选择紧缩国内经济进行调整更为便捷有效。〔英〕彼得·高恩：《华盛顿的全球赌博》，顾薇、金芳译，江苏人民出版社，2003，第 66 ~ 67 页。

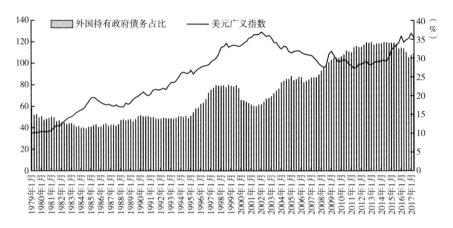

图 2 – 13　1979～2017 年美元指数与外国持有美国政府债务比例

资料来源：圣路易斯联邦储备委员会网站（http：//research. stlouisfed. org/fred2/）。

表 2 – 12　1982～2008 年新兴国家爆发金融危机概览

国家	危机时间		危机高峰		IMF 援助计划	
	货币市场混乱	主权债务危机	货币压力	主权债务危机扩散	援助期间	IMF 拨款（占 GDP 比例）
商业债务危机						
墨西哥	1982 年 2 月	1982 年 8 月	1982 年 12 月		1983 年 1 月～1985 年 12 月 1986 年 11 月～1988 年 4 月 1989 年 5 月～1993 年 5 月	5.2%
阿根廷	1983 年 12 月 1989 年 4 月	1982 年 9 月	1983 年 12 月 1989 年 4 月		1983 年 1 月～1984 年 1 月 1984 年 12 月～1986 年 6 月 1987 年 7 月～1988 年 9 月 1989 年 11 月～1991 年 3 月 1991 年 7 月～1992 年 3 月	5.4%
巴西	1990 年 1 月	1982 年 8 月	1990 年 2 月		1983 年 3 月～1986 年 2 月 1988 年 8 月～1990 年 2 月 1992 年 1 月～1993 年 8 月	3.7%
亚洲金融危机						
泰国	1997 年 7 月	1997 年 11 月	1998 年 1 月	1998 年 9 月	1997 年 8 月～2000 年 6 月	2.6%
印度尼西亚	1997 年 12 月		1998 年 1 月		1997 年 11 月～1998 年 8 月 1998 年 8 月～2000 年 2 月	4.8%
韩国	1997 年 11 月	1997 年 12 月	1997 年 12 月	1998 年 9 月	1997 年 12 月～2000 年 12 月	4.0%
菲律宾	1997 年 12 月	1998 年 8 月	1997 年 12 月	1998 年 9 月	1994 年 6 月～1998 年 3 月 1998 年 4 月～2000 年 12 月	3.8%

续表

国家	危机时间		危机高峰		IMF 援助计划	
	货币市场混乱	主权债务危机	货币压力	主权债务危机扩散	援助期间	IMF 拨款(占GDP 比例)
俄罗斯危机和后续						
俄罗斯	1998 年 8 月	1998 年 9 月	1998 年 9 月	1999 年 3 月	1996 年 3 月 ~1999 年 3 月 1999 年 7 月 ~2000 年 12 月	7.2%
巴西	1999 年 1 月	2001 年 10 月	1999 年 1 月	2002 年 10 月	1998 年 12 月 ~2001 年 9 月 2001 年 9 月 ~2002 年 9 月 2002 年 9 月 ~2005 年 3 月	11.6%
阿根廷		2001 年 12 月	2002 年 5 月	2002 年 7 月	1998 年 2 月 ~2000 年 3 月 2000 年 3 月 ~2003 年 1 月 2003 年 1 月 ~2003 年 8 月	20.9%
乌拉圭	2002 年 7 月	2002 年 7 月	2002 年 7 月	2002 年 10 月	2002 年 4 月 ~2005 年 3 月 2005 年 6 月 ~2006 年 12 月	25.7%
土耳其	2001 年 2 月	2000 年 12 月	2001 年 2 月	2001 年 7 月	1999 年 12 月 ~2002 年 2 月 2002 年 2 月 ~2005 年 2 月 2005 年 5 月 ~2008 年 5 月	17.4%
欧洲危机						
乌克兰		2008 年 10 月	2008 年 10 月	2009 年 3 月	2008 年 11 月 ~2010 年 7 月 2010 年 7 月 ~2012 年 12 月	20.8%
匈牙利	2008 年 10 月	2008 年 10 月	2009 年 1 月	2009 年 4 月	2008 年 11 月 ~2010 年 10 月	10.6%
冰岛	2008 年 9 月	2008 年 10 月	2008 年 9 月	2008 年 12 月	2008 年 11 月 ~2011 年 8 月	13.1%
立陶宛	2008 年 10 月	2008 年 10 月	2008 年 10 月	2009 年 3 月	2008 年 12 月 ~2011 年 12 月	7.1%
罗马尼亚		2008 年 10 月	2009 年 1 月	2009 年 2 月	2009 年 5 月 ~2011 年 3 月 2011 年 3 月 ~2013 年 3 月	13.6%
希腊	2008 年 10 月	2010 年 4 月	2008 年 10 月	2011 年 7 月	2010 年 5 月 ~2013 年 5 月	13.2%
爱尔兰	2008 年 10 月	2010 年 9 月	2009 年 1 月	2011 年 7 月	2010 年 12 月 ~2013 年 12 月	14.5%
玻利维亚	2008 年 10 月	2010 年 9 月	2008 年 10 月	2011 年 7 月	2011 年 5 月 ~2014 年 5 月	15.9%

资料来源：Bergljot Barkbu, Barry Eichengreen, Ashoka Mody, "International Financial Crises and the Multilateral Response：What the Historical Record Shows", NBER Working Paper No. 17361. August 2011. Table1。

　　不难看出，每当美元走势出现明显变化后的一段时期内，新兴国家就会爆发一系列的金融危机，其大致路径为：美元汇率走势突变—全球商品价格波动与外汇市场动荡—银行危机—主权债务危机—高通货膨胀—货币危机—美元化。具体说明如下。

美元是全球主要工业原料、农产品和与之相关的金融产品的定价与结算货币，因此，美元汇率的变动会直接导致包括贸易品在内的全球商品价格波动和外汇市场的动荡，当美国实行强势美元政策时，凡是国际贸易体系内的国家，无论其金融开放度高低，都会因商品价格的下跌和本币贬值造成的国内财富缩水而面临经济紧缩风险；而当美国实行弱势美元政策时，国际市场将充斥着相对过剩的流动性资金，而货币升值国便成为国际投机资金的主要目标，所面临的外来金融风险加大。无论是强势美元造成的国际资金趋紧还是弱势美元造成的国际投机资金泛滥，银行危机的发生率都会大为提高，其区别只在于爆发的国家不同，又由于银行危机具有传染性，因此银行危机极易由一国扩散到邻国与经济关联国。① 银行危机往往会诱导债务危机的爆发，诱导渠道也复杂多样，其中一种较为常见的渠道是：发达国家的银行危机会使世界经济增长放缓，新兴国家的出口和对国际硬通货的可获性都会受到打击，且来自发达国家的信贷资金减少，债务偿还难度加大。债务危机往往伴随高通货膨胀，② 而持续高通货膨胀的国家往往会产生巨大的货币转换，使用外币作为交易媒介、记账单位和价值储藏手段，这也意味着债务危机国会利用国际硬通货进行贸易、将银行账户、债券和其他金融资产与外币挂钩。在美国金融霸权的现实环境中，这一过程体现为"债务美元化"③ 的过程。而危机过后的去美元化将使危机国政府在经济恢复与政治利益方面都承载着巨大压力。

在这一系列金融危机的连锁反应与传递过程中，除了美元汇率是可由人为控制外，其他诸如危机爆发的时间、地点以及对经济的冲击力度均可以市场力量为主导自行选择与发展。莱因哈特和罗格夫④在研究 800 年的全球金融危机史的过程中，对银行危机、债务危机、通货膨胀危机和货币

---

① 因强势美元政策而导致的社会资金紧张更易导致银行的流动性风险增加，而因弱势美元政策而导致的社会资金过剩更易导致银行因过度借贷而产生信用风险。

② 以通货膨胀减少债务偿还压力。

③ 对"债务美元化"更为详尽的研究请参见 Reinhart, Carmen M. , Kenneth S. Rogoff and Miguel A. Savastano, "Addicted to Dollars", NBER Working Paper No. 10015. October, 2003。

④ 〔美〕卡门·莱因哈特、肯尼斯·罗格夫：《这次不一样——800 年金融荒唐史》，綦相、刘晓峰、刘丽娜译，机械工业出版社，2010，第 5、6、10、11、12 章。

危机之间的关联性进行了详尽的分析，并通过大量的历史资料与数据证明各种金融危机的连锁发生绝非偶然。

在 20 世纪的最后四分之一的时间里，新兴国家爆发金融危机的频率和次数明显增加（见表 2 - 13）。美国正是利用美元汇率、金融危机和金融自由化之间的潜在关联，辅之以政府力量介入，不断对美元债务循环体系进行扩充与完善，使新兴国家在未来能够成为美国政府债务的稳定持有者。

表 2 - 13　新兴国家的金融危机

单位：次

时间	银行危机	货币危机	双重危机	所有危机
1880 ~ 1913 年	11	6	8	25
1919 ~ 1939 年	7	3	3	13
1945 ~ 1971 年	0	16	1	17
1973 ~ 1997 年	17	57	21	95

资料来源：Eichengreen, B. and Bordo, M. D, "Crises Now and Then: What Lessons from the Last Era of Financial Globalization?", NBER Working Paper No. 8716, January 2002。

（三）金融危机下的新兴国家财富转移

在对将新兴国家纳入美元债务循环体系的必要性和理论路径进行分析后，我们将在此部分对这一时期的代表性金融危机做简要的历史性回顾，对美国向新兴国家推行美元债务循环体系的实际过程加以深入地理解。

1. 拉美债务危机

20 世纪 70 年代，美国和其他工业国普遍实行宽松的货币政策，不断增加的货币供给带来了全球性的经济繁荣，受益于此，以墨西哥、巴西、阿根廷为代表的发展中国家获得了大量信贷资产，在整个 70 年代，其贷款的年增长率甚至达到了 30%，且欧洲、日本和美国纷纷借助离岸市场向拉美国家的政府和国有企业提供美元贷款。[1] 然而，主要工业国家宽松的货币政策也带来了全球通货膨胀的上升，推升了工业原料价格。20 世

---

[1] 〔美〕查尔斯·P. 金德尔伯格、罗伯特·Z. 阿利伯：《疯狂、惊恐和崩溃：金融危机史》（第五版），朱隽等译，中国金融出版社，2011，第 287 页。

纪 70 年代末的第二次世界石油危机和美联储主席保罗·沃尔克采取美元升值、提高利率的货币政策使得石油及其他大宗商品价格开始暴跌、银行信贷投放迅速下降、美元资产收益率显著提高。美元利率的提高使得实行"借债进行工业化"的拉美及其他地区的发展中国家外债总额大幅度增加，出口贸易条件迅速恶化，全球债务危机成为当时国际金融体系的首要问题。

保罗·沃尔克曾承认，在提高美元利率前，他意识到这样做会使拉丁美洲的大部分地区陷入一场严重的金融危机，但他认为这一问题并不是最主要的。[1] 客观地说，保罗·沃尔克并非蓄意引发拉丁美洲的债务危机，鉴于美国商业银行在拉美地区投放了大规模的信贷资金，这一举措也将美国银行业置于危机边缘，肩负维护美国金融市场稳定的美联储主席自然不会希望看到美国银行业陷入危机。但处于对国内经济和美国战略性政治目标等多方面考虑，[2] 沃尔克还是启动了第一轮强势美元政策。从某个角度来看，拉美债务危机可算作美国第一轮"强势美元"政策的意外收获。美国金融体系因拉美债务危机受到严重的外部威胁，仅依靠市场力量根本无法解决，因此，在 1982 年 8 月墨西哥进行债务重组时，美国领导各债权国制定了统一的战略，并在后来略作修改使之成为债权国处理此类问题的模式方案。[3]

美国领导下的债权国在处理债务问题时以个案处理方式与各债务国打交道，而并不采纳债务国所提出的一揽子解决方案。[4] 债权国采取了"分而治之"的处理方案，即商业银行、国际货币基金组织和债权国政府将

---

[1] 〔英〕彼得·高恩：《华盛顿的全球赌博》，顾薇、金芳译，江苏人民出版社，2003，第 130~131 页。

[2] 强势美元政策在当时不仅可以抑制国内通货膨胀、树立美元国际货币权威，而且有助于财富从实物拥有者向货币拥有者转移。里根政府前期的强势美元政策向"社会主义法国"施加了强大压力，挫败了法国以扩大工业资本促进经济增长的凯恩斯主义资本积累方式，而这又促使除德国之外的欧洲将货币政策的绝大部分控制权让渡给了欧洲私人金融市场，为美国进一步增加对欧洲金融活动的控制权。〔英〕彼得·高恩：《华盛顿的全球赌博》，顾薇、金芳译，江苏人民出版社，2003，第 61~62，131 页。

[3] Kahler, Miles, "Politics and International Debt: Explaining the Debt Crisis", *International Organization*, 1985 (39), pp. 357-382. 转引自〔美〕罗伯特·吉尔平《国际关系政治经济学》，杨宇光译，上海人民出版社，2012，第 293 页。

[4] 债务国的一揽子解决方案试图避免实行严格的紧缩计划，使欠发达国家的经济增长受到抑制甚至是停滞。

根据各债务国实施紧缩措施和国内改革方面"取得进步"的能力和意愿，分别给予援助和报偿。严苛的紧缩计划并没有因本国经济和人民福利的损失使债务国走出经济阴霾。1985 年，美国财政部长詹姆斯·贝克在韩国召开的国际货币基金组织和世界银行联合年会上提出了"贝克计划"来解决债务问题。"贝克计划"主张以经济发展而非紧缩计划来帮助债务国进行债务清偿。债务国被要求按步骤开放贸易和外国直接投资、实行"私有化"以减少国际在债务国经济中的作用、接受"供给学派"以市场为导向的政策；债权国向债务国提供出口市场，以使债务国可以获得出口收入偿还债务；商业银行向债务国提供新贷款、延长原有债务期限，以便刺激债务国经济增长。虽然"贝克计划"依然在改善债务国偿债能力上收效甚微，但美国资本在债务国经济上的控制权与主导权却得到了增强。很多国家经济因缺乏流动资金几近破产，只能依靠美国给予的金融与其他方面的帮助才得以维持。1989～1990 年，新的解决债务问题的工具"布雷迪债券"（Brady Bonds）应运而生。布雷迪债券由美国财政部长尼古拉斯·布雷迪提出，墨西哥等债务国可以将即将违约的短期债券转换为由美国财政部支持的长期债券。其具体做法是由债务国政府发行美元债券（布雷迪债券），换取国际商业银行持有的美元贷款，国际商业银行再将美元债券在市场上出售以回收贷款。运用布雷迪债券，美国政府不仅很好地控制了美国银行业的信贷风险，还将对外债权转化为流动性，间接地注入了证券市场。也就是说，在处理债务危机的金融外交过程中，美国政府不但增加了拉美等欠发达地区新兴国家对美国的经济依赖，更利用新的债务工具使滞留在债务国的债权资金回流至美国的证券市场。

2. 亚洲金融危机

与拉美地区的新兴国家不同，亚洲国家的"强政府"特性使其并不易因在国际金融市场上的借贷而背负沉重的对外债务。但由于以出口作为经济增长的驱动力，在贸易中，锚定货币的汇率便成为这些亚洲国家的软肋。虽然这些国家在 20 世纪 80 年代的出口对象国以日本为主，但由于它们和日本的货币均以美元为锚货币，因此美元对日元的波动足以对这些国家经济产生显著影响。20 世纪 80 年代的"广场协定"和"卢浮宫协定"最初是美国财政部试图平衡制造业和金融业之间的利益所做的政策努力。① 两个由金融外交所达成的协定令日元对美元大幅度升值了约 30%，日元的国际地位有所提升。1980～1990 年世界主要货币占官方储备的份额见表 2－14。

表 2－14　世界主要货币占官方储备的份额

单位：%

币种	1980 年	1982 年	1984 年	1986 年	1988 年	1990 年
美元	68.6	70.5	69.4	66.0	64.7	56.4
马克	14.9	12.3	12.3	14.9	15.7	19.7
日元	4.3	4.7	5.7	7.6	7.7	9.1
英镑	2.9	2.5	3.0	2.8	2.8	3.2

资料来源：IMF Annual Report，转引自 C. Randall Henning, *Currencies and Politics in the United States, Germany, and Japan* (Washington, D. C.: Institute for International Economics, 1994), p. 317。

但到了 20 世纪 90 年代初，日本便切身感受到因夹在美国和亚洲新兴国家之间所承受的巨大贸易压力以及为抵消升值的紧缩效应而实行的宽松货币政策所造成的资产泡沫化。日本采取的应对策略是一边在亚洲地区积极推进贸易与金融一体化的日元区建设，一边向这些地区注入生产性资本以获取美元贬值的收益。日本这一策略兼具防御性与进攻性，在美国看来，这是对美国向新兴国家推进美元债务循环模式所进行的赤裸裸的挑战。1995 年，克林顿政府期间的美国财政部开始推行第二轮强势美元政策，旨在压制日本在亚洲地区的金融与贸易网络建设。与此同时，美国政府加快了打开亚洲地区金融环节的外交步伐。克林顿政府在要求东亚和东南亚地区解除金融管制问题上的态度异常强硬：它威胁以泰国、印度尼西亚等东南亚国家大幅度放松对金融服务进入的限制，否则美国就退出世界贸易组织协定；它还要求经济合作与发展组织的每一个新成员国必须首先接触资本管制，或具有一份已获同意的接触管制计划，这个要求可视为美国针对韩国加入经合组织所开出的交换条件。② 强势美元政策对亚洲新兴

① C. Randall Henning, *Currencies and Politics in the United States, Germany, and Japan* (Washington, D. C.: Institute for International Economics, 1994), p. 285.
② 〔英〕彼得·高恩：《华盛顿的全球赌博》，顾薇、金芳译，江苏人民出版社，2003，第 122 页。

国家的出口产业形成了巨大压力，日元的贬值削弱了日本筹建日元区的区域利益基础。美国政府对亚洲新兴国家解除资本管制的游说获得了一定的成功，大量游资开始进入印度尼西亚、马来西亚、菲律宾和泰国等亚洲新兴市场国家（见表2-15）。

表2-15　流入亚洲市场的私人金融资本

单位：10亿美元

项目	1990年	1991年	1992年	1993年	1994年	1995年	1996年
净私人资本总流量	21.4	37.7	22.4	59.5	75.1	98.9	106.8
净对外直接投资	9.5	15.2	17.2	35.2	44.6	50.7	58.0
净有价证券投资	0.9	2.8	9.6	23.8	18.5	20.1	20.1
净其他投资	12.9	19.7	4.5	0.5	12.0	28.1	28.1
源于境外政府机构的净融资	5.6	10.7	10.2	8.2	5.9	5.0	6.7

资料来源：国际金融统计和世界经济展望资料库。转引自〔英〕彼得·高恩《华盛顿的全球赌博》，顾薇、金芳译，江苏人民出版社，2003，第128页，表5-2。

直到1997年亚洲金融危机爆发，大多数人才得知在此期间流入亚洲的大规模美国私人金融资本仅隶属于美国少数几家对冲基金，而管理这些对冲基金是美国财政部官员日常工作的主要部分。美国对冲基金可以获得自身资本几十甚至数百倍的融资规模，它们在外汇市场利用衍生工具推高了金融开放度较高的亚洲新兴国家的货币，并在币值最高点毫无征兆地大规模撤离亚洲，直接导致了亚洲金融危机的爆发。

日本在此时提出了救助计划，即亚洲地区组建亚洲货币基金组织，由日本对该组织进行管理，以稳定受到危机冲击的亚洲国家的经济。这一提议得到了包括中国在内的亚洲各国政府的强烈支持。美国无法坐视日本这一计划的顺利施行，因为该计划的成功将意味着日本将取代美国成为亚洲地区的领导者。美国开始联合西欧金融部门的官员与东南亚国家的官员们进行电话联系，竭力渲染日本建立亚洲货币基金组织的地区霸权统治意图，说服该地区政府放弃接受该计划。[1] 在印度尼西亚与IMF达成协议后，

① 〔英〕彼得·高恩：《华盛顿的全球赌博》，顾薇、金芳译，江苏人民出版社，2003，第147页。

日本和韩国的金融体系也出现了恐慌的局面。日本最终还是出于明哲保身的考虑放弃了组建亚洲货币基金组织的计划，将救助地区危机的机会交予了美国财政部和国际货币基金组织。① 美国和国际货币基金组织的救助条件的本质是借助债务重组对亚洲新兴国家国内的生产社会关系进行彻底重组，通过美国私人资本对该地区市场的渗透对该地区的经济体系进行控制，使其经济利益与美国的利益保持一致。1998 年，美国对亚洲公司开始进行大规模收购，主要目标是日本、韩国和泰国的银行业与金融业，在此期间，以英国、德国和荷兰为代表的欧洲国家也参与到对亚洲公司的收购活动中。至此，亚洲新兴国家的财富便通过危机后的廉价交易向以美国为主的大西洋国家进行转移。此外，亚洲金融危机的深远影响在于，亚洲国家自此开始出于预防危机的动机而大量增加外汇储备，而美国资产在各国外汇储备中占据绝对比例。

图 2 - 14 显示的是 2000～2016 年拉美、亚洲新兴国家和地区经常项目盈余和对美国国债的持有情况。不难看出，这些国家和地区用于购买美国国债的资金规模已经远大于从经常项目中所获得的盈余。也说明新兴国家所创造的财富——不仅仅是出口产业的——正通过美元债务循环体系向美国源源不断的输送。

五　小结

金融外交在美国维护金融霸权过程中被日益频繁地使用，而美国财政部所发行的政府债券则是金融外交中进行利益交换的载体性工具。根据不同的国际情势需求，购买美国政府债券在金融外交中时而被用作手段，时而被作为目的。在布雷顿森林体系崩溃的前后几年时间内，美国通过与主要工业国家进行金融外交使各国接受了将政府债券作为黄金的替代品。布雷顿森林体系崩溃后，美国政府对外债务就顺理成章地成为美元回流的载

---

① 如果日本执着与承担领导整个地区摆脱危机的责任，就意味着日本向 IMF 的权威性和美国的战略性运动挑战。但日本的金融体系在当时也处于严重的危机之中，承担起救助地区危机的重任很可能会由于体系本身在地区的过度暴露而被拖垮。〔英〕彼得·高恩：《华盛顿的全球赌博》，顾薇、金芳译，江苏人民出版社，2003，第 146 页。

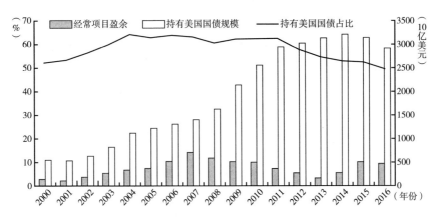

**图 2-14　拉美、亚洲新兴国家和地区经常项目盈余与持有美国
国债情况**

注：所选取的国家和地区有巴西、智利、中国大陆、哥伦比亚、印度、日本、韩国、
马来西亚、墨西哥、菲律宾、新加坡、中国台湾、泰国。

资料来源：美国国债数据来自美国财政部网站，经常项目盈余数据来自 EIU 数据库。

体，工业国将在布雷顿森林体系期间所积攒的贸易盈余购买美国财政部所
发行的美国国债，形成了美元债务循环体系的雏形。曾在布雷顿森林体系
期间处于衰落状态的美国金融霸权得以重振。

　　为巩固与强化美元债务循环这一新生的国际货币体系，美国通过以非
金融手段（以为盟国提供军事保护和向非同盟国进行军事威胁和行动为
主）达成金融目的的金融外交方式形成石油美元定价机制，使工业原料输
出国的贸易盈余以美元形式积淀下来，并通过政府或主权财富基金对美国
国债的购买回流至美国境内。此外，石油美元定价机制使美国可以介入大
宗商品的价格走势，从而间接在一定程度上制约工业国的经济增长与发
展。

　　此外，为使未来全球经济的增长动力源也能支撑美国金融霸权的运
行，美国自 20 世纪 80 年代起便着手推进全球金融自由化与一体化进程，
欲将拉美、中东欧和亚洲新兴国家纳入美元债务循环体系。金融自由化与
一体化利于美国私人资本获取新兴国家经济高增长所带来的高投资收益，
美国通过向新兴国家提供出口市场和借贷资金与他们形成经济利益关联，
在此基础上开展金融外交说服新兴国家开放资本账户和金融市场，以便于
高经济增长所创造的财富以金融资本的形式向美国转移。在新兴国家适应

金融自由化的过程中难免会爆发金融危机，而这又恰好为美国强化新兴国家资本流向的控制权提供了绝佳的契机。美国一边通过领导危机救助加强以美国国债为主的美元资产在新兴国家储备资产中的地位，一边通过危机救助计划促使新兴国家不断提高金融开放度。我们也许无法确定新兴国家金融危机的爆发是否美国蓄意为之，但美国确实把握住了金融危机为其强化以美元债务循环为基础的金融霸权所提供的机会。

第三章

维系与强化金融优势的主要手段：
美国私人部门对外负债

"从70年代到80年代，在美国经济衰退当中，美国的金融界发生了革命性的变化，在90年代这种变化的效果显露出来，确立了美国的世界最强国地位。"[①] 20世纪70~80年代，美国金融管制的逐步放松刺激了疲软的国内金融业，90年代金融自由化的推进更促使美国全球金融竞争力得到全面提升。以金融业和制造业为主的新形态产业间国际分工也在这段时期逐渐成形，日益强化的金融比较优势使金融业替代了工业，成为刺激美国经济增长的新动力。更为重要的是，美国因在金融方面具有比较优势而吸引了全球资本汇聚美国金融市场，以市场力量巩固着美元债务本位制，诠释了对外负债维系美国金融霸权的合理性。

一　美国金融优势分析

美国在金融方面具有比较优势是吸引国际资本流入美国金融市场的重要原因，在本节中，我们先通过现实数据对美国金融优势做简单的考察，之后再对其进行量化，以便于同其他国家进行横向对比。

（一）美国金融优势与国际资本流入

美国以对外负债维系金融霸权，不仅需要外国官方购买美国国债形成

---

① 〔日〕竹内宏：《日本金融败战》，中国发展出版社，1999，第43页。

资本流入，而且需要外国私人部门投资于美国金融市场形成私人资本的流入，因为私人资本的流入才是美国负债式金融霸权的市场力量源泉。图 3－1 显示的是 1980~2016 年美国的国际资本流入情况，很明显，虽然外国官方资本流入的规模呈递增趋势，但外国私人资本依然在总资本流入中占据绝对比例。与官方资本不同，私人资本更具逐利性，而美国因具备的他国无法比拟的金融优势而备受私人资本青睐。美国稳定的投资环境、种类纷繁的金融资产、高效便捷的交易系统推进了美国金融市场的深度与广度，使得私人资本可以在承担既定风险的前提下获得相对满意的投资收益率。

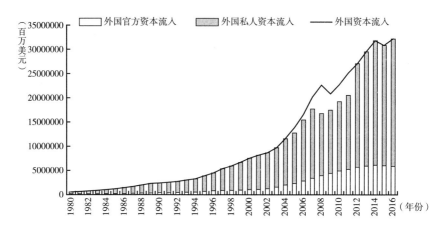

图 3－1 1980~2016 年美国的国际资本流入情况

资料来源：美国经济分析局网站。

那么，美国的金融优势具体体现在哪些方面呢？衡量一国金融发展的指标种类繁多，世界银行将其按照金融机构和金融市场分成两大类，又在这两大类的划分基础上将金融发展分为金融深度、金融效率、金融稳定和金融准入四个衡量维度，具体指标名称如表 3－1 所示。

在考察美国金融优势时，单就一个维度比较各国金融发展水平难免有失偏颇，因此，本书在金融深度、金融效率和金融稳定三个维度中根据金融机构和金融市场的分类各选取了三个指标，① 通过两两组合考察了各国

① 由于各国关于金融准入的统计数据稀少且残缺不全，因此暂不列入考察之列。

表 3 - 1　金融发展指标

指标	金融机构	金融市场
金融深度	私人部门所得信贷/GDP	（股票市场市值＋国内私人债券）/GDP
	存款货币银行资产/GDP	股票市场市值/GDP
	非银行金融机构资产/GDP	股票市场交易值/GDP
	存款货币银行资产/（存款货币银行资产＋中央银行资产）	未清偿国内私人债券/GDP
	流动性资产/GDP	未清偿国内公共债券/GDP
	中央银行资产/GDP	未清偿国际私人债券/GDP
	共同基金资产/GDP	未清偿国际公共债券/GDP
	金融系统存款/GDP	国际债务发行/GDP
	保险公司资产/GDP	全国投资组合权益负债/GDP
	有存款货币银行和其他金融机构提供的私人信贷/GDP	全国投资组合权益资产/GDP
	养老基金资产/GDP	全国投资组合债务负债/GDP
	金融部门附加值/GDP	
金融效率	净利息收益率（Net Interest Margin）	股票市场交易率
	借贷利差	价格变动的同步性
	非利息收入/总收入	私人信息交易
	经常费用/总资产	价格影响
	银行资产收益	流动性/交易成本
	银行权益收益	政府债券买卖价差
	成本/收入	证券交易结算效率下的债券成交量（turnover of bonds on securities exchange Settlement efficiency）
	政府和国有企业所得信贷/GDP	
金融稳定	银行 Z 分数（Bank Z Score）	股票价格指数波动（标准差/平均值）
	银行未履行合同贷款/总贷款	股票和主权债券指数偏离
	银行资本/总资产	利润操控的脆弱性
	银行信贷/银行存款	价格/利润率
	监管资本/风险加权资产	久期
	流动性资产/（存款＋短期基金）	短期债券/总债券（国内、国际）
	准备金/未履行合同贷款	主要债券收益间的关联性（德国、美国）

续表

指标	金融机构	金融市场
金融准入	银行账户数目/1000 人	10 大上市公司交易值/总交易值
	银行分支/1000 人	除 10 大上市公司市值/总市场
	个人拥有银行账户比例	政府债券收益率(3 月期和 10 年期)
	企业贷款最高限额	国内债券/总债券
	中小企业贷款最高限额	私人债券/总债券
		公司新债券发行/GDP
其他	银行集中度(三大银行)	上市公司数量/万人
	银行资产集中度(五大银行)	
	银行存款/GDP	
	非居民银行所提供的贷款/GDP	
	离岸银行存款/国内银行存款	
	BIS 报告银行合并外国资产/GDP (Consolidated Foreign Claims of BIS – Reporting Banks to GDP)	
	外国银行在所有银行中的占比	
	外国银行资产占总银行资产比例	

注：表中各指标的具体含义和计算方法请参见 Martin Cibak 等和世界银行全球金融发展指标数据库的相关说明。Martin Cibak, Asli Demirguc – Kunt, Erik Feyen, Ross Levine, "Benchmarking Financial Systems around the World", The World Bank Policy Research Working Paper No. 6175。

金融系统各发展维度之间的相关性。图 3 – 2 中的 (a)、(b)、(c) 衡量的是金融机构在金融深度、金融效率和金融稳定维度的发展情况，(d)、(e)、(f) 衡量的是金融市场在上述三个维度的发展情况。在 (a) 图中，美国处于趋势线以上，说明在金融机构深度既定的情况下，美国金融机构效率高于全球平均水平，而在金融机构效率既定的情况下，美国金融机构深度也高于全球平均水平。在 (d) 图中，美国也有类似表现，只不过 (d) 图中的美国要更远离趋势线，而且也远远散落在他国散点的集中区域之外，这说明相对于机构导向型金融体系来说，美国在金融效率和金融深度方面的优势在市场导向型金融体系中体现得更好。在 (b) 图中，美国虽在趋势线之上，但与趋势线十分接近，说明美国在金融机构稳定和金融机构深度这两个维度相交处的金融优势并不十分明显，相对于较高水平的金融机构深度，美国金融机构的稳定性尚有待提高。在（f）图中，美国处于趋势线以下，但也与趋势线十分接近。与（b）图类似，在既定金融市场深度下，美国的金融市场稳定性并不十分理想。但从全球综合水平看，金融市场深度与金融市场稳定性呈负相关，鉴于美国金融市场深度相对较高，对于风险偏好型投资者来说，美国金融市场依然具备一定吸引力。在（c）图中，美国处于趋势线以上，其散点落在各国散点的集中区域内部，说明美国的金融体系兼顾了金融机构的稳定和效率，没有出现明显的顾此失彼。与（c）形成鲜明对比的是（e）图，美国的金融体系在金融市场方面更侧重效率，而对稳定性的重视程度相对差一些。

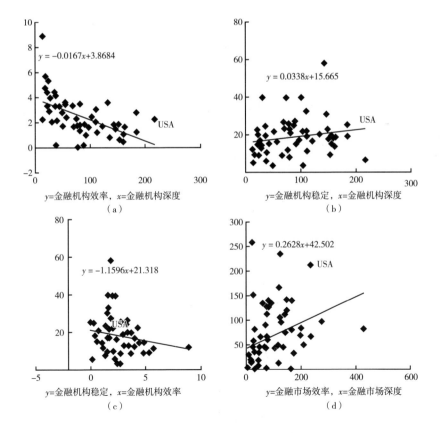

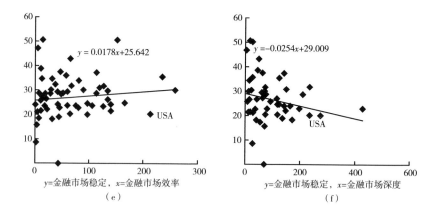

图 3 - 2　金融发展维度之间的关联性

注：金融机构效率的代表变量是净利息收益率；金融机构深度的代表变量是私人部门所得信贷/GDP；金融机构稳定的代表变量是银行 Z 记分（Bank Z - Score）；金融市场效率的代表变量是股票市场交易率；金融市场深度的代表变量是（国内私人债券＋股票市场市值）/GDP；金融市场稳定的代表变量是资产价格波动。所选取的样本国家广泛分布于高收入、中高收入、中低收入国家，共 67 个。

资料来源：根据世界银行全球金融发展数据库（Global Finance Development Database）所提供的相关数据计算整理而得。

如图 3 - 2 所示，在金融市场深度和金融市场效率所组成的二维图中，美国表现较为出众，不仅兼顾了金融市场深度和金融市场效率，而且在两方面均达到较高水平，但在金融稳定方面，美国的金融优势尚不明显。尽管如此，私人资本依然以逐年递增的态势源源不断地流入美国的金融市场或为美国银行注资（见图 3 - 3）。

然而，美国的金融优势是无法仅通过这些数据和图表直观显现出来的。为了能以更加严谨的研究方法将美国金融优势以指数化的形式展示出来，本书将在下文构建能够推导出涵盖多维衡量标准的金融比较优势指数的表达式，并在下文运用实际数据对美国及其他主要国家的金融比较优势指数进行估算。

（二）金融优势理论模型的构建

近些年来，学者们试图从金融发展角度研究比较优势关系的变化，以此来解释美国金融部门如何在新的国际分工模式下取得比较优势，进而以

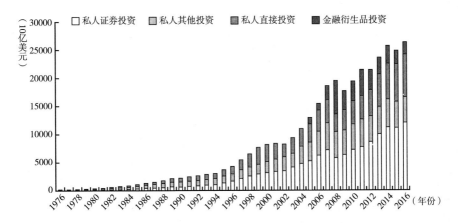

图 3 - 3　国际私人资本流入情况

资料来源：美国经济分析局网站。

市场力量将私人资本引入美国。克莱兹和巴德汉最早将金融部门导入 H - O 模型，认为金融发展极可能对一国产业比较优势的变动产生影响。[①] 安查斯和卡巴雷诺研究了金融发展呈现差异化时国际贸易与国际资本流动之间的相互关系。[②] 他们认为，在金融发展成为比较优势来源时，金融欠发达国家会使该国的经常账户和资本账户下的资金呈现反向流动，这种反向流动成为金融欠发达国家绕开国家间和部门间金融摩擦的市场机制，进而导致资本错配。也就是说，如果金融欠发达国家呈现贸易顺差，那么国内资金就会通过资本账户流入金融发达国家。克劳斯内等的实证研究发现，在非银行危机时期，金融发达国家高度依赖外部融资的部门增长速度要比金融欠发达国家快得多。[③] 因此，在非危机时期，国际私人投资资本会大规模流入金融发达国家以获取部门增长所带来的丰厚利润。安格雷托斯和帕诺通过建立两国一般均衡动态模型探究了金融市场差异对资本国际流动

① Kletzer, Bardhan, "Credit Markets and Patterns of International Trade", *Journal of Development Economics* 1987, 27 (1 - 2), pp. 57 - 70.

② Antras, Caballero, "Trade and Capital Flows", NBER Working Paper No. 13241, 2007.

③ Kroszner, Laeven and Klingebiel, "Banking Crisis, Financial Dependence, and Growth", *Journal of Financial Economics*, 2007 (84), pp. 187 - 228.

的影响。[1] 本部分对安格雷托斯和帕诺斯的模型进行拓展与改进，将金融部门导入模型中，借此推导金融部门在资本收益率方面较实体经济部门所具有的优势。

模型的基本假设条件如下。①世界上仅存在两个国家，金融市场较发达的 N 国和金融市场欠发达的 S 国。②市场中存在两个部门，实体经济部门和金融部门。实体经济部门需要人力和资本两种生产要素。由于金融部门主要靠金融产品的收益率创造产值，且网络技术和知识信息日益替代劳动力为金融部门服务，因此，本书假设金融部门仅使用资本这一种生产要素。③两部门的生产要素均由家庭提供。具体来说，两国中的每个家庭中都会提供给实体经济部门一个工人和一个企业主，工人在国内劳动力市场提供劳务，企业主利用劳动力与资本两种要素进行规模报酬不变的生产经营活动。每个家庭的资本存量除用于进行企业的生产经营外，剩余部分则投入了金融部门，通过在金融市场上交易金融资产进行借贷活动。④每个家庭都可以自由地在金融市场上进行交易来分散由外生冲击带来的生产经营风险。

1. 模型组建

本书模型中采用的家庭效用函数形式为：

$$U_t = E_t \int_t^\infty z(c_s, U_s) \, \mathrm{d}s$$

$$z(c,U) \equiv \frac{\beta}{1-1/\theta} \left\{ \frac{c^{1-1/\theta}}{\left[(1-\gamma)U\right]^{\frac{\gamma-1/\theta}{1-\gamma}}} - (1-\gamma)U \right\} \qquad (3-1)$$

其中，β 为贴现率，$\beta>0$；θ 为跨期消费替代弹性，$\theta>0$；γ 为风险厌恶系数，$\gamma>0$。

家庭财富来源于实体经济部门和金融部门，表达式为：

$$x = k_P + k_F \qquad (3-2)$$

k_P 为个人投资于实体经济部门的资本量，k_F 为家庭投资于实体经济部

---

① Angeletos, G. M., Panousi, V., "Financial Integration and Capital Accumulation", MPRA Paper No. 24238, 2009.

门的资本量。① 总资本 $k = k_P + k_F = \varphi k + (1-\varphi)k$，其中，$\varphi$ 为实体部门资本量占社会总资本量的比例。

实体经济部门的生产函数形式为 $F(k_P, l) = k_P{}^\alpha l^{1-\alpha}$（$0 < \alpha < 1$），$l$ 为企业主雇用劳动力人数。金融部门生产函数为 $F(k_F) = k_F{}^\alpha$。由于金融部门的产品具有一定风险收益率，而风险收益率又是以无风险收益率 R 为基准的，因此，假设金融部门的边际生产率为 AR，A 可以看作金融部门金融产品以 R 为基准的收益率变动系数。

家庭财富的预算约束为：

$$\mathrm{d}x = \mathrm{d}\pi + (ARk_F + w - c)\,\mathrm{d}t + \mathrm{d}T \qquad (3-3)$$

其中，$\mathrm{d}\pi$ 为家庭实体经济部门的利润，具体表达式为：

$$\mathrm{d}\pi = [F(k_P, l) - wl - \delta k_P]\,\mathrm{d}t + \sigma k_P\,\mathrm{d}z \qquad (3-4)$$

δ 为资本折旧率；σ 为一国风险水平；$\mathrm{d}z$ 是符合标准维纳过程的独立同分布变量，表示随机冲击，这一冲击会影响企业主的生产行为和投资收益。w 为工资率；c 为家庭消费；$\lambda \in (0,1)$ 表示金融市场能分散风险的比例；由于市场的不完全性，金融市场无法消化吸收全部的风险，因此 $\mathrm{d}T$ 表示金融市场可以分散的风险，表达式为：

$$\mathrm{d}T = -\lambda\sigma k_F\,\mathrm{d}z \qquad (3-5)$$

综合（3-3）~（3-5）式，家庭预算约束可简化为：

$$\mathrm{d}x = \mathrm{d}\tilde{\pi} + (ARk_F + w - c)\,\mathrm{d}t \qquad (3-6)$$

其中，$\mathrm{d}\tilde{\pi} \equiv \mathrm{d}\pi + \mathrm{d}T = [F(k_P,l) - wl - \delta k_P]\mathrm{d}t + [\varphi - \lambda(1-\varphi)]\sigma k\mathrm{d}z$。

本书定义 $\tilde{\sigma} \equiv [\varphi - \lambda(1-\varphi)]\sigma$，并以此来度量一国金融市场的发展水平。一国金融市场可分散风险的比例越高，金融资本占社会资本的比例越高，$\tilde{\sigma}$ 越小，则金融市场发展水平就越高。

2. 均衡条件

一般均衡条件有三：一是宏观变量是家庭经济的总和；二是家庭根据既

---

① 金融部门的资本既包括知识资本也包括金融资本。

定价格高低做经济最优化安排；三是劳动力市场和借贷市场出清的条件是，对于任何 i，t 来说 $[i \in (N,S)]$，在封闭均衡条件下 $L_{i,t} = 1$，$K_{F,i,t} = 0$，在开放均衡条件下，$L_{i,t} = 1$，$K_{F,N,t} + K_{F,S,t} = 0$。

一般情况下，企业主会根据已有的资本存量和预计风险的大小来决定雇用劳动力的数量。另外，由于生产函数是规模报酬不变的柯布 – 道格拉斯形式，企业最优雇用人数和最大利润与自身所拥有的资本量呈线性关系，因此有：

$$l = \bar{l}k_P，且\ \mathrm{d}\pi = \bar{r}k_P\,\mathrm{d}t + \sigma k_P\,\mathrm{d}z \qquad (3-7)$$

其中，$\bar{l} = \bar{l}(w) \equiv \arg\max_l [F(1,l) - wl]$，$\bar{r} = \bar{r}(w) \equiv \max_l [F(1,l) - wl] - \delta$。

令 $h \equiv \int_t^\infty e^{\int_t^s R_\tau d\tau} w_s \mathrm{d}s$，表示劳动收入的现值，将 $\{w_i, R_i\}_{t \in (0,\infty)}$ 作为生产要素的均衡价格，则最优消费、最优资本存量和最优金融资产持有量的表达式如下：

$$c = m(x+h)，k_P = \varphi(x+h)，k_F = (1-\varphi)(x+h) - h \qquad (3-8)$$

m 为边际消费倾向，φ 为边际投资倾向。由于并不能确定实体经济部门的边际收益是否大于金融部门，因此本书假设两部门的投资倾向相同。经推导，m 和 φ 具体表达式为：[1]

$$\frac{\dot{m}}{m} = m + (\theta-1)\hat{\rho} - \theta\beta，其中 \hat{\rho} \equiv \rho - \frac{1}{2}\gamma\varphi^2\tilde{\sigma}^2，\rho \equiv \varphi\bar{r} + (1-\varphi)AR \qquad (3-9)$$

$$\varphi = \frac{\bar{r} - AR}{\gamma\tilde{\sigma}^2} \qquad (3-10)$$

（3 – 8）式建立了最优消费、最优资本存量、最优金融资产持有量与家庭财富之间的线性关系。（3 – 9）式说明边际消费倾向增长率是经风险调整后的储蓄收益预期路径的函数。（3 – 10）式说明资本的边际投资倾向是风险溢价的增函数、外生风险的减函数。风险溢价为 $\mu \equiv \bar{r} - AR$，$\bar{r}$ 是实体经济部门收益率，AR 是金融部门的资产收益率。

---

[1] 此部分的具体推导可参见附录。

令 $f(K_P) \equiv F(K_P, 1) = K_P^\alpha$，$f(K_F) = K_F^\alpha$。根据（3－7）式和（3－10）式，一般均衡条件下，投资倾向、经风险调整后的收益率以及一般均衡条件下的工资率分别为：

$$\varphi = \varphi(K_P, AR, \tilde{\sigma}) \equiv \frac{f'(K_P) - \delta - AR}{\gamma \tilde{\sigma}^2} \tag{3－11}$$

$$\hat{\rho} = \hat{\rho}(K_P, AR, \tilde{\sigma}) \equiv AR + \frac{[f'(K_P) - \delta - AR]^2}{2\gamma \tilde{\sigma}^2} \tag{3－12}$$

$$w = f(K_P) - f'(K_P)K_P = (1 - \alpha)f(K_P) \tag{3－13}$$

综上所述，经求解，得到一国一般动态均衡条件为：

$$C + \dot{K}_P + \dot{K}_F = f(K_P) - \delta K_P + ARK_F \tag{3－14}$$

$$\frac{\dot{C}}{C} = \theta(\hat{\rho} - \beta) + \frac{1}{2}\gamma \tilde{\sigma} \varphi^2 \tag{3－15}$$

$$\dot{H} = RH - (1 - \alpha)f(K_P) \tag{3－16}$$

$$K_F = (1 - \varphi)(K_P + K_F) - \varphi H \tag{3－17}$$

$$AR = f'(K_F) \tag{3－18}$$

（3－14）式表示预算约束，（3－15）式为消费增长率，（3－16）式表示劳动力资本流动规则，（3－17）式是一般均衡条件金融资产的持有量。

这些条件无论在一国封闭均衡还是两国开放均衡情况下都成立。在两国开放均衡条件下，$R_N = R_S = R$，在两国外国资产头寸平衡时（$K_{F,N} + K_{F,S} = 0$），R 不再变化。

3. 稳态

在稳态下，各国总消费增长率必定为0，因此，根据（3－15）式，有：

$$\hat{\rho} = \beta - \frac{1}{2\theta}\gamma \tilde{\sigma} \varphi^2 \tag{3－19}$$

（3－19）式说明，在稳态下，经风险调整后的储蓄收益率 ρ 要低于贴现率 β，因为跨期消费替代效应的存在抵消了部分的预防性储蓄动机。综合（3-11）式、（3-12）式和（3-19）式，可得：

$$f'(K_P) - \delta = AR + \sqrt{\frac{2\theta\gamma\bar{\sigma}^2(\beta - AR)}{\theta + 1}} \qquad (3-20)$$

理论上，如果金融市场可以完全分散外生风险（$\bar{\sigma} = 0$），市场间的套利活动将使各部门资产收益率相等 $[AR = f'(K_P) - \delta = \hat{\rho}]$。但在现实中，市场中的不可分散风险是始终存在的（$\bar{\sigma} > 0$），根据（3-20）式，实体经济部门和金融部门的收益率之间有正的缺口，即 $f'(K_P) - \delta > AR$。[①] 这一缺口说明，从整体平均水平来看，将资本配置到实体经济部门所获得的收益率要高于金融部门。也就是说，在排除其他干扰因素的条件下，金融市场不可分散风险的存在造成了部门间资本收益率的正向缺口。

$\sqrt{\dfrac{2\theta\gamma\bar{\sigma}^2(\beta - AR)}{\theta + 1}}$ 可以看作风险溢价 μ 的表达式。而将（3-20）式两边同除以 AR 便可得到一国实体经济部门与金融部门的资本收益率之比的表达式，即：

$$\frac{f'(K_P) - \delta}{AR} = 1 + \sqrt{\frac{2\theta\gamma\bar{\sigma}^2(\beta - AR)}{(\theta + 1)(AR)^2}} \qquad (3-21)$$

定义 $$\eta \equiv 1 + \frac{\mu}{AR} \qquad (3-22)$$

如果一国 η 较大，则可以认为该国的实体经济部门更能吸引投资资本，反之，说明投资该国的金融部门可以获得较高的资本收益率。也就是说，假设 $\eta_N < \eta_S$，在资本可以自由跨境流动的条件下，投资于实体经济部门的资本会更多地流向 S 国，而投资于金融部门的资本更倾向于流入 N 国。对于投资者来说，η 较大的国家在实体经济部门具有比较优势，而 η 较小的国家则在金融部门具有比较优势。表 3-2 根据（3-22）式列出了 η 与相关变量之间的变动关系。在其他变量不变的情况下，与 η 正相关变量的减小和负相关变量的增加将增强一国在金融部门的比较优势。

---

① 同时根据前文中 $\hat{\rho}$ 的定义式和（3-13）式，可得 $AR < \hat{\rho} < f'(K_P) - \sigma$。

表 3 - 2 η 与相关变量之间的变动关系

正相关	负相关
θ : 跨期消费替代弹性	A : 金融资产以 R 为基准的收益率变动系数
γ : 风险厌恶系数	R : 无风险收益率
β : 贴现率	λ : 金融市场能分散风险的比例
φ : 实体部门资本量占社会总资本量的比例	
σ : 一国投资风险水平	

为便于以实际数据拟合模型所推导出的表达式，本书将跨期消费替代弹性 θ 近似为风险厌恶系数 γ 的倒数，再将 $\tilde{\sigma} \equiv [1 - (1 + \lambda)(1 - \varphi)]\sigma$ 代入（3 - 22）式，则（3 - 22）式被改写为：

$$\eta \equiv 1 + \frac{\sigma}{AR}|1 - (1 + \lambda)(1 - \varphi)|\sqrt{\frac{2(\beta - AR)}{\theta + 1}} \qquad (3 - 23)$$

（3 - 23）式便可被记作衡量一国金融优势指标。

（三）金融比较优势的数值估算

前文的模型已在理论上推导出可以用来衡量一国金融优势的表达式（3 - 23）式。理论公式虽能清晰展示各变量与金融优势指标间的作用关系，但毕竟较为抽象。为了能更直观地观察美国较他国的金融优势，本部分将为（3 - 23）式中各变量匹配相对恰当的现实数据。由于受到数据可得性的限制，加之在数据选取时难免掺杂主观因素，本部分以现实数据所拟合出的 η 值可能并不十分精确，但对分析结果并无大碍。

1. 数据选取

根据（3 - 23）式，本书的金融优势指标大小由金融资产平均收益率（AR）、金融市场分散风险比例（λ）、实体部门占社会资本总量比例（φ）、一国投资风险水平（σ）、贴现率（β）和跨期消费替代弹性（θ）六个变量决定，而前四个变量便可从世界银行所统计的金融发展指标中进行筛选与加工而得。[①]

---

① 世界银行所统计的金融发展指标具体参见本书第四章表 4 - 1。

本书选取金融效率指标的净利息收益率（Net Interest Margin）代表（3-23）式中的金融资产边际平均收益率（AR）。净利息收益率衡量的是银行或其他金融机构所得利息收入与支付给生息资本借款人（如存款人）的利息支出间的差异，它与非金融企业的毛利率相似。其计算公式为：净利息收益率＝（利息收入－利息支出）/生息资产平均余额。净利息收益率一般被用来衡量银行等金融机构的盈利能力，本书在此用其来表示一国金融资产所产生的净收益率。

金融市场分散风险的能力不仅取决于一国的金融深度，而且与金融效率密切相关。衡量金融深度的指标多为规模类指标，规模的大小决定着风险分散的程度，而效率的高低决定着风险分散的速度。效率类指标与规模类指标在衡量金融市场风险分散能力时具有同样的重要作用。因此，本书在衡量金融市场分散风险能力（λ）时同时考虑了金融深度指标和金融效率指标。又因金融机构和金融市场在分散金融风险时都发挥了作用，本书在衡量金融市场分散风险能力（λ）时将以乘积形式对两个主体的分散风险能力进行叠加，即λ是金融机构深度、金融机构效率、金融市场深度、金融市场效率之积。代表金融机构深度的变量是金融机构资产之和与GDP之比，金融机构资产具体包括银行对私人部门的信贷、养老基金资产、共同基金资产、保险公司资产、人寿保险费用和非人寿保险费用；代表金融机构效率的是净利息收益率；代表金融市场深度的是股票市场市值与国内私人债券市场规模之和与GDP之比；代表金融市场效率的是股票市场交易率。

在度量一国投资风险水平（σ）时，本书选取的是衡量金融市场稳定性指标——股票价格指数波动，该指标在学者们对比金融市场稳定性时使用率最高。市场经济下，股票市场被誉为宏观经济的晴雨表，其价格指数的变化趋势和波动幅度能在很大程度上反映宏观经济的运行现状和市场对经济未来走势的预期。股票价格指数稳定，则宏观经济运行平稳，投资风险较小，反之，宏观经济运行起伏不定，市场信心不稳，投资风险增加。

在度量实体部门占社会资本总量比例（φ）时，本书选择资本形成总值（Gross Capital Formation）为实体经济部门资金规模，而金融部门资金规模为私人部门信贷、国内私人债券市场资金以及股票市场市值之和，社会资本总量便是实体经济部门和金融部门资金规模的总和。

根据（3-1）式的设定可知，（3-23）式中的贴现率 $\beta = r + 1$，r 为现实中的贴现率。

跨期消费替代弹性（θ）的估算相对复杂，凯恩斯-拉姆齐（K-R）模型常被作为 θ 经验数据的测量模型。在 K-R 模型中，家庭消费选择的原则为：$r = \nu - \left[\dfrac{u''(c)c}{u'(c)} \right] \dfrac{\dot{c}}{c}$。其中，$r$ 为资本边际报酬率，ν 为贴现率，$\dfrac{\dot{c}}{c}$ 为人均消费增长率，$u'(c)$ 和 $u''(c)$ 分别为一阶和二阶消费效用函数。将效用函数 $u(c) = \dfrac{c^{1-\theta}}{1-\theta}$ 代入上式，则可得跨期消费替代弹性表达式：$\theta = \dfrac{r - \nu}{\dot{c}/c}$。

资本边际报酬率为资本报酬与资本存量之比，而资本报酬的测算涉及资本产出弹性、技术进步速率、社会平均折旧率，这些数据的获得具有较大难度。各国对上述三个变量是否提供相应的统计数据暂且不论，即使提供了相关数据，其统计方法和统计路径依各国国情不同而不同。而 $\dot{c}/c$ 是最终消费增长率，但由前文的模型推导可知，η 的表达式在 $\dot{c}/c = 0$ 时成立。因此，按照 K-R 模型无法推知 θ 的数值。有鉴于此，本书欲采用较为粗略的方法获取 θ 的近似值。由 $\theta = \dfrac{r - \nu}{\dot{c}/c}$ 可知，$r - v$ 是资产报酬率与贴现率之差，可以近似看作居民的储蓄率，又 θ 的分母与消费相关，因此，本书选取国内储蓄与国内居民最终消费的比值作为 θ 的近似值。

综上，表 3-3 归列了估算 η 值所需的实际数据及其来源。

2. η 值估算结果

本书的估算时期为 1995～2015 年，即第二轮"强势美元"政策起始年至次贷危机后全球经济企稳，其间所经历的全球性金融危机还包括 1997～1998 年的亚洲金融危机和 2007～2008 年始于美国次贷危机的全球金融危机。本书所估算的国家包括欧美地区主要的发达国家、东亚地区金融相对发达的国家和地区，以及在估算期内迅速崛起的新兴市场国家。

表 3 - 3　估算 η 值所需的实际数据及其来源

变量	估算所用数据	来源
金融资产平均收益率（AR）	净利息收益率	世界银行全球金融发展数据库（Global Finance Development Database, GFDD）
金融市场分散风险比例（λ）	银行对私人部门的信贷、养老基金资产、共同基金资产、保险公司资产、人寿保险费用和非人寿保险费用、净利息收益率、股票市场市值、国内私人债券市场规模、股票市场交易率、GDP	世界银行全球金融发展数据库（Global Finance Development Database, GFDD）
实体部门占社会资本总量比例（φ）	资本形成总值、私人部门信贷、国内私人债券、股票市场市值	世界银行全球发展指标数据库（World Development Indicators Database, WDI）和全球金融发展数据库（Global Finance Development Database, GFDD）
一国投资风险水平（σ）	股票价格指数波动	世界银行全球金融发展数据库（Global Finance Development Database, GFDD）
贴现率（β）	贴现率	IMF 全球主要指标数据库（Principal Global Indicators Database, PGI）
跨期消费替代弹性（θ）	国内储蓄、国内居民最终消费	世界银行全球发展指标数据库（World Development Indicators Database, WDI）

　　表 3 - 4 和表 3 - 5 是按（3 - 23）式所估算的各国金融优势指数，两表所反映的信息量非常之大，为突出本书研究重点，我们只通过对比美国与其他样本国家在金融优势的估算值大小和变化趋势上的不同来着重分析美国的金融比较优势。纵观两表的估算数值不难发现，在 1995 ~ 2015 这段时期内，美国的 η 值近乎一直低于其他样本国家，金融优势保持得十分稳定。发达国家与美国的 η 值变化较为趋同，但变化幅度要大于美国。在 1997 ~ 1998 年亚洲金融危机期间，美国的金融优势指数变化不大，而深受亚洲金融危机冲击的日本等东亚国家和地区的 η 值均有所增加（中国香港和印度尼西亚数值呈现负值因平均收益率为负所致，故可不作为讨论重点）。而诸如德国、澳大利亚、加拿大等发达国家在此期间的金融优势指数也出现恶化。2000 ~ 2002 年，美国金融优势因受互联网泡沫破灭和"9·11 事件"影响而较自身略有减弱。同期其他欧美发

达国家的金融优势也或多或少出现恶化，其中，英国、法国、荷兰的最高降幅均超过了美国。不仅如此，2007 年始于美国的次贷危机殃及全球，2008～2009 年，世界主要国家和地区都笼罩着全球金融危机的阴霾。美国 2009 年的 η 值较 2007 年上升了 108%。原本在 2004～2006 年金融优势日益走强的欧洲经济受到莫大冲击，η 值开始明显上升，随后而至的欧洲主权债务危机使德国、法国和英国金融优势难有起色。虽然欧洲的金融优势走弱，但东亚国家受此次金融危机的拖累更为严重。日本及其他新兴市场国家和地区的 η 值多一改危机前的走势，调头向上（韩国除外）。比如，日本 2009 年的 η 值较 2007 年上升了 57%，中国内地上升了 119%，中国香港上升了 32%，印度上升了 44%。

表 3-4　金融优势估算结果：主要发达国家

年份	美国	澳大利亚	加拿大	法国	德国	意大利	荷兰	瑞士	英国
1995	20.7	131.0	61.6	60.5	49.0	121.8	84.5	69.4	59.1
1996	1.1	1.8	1.5	2.8	1.7	2.0	1.9	1.8	1.2
1997	1.1	2.8	1.8	3.5	1.8	2.1	2.5	1.9	1.2
1998	1.1	3.0	2.2	3.1	1.7	2.3	2.6	2.9	1.2
1999	1.2	2.8	2.4	3.7	2.4	2.8	2.6	1.8	1.4
2000	1.3	2.0	2.1	3.6	2.6	2.1	1.6	1.6	1.3
2001	1.2	2.4	2.6	4.2	3.1	2.5	2.1	2.0	1.6
2002	1.1	2.8	1.8	3.8	3.2	4.3	2.3	2.4	1.6
2003	1.1	2.8	1.7	4.0	3.9	3.1	3.6	2.4	1.4
2004	1.0	3.2	1.5	2.9	2.6	1.6	1.3	2.6	1.1
2005	1.1	1.2	1.6	2.4	2.2	1.2	1.6	2.4	1.2
2006	1.1	1.2	1.5	2.3	1.9	1.4	2.5	2.5	1.1
2007	1.3	1.3	1.3	2.4	1.9	1.2	1.4	2.4	1.1
2008	2.1	2.0	1.9	2.5	2.2	1.6	2.8	3.7	1.3
2009	2.7	2.2	—	3.2	2.8	2.2	2.5	4.9	2.3
2010	1.8	1.6	—	3.0	3.3	2.4	2.5	2.8	1.6
2011	1.6	1.5	—	2.7	3.5	2.0	1.8	2.7	1.3
2012	—	1.7	—	4.8	5.1	3.8	—	2.4	1.3
2013	—	1.6	—	3.3	3.4	3.5	—	1.4	—
2014	—	1.5	—	2.3	2.5	2.0	—	1.4	—
2015	—	1.7	—	3.5	3.3	3.8	—	1.3	—

表 3-5　金融优势估算结果：东亚和新兴市场国家和地区

年份	日本	韩国	中国内地	中国香港	新加坡	印度	印度尼西亚	巴西	墨西哥	俄罗斯	南非
1995	95.4	185.1	912.8	118.8	71.7	162.4	—	69.3	203.9	—	39.2
1996	2.3	3.3	22.4	4.0	1.9	7.9	—	2.3	7.7	—	1.9
1997	2.5	5.6	21.0	4.8	2.4	12.1	13.1	2.3	6.2	—	2.1
1998	2.7	4.7	14.3	7.9	4.3	35.9	40.2	3.3	6.7	—	7.3
1999	1.5	2.9	12.5	5.5	3.5	9.0	10.0	5.8	6.1	—	2.3
2000	1.9	4.2	12.3	6.5	2.9	10.6	11.3	4.2	6.0	—	3.0
2001	2.4	6.1	9.2	7.5	3.1	10.3	10.9	4.3	6.1	—	3.1
2002	2.3	3.3	7.1	2.6	3.7	7.9	8.4	4.7	5.4	—	8.1
2003	1.9	3.0	7.1	3.3	5.4	7.2	7.6	3.4	5.2	—	2.0
2004	1.7	1.7	9.1	1.9	1.6	6.2	6.5	3.3	3.7	—	2.6
2005	1.6	1.7	8.5	3.6	1.6	5.8	6.0	2.8	3.3	8.0	2.6
2006	1.5	1.2	10.6	2.1	1.6	5.3	5.6	2.0	3.8	8.6	3.2
2007	1.4	2.0	6.9	2.8	1.6	5.9	6.2	1.8	4.0	8.7	3.2
2008	1.5	2.9	10.2	3.2	2.0	8.1	8.4	4.1	5.6	10.2	5.0
2009	2.2	1.8	15.1	3.7	2.4	8.5	9.0	2.5	8.1	18.4	5.8
2010	1.9	1.1	9.3	3.7	2.2	6.3	6.7	2.2	5.9	14.5	4.3
2011	1.8	1.5	6.6	2.5	1.7	5.5	5.8	2.0	4.5	8.5	3.6
2012	2.2	1.7	5.5	1.4	—	6.0	6.3	2.2	4.4	9.1	3.3
2013	2.1	1.4	5.5	1.2	—	5.6	5.8	2.4	3.5	7.1	2.9
2014	2.4	1.3	4.2	2.4	—	5.6	5.9	2.4	3.8	8.5	2.9
2015	1.8	1.3	5.8	2.6	—	4.5	4.7	4.3	3.7	12.5	3.5

对比美国与各国金融优势的估算值可以得到以下三点结论。

第一，美国较其他国家拥有明显的金融比较优势。根据本书模型的估算结果，自 1997 年至今，除 2008 和 2009 年外，美国的 η 值基本在 1.5 以下，如此稳定而较低的 η 值是其他样本国家所望尘莫及的。即便欧美一些发达国家的 η 值在个别年份也能接近美国的水平，但他们的金融优势的稳定性无法与美国同日而语。这说明美国金融部门较实体经济部门在资本收益率方面的优势十分显著。因此，全球金融资本汇聚美国完全符合投资者的经济理性。

第二，美国金融比较优势不但明显而且稳定，对金融危机的抵抗力较强，无论金融危机是否始于美国。即便全球经济爆发危机（亚洲金融危机、互联网泡沫危机、次贷危机、欧洲主权债务危机）、美国采取国际军事行动（国际反恐行动、伊拉克战争）、国际货币金融体系出现变动（欧元诞生），美国的金融比较优势也能保持相对稳定。这一点是其他国家所望尘莫及的。例如，英国和德国都分别拥有颇具影响力的国际金融中心伦敦和法兰克福，英国的英镑属国际货币，而德国在欧元区国家中享有领导地位。然而，两国的金融优势指数变化依旧无法隔离美国次贷危机的冲击。日本的情况也与英德大体相当。因此，金融危机可能会使流入美国的资本构成和来源地发生变化，但不会从根本上影响美国对国际资本的吸引力。

第三，世界主要发达国家和新兴市场国家的金融优势指数走势与美国大体趋同，但波动幅度大于美国。这也能从侧面反映出美国的国际金融霸权地位——美国的金融走势与世界主要国家存在一荣俱荣一损俱损的连带关系，其他国家的金融发展难以摆脱美国金融发展的制约。因此，即便部分国家的 η 值在个别年份相对较低，其金融优势的上升也会遭遇瓶颈。因为它们在强化其金融优势时难免受到来自美国的制衡，从而难以撼动美国在国际金融霸权中的霸主地位。

一方面，美国的金融比较优势主要得力于多层次的金融市场深度、较强的金融市场稳定性和高效的资金配置效率。而金融部门正是依托美国金融体系所提供的广阔平台构筑国内和国际经营网络，卓越的经营业绩也吸引了大量国际资金注入美国金融体系，从而进一步扩大了金融市场规模，增加了资金流动性，为美国金融比较优势的强化增砖添瓦。同时，这些资金也成为美国国际投资头寸表中私人部门对外负债的重要组成部分。另一方面，金融部门的可持续发展需要实体产业部门的支持。美国的跨国公司将产业资本在全球范围内进行优化配置以延长生产余力，它们在赚取丰厚利润的同时也夯实了美国宏观经济运行的基础，增强了国际资金对美国经济的信心，为金融部门进一步利用国际资金强化美国金融比较优势做出了重要贡献。本章接下来的部分便是逐一研究商业银行部门、非银行金融部门和跨国公司三大主体的经营活动在维系美国负债式金融霸权中的作用。

二　商业银行的国际借贷与欧洲美元市场的发展

美国的银行体系是众所周知的"双重银行体系"，商业银行从州政府或联邦政府均可获得营业执照。监管者之间的竞争导致监管无力。[①] 因此，美国商业银行的经营活动一直处在一个复杂且混乱的监管环境之下，这使得美国商业银行在从事国际借贷业务时所受的限制也相对较少。在二战后的最初十年时间里，大规模的国际资本流动以政府间贷款和国际援助为主，美国商业银行业务的重点在国内市场。随着美国国际收支逐渐转向赤字，国外积累的美元日益增多，刺激了欧洲美元市场的发展。与此同时，美国国内的通货膨胀和银行法规导致国内银行存款大量外流，美国商业银行被迫转向国外进行融资，将出逃的美元存款和国际货币市场上的过剩美元吸收为银行存款。如此，这部分美元便以美国商业银行对外负债的形式回流美国。以欧洲美元市场为代表的国际借贷资本市场是海外私人美元的主要聚集地，自然，它们也就成为美国商业银行发展国际借贷业务的主要场所。

（一）美国银行部门经营业务演变中的政治

美国的"双重银行体系"产生于南北战争期间国民银行体系的建立，[②]

[①] White, Eugene N., "To Establish a More Effective Supervision of Banking: How the Birth of the Fed Altered Bank Supervision", NBER Working Paper No. 16825.

[②] "双重银行体系"的由来：在美国建国初期，联邦政府和州政府曾就银行执照授予权的问题展开争论，反对联邦政府设立银行的人们以宪法仅赋予联邦政府铸币权为由，指责联邦政府拥有特许设立银行权力属于违宪行为。反对派的力量来自诸多方面：有企图将权力尽可能保留在本州的政客（尤其是南部政客），有担忧权力过于集中的普通百姓，有担心联邦政府所设立的银行分行会对资产造成竞争的南部和西部的小型银行，有不满于银行总行设立在费城的华尔街，也有不想放弃银行执照授予权的州政府（发放银行执照在州政府的财政中起着重要作用）。美国联邦政府所设立的第一银行和第二银行都在这种反对浪潮中相继倒闭，州政府赢得发放银行执照的特权。随后，各州政府画地为牢，银行业务难以跨州经营。南北战争期间，反对联邦政府建立特许银行的南部声音在国会消失，国民银行体系得以建立，但它并没有取代州银行体系，反而要遵守各州关于银行设置分支的规定。由此，美国的"双重银行体系"建立，州政府和联邦政府都拥有银行执照授予权，这就导致一些国民银行会因监管规定苛刻而转向加入州银行体系。国民银行体系的根本缺陷并没有因美国联邦储备体系的建立而有所改观。具体参见吴敬琏主编《比较》，中信出版社，2011，第202~204页。

自此，"双重银行体系"便根植于美国银行业，它所带来的"金字塔式"的储备金结构①和监管的无力是美国银行危机频繁爆发的根源，也是美国金融体系向市场导向型方向发展的主要推手。自 1933 年"大萧条"后，美国联邦及州政府便开始对商业银行的业务活动加以监控，可以说，美国银行业是在美国政策制定者的引导和培育下逐渐成长起来的。这导致美国商业银行的治理模式不仅是经济效率取向变革的结果，也是平民主义、联邦主义等政治传统和相关利益集团斗争的产物。② 因此，为能从更深一层理解美国商业银行国际借贷业务的发展对维系美国负债式金融霸权的作用，我们有必要先来回顾一下对银行业监管政策和规章制度的演变，对美国银行部门经营业务和范围的导向作用。

自建国初期到 1933 年"大萧条"之前，由于牵扯州政府与联邦政府权力分配这一敏感政治话题，美国联邦政府在正常时期很少针对美国银行的业务活动制定法规条文。在《格拉斯 – 斯蒂格尔法案》颁布前，美国银行业处于混业经营状态。商业银行与投资银行业务的相互交织增加了美国金融业务的灵活性与多元化。以摩根公司为代表的金融财团积极从事于国际间的资金借贷和政府债券的承销认购，尤其在一战时期，摩根公司会进行大量的宣传活动说服美国国内居民将存款转投到贷给英国和欧洲的款项上。③ 一战后美国国际金融地位的提升离不开美国银行业的市场运作。

20 世纪 30 年代的"大萧条"使得众多银行相继破产，仅 1933 年一年便有近 4000 个金融机构倒闭。自此，美国联邦和州政府开始对商业银行的业务活动加以管制。政府对银行业的管制可分为以下五个阶段。

（1）20 世纪 30 ~ 40 年代的强化控制阶段。"大萧条"后，美国政府

---

① "金字塔式的储备金结构"是指，乡村国民银行将部分储备金以存款的方式存放在城市国民银行，城市国民银行又将部分储备金存入中心城市国民银行。由于乡村银行业务较为单一，美国乡村银行所持有的储备金水平较高，它们之间的转账由关联银行运作。在危机期间，各乡村银行为求自保而争相从关联银行提取资金将导致关联体系瘫痪，危机进一步恶化。具体参见吴敬琏主编《比较》，中信出版社，2011，第 208 页。

② 应展宇：《美国商业银行治理：政治经济视角的一个历史考察》，《国际金融研究》2007 年第 6 期，第 32 ~ 41 页。

③ 〔美〕杰弗里·弗里登：《20 世纪全球资本主义的兴衰》，杨宇光等译，上海人民出版社，2009，第 118 页。

进行了一次全面的金融改革，改革包括商业银行与投资银行分业经营、建立证券交易委员会和联邦存款保险制度等。这次改革奠定了直到 20 世纪 70 年代末联邦金融制度的基本结构。此次改革对美国银行业影响最大的是《格拉斯－斯蒂格尔法案》的通过。该法案以参议院银行和货币委员会的调查为基础，主要证言出自摩根和他的合伙人卡恩、洛布公司（Loeb&Co）、花旗银行（National City Bank）和花旗公司（National City Company）。[①] 这些公司和银行都曾在过去几十年中在证券经营中获得丰厚利润。在这一调查基础上所通过的《格拉斯－斯蒂格尔法案》对美国金融体系发展走向的影响可想而知。由于美国认为拉存款的竞争会增加银行风险，该法案规定商业银行不得以任何形式向活期存款支付利息，其中的 Q 条例还规定了储蓄存款和定期存款利率的最高限额。该法案并没有改变小银行功能重复、监管机构重叠的体系性缺陷，而仅是对银行体系加以区分而非整合。它将商业银行业务与投资银行业务分开，而这种区分更有利于投资银行的发展。因为投资银行可以经营更多的商业银行传统业务，其业务监管由新成立的证券交易委员会负责而不受 Q 条例等硬性法规的限制。因此，20 世纪 30 年代的金融改革虽使动荡的美国金融体系在此后平稳运行了近 40 年之久，但商业银行的业务发展也因此在美国国内逐渐落后于投资银行等非银行金融机构。此外，在二战结束前，美国政府始终保持着反国际路线的国际金融政策。[②]

（2）20 世纪 50～60 年代的控制下的平稳发展阶段。美国商业银行在这段时期内的发展主要体现在规模与数量上的增加，政府对商业银行扩张的规范事无巨细，甚至明确限定银行设立办事处的地点、提供产品的种类以及按何种利率收付等。为规避这些限制，加之美国对外直接投资所产生的美元借贷需求和 20 世纪 60 年代中后期开始的"大通胀"，美国商业银行于 20 世纪 60 年代增加跨国业务，并积极参与到不受任何国家法令限制、免税且不缴纳法定储备的欧洲美元市场的资金交易中。

（3）20 世纪 70～80 年代的管制放松阶段。1970 年后，美国国内的

---

① 陈宝森：《美国经济与政府政策》，世界知识出版社，1988，第 224 页。
② 关于美国政府在这段时期的具体泛国际路线的国际金融政策请参见陈宝森《美国经济与政府政策》，世界知识出版社，1988，第 888～891 页。

"滞涨"形势和 Q 条例的约束使美国金融市场出现"脱媒"现象，国内信贷由吃紧转为疲软。为缓解传统银行业务在国内的压力，美国政府对其监管的立法也开始松动：1970 年，美联储废除了 Q 条例的利率最高限额规定；1974 年 1 月，美国政府又废除了利息平衡税，取消了美国金融机构对国外贷款的自愿限制。截至 1986 年 3 月，联邦政府对银行管制的措施彻底完成，商业银行再次拥有了对存款利率的自主决定权。但商业银行依然对《格拉斯 – 斯蒂格尔法案》存在强烈不满，1988 年银行业曾游说政府试图废除该法案。与此同时国际市场方面，美国国际收支逆差的增加和拉美新兴国家的发展驱动了市场对金融服务的需求，浮动利率的出现更进一步刺激商业银行将国内过剩资金投放国际借贷市场以获取高额利差。金融业的贪婪和里根时期对金融监管的过于松弛致使商业银行资产质量低下。20 世纪 80 年代的"强势美元"政策促发了拉美债务危机，由于美国商业银行在拉美地区投放了大规模的信贷资金，美国商业银行的倒闭并购风潮也随之开始，加之国际市场竞争激烈，美国商业银行的对外扩张进入平稳且略显收缩阶段。政府立法的主要关注点集中在商业银行的资产质量。

（4）20 世纪 90 年代至次贷危机前的解除管制阶段。20 世纪 90 年代中期后，美国金融业开始面临全球的竞争压力。为增强美国金融业在国际市场上的竞争实力，1999 年，美国废除了实行了 66 年之久的《格拉斯 – 斯蒂格尔法案》，彻底取消了银行和证券的分业经营界限，商业银行开始大规模从事投资银行活动。混业经营模式不仅降低了美国金融服务成本、扩大了金融市场规模，而且提高了金融机构的抗风险能力。在国际市场上，实力大增的美国银行在与其他国家跨国银行竞争中占据优势，跨国银行间的兼并重组浪潮此起彼伏，美国金融机构在国际金融市场上的垄断性也日益增加。

（5）次贷危机后至今的监管完善阶段。2007 年爆发的美国次贷危机进一步暴露了美国金融监管体系的内在缺陷。美国政府先后公布了《现代金融监管构架改革蓝图》、《金融监管改革框架》和《金融监管改革：新基础》三个改革方案，并于 2010 年 7 月正式颁布了《金融监管改革法》。该法案虽旨在解决金融危机中暴露出来的金融监管问题，但实质上更接近

"是对金融危机的一个政治回答"。[①] 广泛的国际舆论和社会争论，未能弱化美国政府与各利益集团对金融市场活力或华尔街重要性的认识，新的监管改革法案力图在保护金融业活力和降低市场风险之间寻找平衡点。例如，《金融监管改革法》虽限制商业银行推出金融创新产品的速度，但保留了占据商业银行衍生品交易 80% 以上的利率和外汇衍生品交易，这意味着银行的收入下降将低于市场预期。此外，商业银行还可以通过设立海外特殊目的机构（SPV）达到适当控制衍生品业务规模的法规要求。

由此可以看出，虽然自 20 世纪以来，美国银行业经历了混业—分业—混业的经营体系改革，但银行体系的根本结构性缺陷仍然存在。以华尔街为代表的特殊利益集团通过游说和竞选捐款，使主流观点和政治势力转向更少的市场监管，以确保金融业更大的利润空间，而美国政府也认同保持金融部门的国际优势是美国霸权得以立足的重要基础。于是，即便是代价高昂的金融危机也未能产生足够的政治压力以推动触及体系根本缺陷的金融改革。因此，美国商业银行的国际借贷虽然是私人金融资本的市场行为，却也在支持着美国金融霸权的持续运行。

（二）欧洲美元市场与美国商业银行国际借贷

二战后，美国商业银行的国际借贷业务兴起于 20 世纪 60 年代。1933 年《格拉斯–斯蒂格尔法案》中的 Q 条例对美国商业银行的存款利率规定了 4% 的最高限额。由于市场利率一直处于低位，这一规定在相当长的一段时间内并未对商业银行的经营产生严重影响。但从 1965 年开始，受美国国际和国内宏观经济政策影响，美国国内信贷趋紧，市场利率上升到 5% ～6% 。面对商业银行所提供的 4% 的存款利率，存款人纷纷将商业银行存款提取出来改投到国外利率更高的地方。1966 ～1969 年间，美国商业银行被迫转向国外筹措资金，通过他们国外分支银行在境外吸收存款再调回国内使用。虽然美国政府于 1970 年和 1974 年分别废除了 Q 条例和利息平衡税，但国际市场的强劲需求使美国商业银

---

① 祁斌：《美国金融监管改革法案：历程影响和借鉴》，中国金融四十人论坛，http：//www.cf40.org.cn/plus/view.php? aid = 3060。

行不断扩大其国际业务规模。国际市场对美元金融服务的强劲需求主要来源于五方面——美国国际收支逆差、布雷顿森林体系崩溃、石油美元的周转、跨国公司的资金运作以及第三世界借债进行工业化。^① 这些因素都导致了美元大量留存在海外市场，其中规模最大、地位最重要的当属欧洲美元市场。

欧洲美元市场成形于 20 世纪 50 年代，成长于 60 年代中后期，如今已发展为著名的国际金融市场。欧洲美元市场是经营美国以外美元存款交易的国际资金借贷市场。欧洲美元市场以不受任何国家法规限制、不缴纳法定存款储备金、不纳税、流动性强等优势成为海外美元主要集聚地。市场参与者主要包括商业银行、各国央行和政府。

自 1974 年 1 月美国取消对资金外流的限制后，美国境内的美元存款大量流入欧洲美元市场。在欧洲美元市场，美国商业银行只有同来自欧洲等国家和地区的商业银行去竞争而获取更多的美元存款，才能有足够的资金进行对外放贷赢得利润。因此，美国商业银行的外国存款规模越大，所占银行负债比例越高，越说明美国商业银行在国际金融市场竞争中占据优势。来自外国的美元存款构成了美国商业银行对外负债的重要组成部分，图 3 - 4 展示的是 1974 ~ 2011 年美国商业银行外国存款情况。不难看出，外国存款的规模呈递增趋势，其所占商业银行存款总额比例变化区间在 10.6% ~ 20.5%。且外国存款所占商业银行存款总额和负债总额的比例变化走势近乎一致，说明存款项目下的资金在商业银行负债中占有绝对比例。在拉美债务危机爆发前，外国存款在商业银行负债中的比例呈上升趋势。而几乎整个 20 世纪 80 年代，美国商业银行的外国存款规模增长缓慢，其占负债的比例更是一路下滑。根据前文可知，这一时期也是美国国际金融优势面临来自日本和欧洲挑战最严峻的时期。20 世纪 90 年代初的金融自由化与金融全球化浪潮使得外国存款规模和比例开始回升，美国商业银行的国际竞争优势得以恢复。在经历了 1999 年银行与证券混业经营的短暂调整后，美国银行业的竞争优势更是有增无减，直至次贷危机爆发。

---

① 余开祥：《欧洲货币市场的发展及其国际影响》，《复旦学报》（社会科学版）1980 年第 3 期，第 50 ~ 57 页。

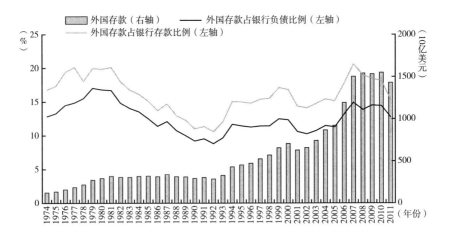

图 3 - 4　美国商业银行外国存款情况

资料来源：根据 FDIC 网站所提供数据整理而得。

此外，自金融自由化浪潮开始，无论是绝对规模还是所占比例，美国商业银行的对外资产一直小于对外负债（见图 3 - 5）。这说明美国商业银行从国外所融得的资金完全可以满足对外贷款，这既保证了美国商业银行的国际借贷业务不会影响银行的国内业务，也使国际借贷业务的流动性风险处于较低水平。

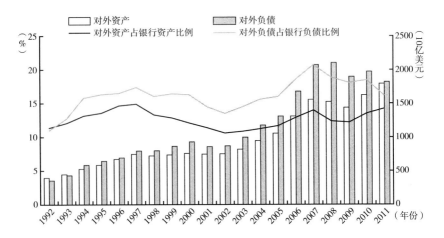

图 3 - 5　1992 ~ 2011 年美国商业银行对外资产和对外负债比较

资料来源：根据 FDIC 网站所提供数据整理而得。

　　图 3-6 展示的是世界主要发达国家银行国际净资产规模。美国和英国银行在国际业务上表现为净负债，说明美国和英国银行在国际金融市场上属于融资方，而德国和日本的银行则表现为净资产，说明他们主要是向国际金融市场上贷放资金。自 20 世纪 90 年代初金融自由化以来，除了次贷危机期间，美国银行的国际净负债规模基本要大于英国，说明与英国相比，美国银行的国际融资能力要较强一些。

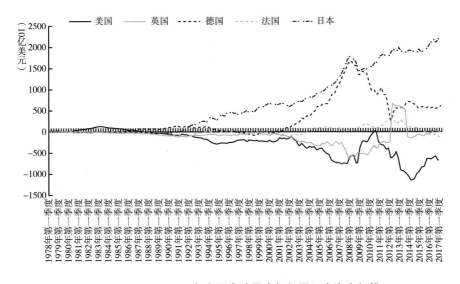

图 3-6　1978～2017 年主要发达国家银行国际净资产规模

注：图中净资产数据为报告国家居民持有的、以各种货币计价的、对所有部门的净资产。

资料来源：根据国际清算银行网站所提供的数据整理而得。

　　此外，在图 3-7 所示的国家中，美国银行国际净资产中的外币净头寸规模相对较小，说明其面临的外汇风险较低。不仅如此，相对英、德、日等国家来说，在近 30 年的时间里，美国银行国际资产和国际负债中外币计价资产的比例都是最低的（见表 3-6）。在向国际清算银行报告本国银行资产负债的国家中，英国银行的国际资产和负债规模虽然在多数时间处于领先地位，但其外币计价比例过高。这就导致英国银行国际借贷业务收入的稳定性极易受到各外币所属国宏观经济运行的影响，尤其是货币政策的影响。而美国外币资产比例最高也未超过 15%，与英国平均约 90% 的比例相比，美国受到外国经济政策外溢效应影响的概率自然较低，为防范此类风险所付出的成本也自然较少。

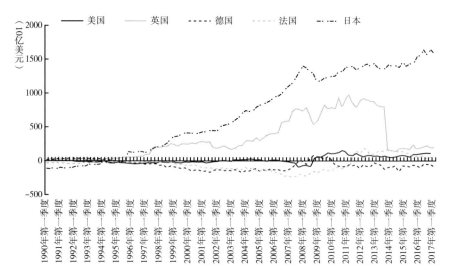

图 3 – 7   1990 ~ 2017 年主要发达国家银行国际净资产中外币净资产规模

注：图中净资产数据为报告国家居民持有的、以外国货币计价的、对所有部门的净资产。
资料来源：根据国际清算银行网站所提供的数据整理而得。

表 3 – 6   外币计价资产在银行国际资产和国际负债中的比例

单位：%

年份	美国		英国		德国		日本	
	国际资产	国际负债	国际资产	国际负债	国际资产	国际负债	国际资产	国际负债
1980	2.37	2.69	93.64	92.64	29.33	31.67	74.19	84.60
1985	3.90	4.19	93.21	91.91	28.25	37.06	62.11	72.37
1990	11.43	10.60	90.82	85.15	34.57	43.90	56.05	67.33
1995	12.42	12.90	91.74	89.20	48.27	53.26	48.67	61.70
2000	5.98	6.57	89.48	85.38	36.77	51.61	62.32	59.04
2005	4.87	3.51	89.55	85.71	27.67	48.26	77.31	65.95
2008	11.11	7.93	88.72	85.47	28.32	48.12	72.22	59.53
2011	9.78	5.91	91.86	87.75	28.10	46.56	73.67	70.28
2016	9.84	4.71	89.99	85.60	8.77	10.27	76.34	79.34

资料来源：根据国际清算银行网站所提供的数据整理而得。

综上所述，美国商业银行在国际借贷业务中不但能将流动性风险和外汇风险控制在相对较低的水平，而且其收入不易受到他国经济的影响，这些都足以令美国商业银行在国际竞争中处于优势地位。因为国际银行业务多集中在国际货币市场，而货币市场是短期资金市场，投资者将资金存放在该市场并不以获利为目的，而是看重它对资金周转的高效性与安全性。因此，兼具高流动性和低风险性的美国银行受到国际货币市场投资者的青睐便也不足为奇。

那么，在国际金融市场中处于净融资方的美国商业银行，它的资产与负债项目上的资金流向又是如何的呢？这又与美国金融霸权的维系有何关联？这一问题就是下面我们要讨论的问题。

（三）美国商业银行国际借贷业务对资本流动的引导

在国际金融市场中，美国商业银行主要处于融资方地位。美国商业银行以其充足的流动性和低风险性吸引国际资金通过该部门流入美国，这在很大程度上弥补了美国经常账户的资金流出。从图3-8可以看出，美国商业银行国际资金净流入的变化趋势与经常账户的资金净流出十分相似，而非银行部门经美国银行流入美国的资金变化与经常账户近乎吻合，只是规模上有所差异而已。在一段时期内，一国的净融资需求可以用私人和公共部门的资本净流出来表示，而后者又与经常账户资本净流出等价。因此，图3-8中通过银行系统流入美国的资金规模与经常账户资金净流出的规模越相近，说明美国商业银行在越高比例上满足了市场的融资需求。

那么，流入美国银行体系的国际资金具体来自世界的哪些国家和地区？而通过美国银行体系流出的资金又去往何方？表3-7或许可以帮助我们寻找到问题的答案。经美国商业银行所流出的资金主要流向了欧元区和英国，其次是日本以及亚洲和拉丁美洲等新兴国家和地区，而资金通过银行体系流入美国的主要国家和地区同样是欧元区和英国，其次是包括澳大利亚和加拿大等发达国家在内的其他国家和地区。由此可见，出入欧洲等发达国家和地区的资金与美国银行体系的关系最为密切（这也是它们深受次贷危机影响的重要原因）。此外，除拉丁美洲外，美国银行体系对新兴

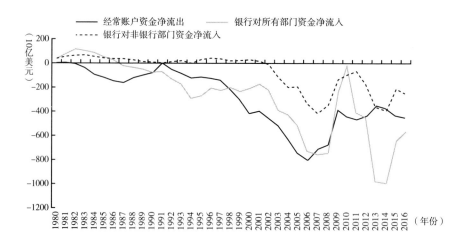

图 3 - 8   1980 ～ 2016 年美国经常账户与银行部门国际资金流动对比

注：为方便对比，图中美国银行部门的资金净流入以负值表示。

资料来源：经常账户数据来自 EIU 数据库，银行部门资金净流入为 BIS 统计的美国居民持有的以各种货币计价的对所有部门净资产，数据来自 BIS 网站。

市场国家和地区呈资本净输出状态，而对英国、日本等发达国家和地区呈资本净输入状态。由此，美国银行体系在世界经济运行中的金融中介作用显而易见。又由于美国银行体系整体为资本净输入状态，说明在充当国际性金融中介时，美国银行体系是无需从本国吸收资本便可满足向新兴国家和地区的贷款，也就是说，美国银行体系将国内资本隔离于对新兴市场国家进行资本输出的风险。

表 3 - 7   美国商业银行国际借贷资金来源与流向

单位：10 亿美元

地区	美国	2000 年	2002 年	2004 年	2006 年	2007 年	2008 年	2009 年	2010 年	2011 年
亚洲	借	98.8	105.9	150.4	204.2	254.8	254.9	315.9	388.5	456.5
	贷	18.0	24.2	30.5	46.8	53.2	56.7	60.4	54.8	51.9
欧元区	借	185.9	211.6	280.4	338.8	416.0	411.8	688.0	676.0	700.6
	贷	190.3	183.8	262.4	368.6	503.0	463.1	761.8	812.3	881.2
新兴欧洲	借	15.5	15.7	19.4	29.0	41.6	41.4	43.3	48.2	56.1
	贷	0.57	1.8	1.6	2.7	2.2	2.1	3.4	3.4	3.1

续表

地区	美国	2000 年	2002 年	2004 年	2006 年	2007 年	2008 年	2009 年	2010 年	2011 年
拉丁	借	93.9	114.9	100.0	126.4	141.8	149.5	170.0	204.6	237.5
美洲	贷	119.5	108.4	169.2	245.4	337.8	304.6	513.7	541.7	598.2
加勒	借	29.0	33.0	30.0	62.5	88.8	93.3	207.3	210.0	257.4
比海	贷	—	2.3	2.2	3.1	2.5	3.2	3.4	4.1	3.8
石油	借	12.6	11.8	12.4	21.7	33.7	36.8	46.6	48.5	55.9
国家	贷	—	—	—	—	—	—	—	—	—
其他	借	70.9	75.4	93.1	123.2	165.3	158.4	248.1	270.7	283.0
地区	贷	265.1	286.3	342.3	449.1	596.5	576.9	947.1	1034.7	115.0
日本	借	51.7	63.1	73.1	77.3	116.9	122.8	263.5	288.4	314.0
日本	贷	441.7	463.2	543.0	641.7	711.3	799.8	868.8	937.1	1066.4
英国	借	119.5	108.4	169.2	245.4	337.8	304.6	513.7	541.7	598.2
英国	贷	288.6	403.0	682.0	1048.2	119.8	1323.6	1181.6	1186.3	1135.0

注："借"表示美国商业银行对该国家或地区的资产，即资金从美国银行的流出去向，"贷"表示该国家或地区商业银行对美国的资产，即国际资金流入美国银行；"亚洲"借方包括：中国香港、中国澳门、新加坡、中国内地、印度、印度尼西亚、韩国、马来西亚、巴基斯坦、菲律宾、中国台湾、泰国；"亚洲"贷方包括中国台湾；"欧元区"借方包括奥地利、比利时、塞浦路斯、芬兰、法国、德国、希腊、爱尔兰、意大利、卢森堡、马耳他、荷兰、葡萄牙、斯洛伐克、斯洛文尼亚、西班牙；"欧元区"贷方包括奥地利、比利时、德国、西班牙、芬兰、法国、希腊、爱尔兰、意大利、荷兰、葡萄牙；"新兴欧洲"借方包括保加利亚、克罗地亚、塞浦路斯、捷克、爱沙尼亚、匈牙利、拉脱维亚、立陶宛、马耳他、波兰、罗马尼亚、斯洛伐克、斯洛文尼亚、土耳其、乌克兰；"新兴欧洲"贷方包括土耳其；"拉丁美洲"借方包括阿根廷、巴西、智利、哥伦比亚、墨西哥、秘鲁；"拉丁美洲"贷方包括巴西、智利、墨西哥；"加勒比海"借方包括阿鲁巴、巴哈马、百慕大、开曼群岛、荷属安迪列斯群岛、巴拿马；"加勒比海"贷方包括巴拿马；"石油国家"借方包括阿尔及利亚、利比亚、尼日利亚、伊朗、伊拉克、科威特、卡塔尔、沙特阿拉伯、委内瑞拉、厄瓜多尔、俄罗斯；"其他地区"借方包括澳大利亚、加拿大、丹麦、新西兰、挪威、瑞典、瑞士；"其他地区"贷方包括澳大利亚、加拿大、瑞士、丹麦、瑞典；"英国"借方包括英国、根西岛、马恩岛、泽西岛。年度数据为季度平均数。

资料来源：BIS 网站所提供的国际银行各年季度报告（Table 9）。

因此，美国商业银行的对外负债非但不会对美国经济形成负担，反而是美国以负债维系金融霸权的支撑力量之一，主要表现在以下几方面。其一，美国商业银行对外负债在一定程度上填补了美国因日益增加的进口需求而从经常项目流出的美元资金。其二，银行负债是银行贷款的资金来源，美国商业银行对外负债不仅为美国向新兴市场贷款提供了资金来源，还替存放在银行体系中的国内资本承担了银行从事国际信贷业务的风险。

其三，美国商业银行对外负债规模越大，它可支配的流动性资金便越充足，开展资产业务的风险也就越低，其国际竞争优势也就越明显。而这种优势越显著，国际投资者便越会选择美国商业银行存放资金，对外负债规模就会更大。如此只要美国银行体系不因自身的内在缺陷而爆发危机影响商业银行资金的安全性和流动性，美国商业银行的国际竞争优势便会在这种"对外负债"的循环下日渐强化。

然而，究竟是什么原因使得美国商业银行可以取得这种优势"循环往复"的先机的呢？从图3-6可以看出，美国商业银行负债规模超过英国始于20世纪90年代初，在这一时期，除了金融自由化的大背景外，布什政府曾于1991年推出了监管改革绿皮书（Green Book），该改革方案正是1999年替代《格拉斯-斯蒂格尔法案》的《金融服务现代化法案》的前身。因此，虽然当时美国银行业和证券业在法律上尚不被允许混业经营，但政府监管层已然放宽了对商业银行业务发展的管制。商业银行通过诸多金融创新来规避《格拉斯-斯蒂格尔法案》，使商业银行业务从传统化和单一化转向多元化发展。这些金融创新工具往往依托金融衍生市场和证券市场进行风险分散，这些工具和手段包括货币期货和期权交易、利率互换、利率互换期权合约、信用衍生工具等。可见，金融创新是美国商业银行竞争力存续与发展的生命线，而这些金融创新工具运用所依托的金融市场更是关键，而带给美国金融市场以活力的主体却是以影子银行体系为代表的美国的非银行金融部门。

三 非银行金融部门对外负债对美国金融市场发展的支持

非银行金融部门是除商业银行外从事金融服务业务机构的集合。这些机构既没有完全意义上的银行执照，也不受一国或国际银行业监管机构的监管，但它们从事与银行相关的金融服务业务，如投资、风险分化、契约性储蓄以及市场经纪等。非银行金融机构包括信托、证券、保险、融资租赁、财务公司等。金融危机调查委员会（Financial Crisis Inquiry Commission，FCIC）将影子银行定义为游离于传统商业银行体系之外、从事与银行类似金融活动却不受或几乎不受监管的金融实体。① 由此可见，美国的影子银行可以在相当大的程度上代表美国的非银行金融部门。根据金融稳定委员会对影子银行体系更为细致的定义，② 投资银行、对冲基金、货币市场基金、债券保险公司、结构性投资工具以及信用评级机构等涉及信用转换、期限转换和流动性转换的非银行金融实体都属于影子银行体系。美国影子银行体系十分发达，虽受到危害金融稳定的诟病，但近年来，它在深化美国金融市场、强化美国金融优势方面所起到的作用至关重要且不可替代。

（一）美国影子银行体系概述

早在 20 世纪 90 年代初，美国影子银行体系的业务便已超过了商业银行和其他存款机构。2007 年 6 月，美国影子银行体系负债规模达至顶峰，近 22 万亿美元，而同期传统银行总负债仅在 14 万亿美元左右。③ 如此规模的美国影子银行体系究竟是如何兴起的？它又具有哪些传统金融所不具备的金融创新工具呢？

1. 影子银行体系的兴起

虽然"影子银行体系"一词在 2007 年才被美国太平洋投资管理公司执行董事保罗·麦考利（Paul McCulley）在美联储的年度会议上提出，但其存在的历史起点可追溯到 20 世纪 30 年代联邦住宅贷款银行系统的建立，而迅速发展阶段始于二战后。④ 影子银行体系的发展与壮大为美国金融市场吸引了更多的机构投资者，也增添了功能各异花样繁多的金融工具和金融服务，使美国金融体系在过去的 40 年时间里发生了翻天覆地的变化。影

---

① Financial Crisis Inquiry Commission, "Shadow Banking and the Financial Crisis", http://www.fcic.bov, May 2010.

② FSB, "Shadow Banking: Scoping the Issues", http://www.financialstabilityboard.org/list/fsb_publications/index.htm, April 12, 2011.

③ Pozsar, Zoltan, Tobias Adrian, Adam Asheraft, and Hayley Boesky., "Shadow Banking", Federal Reserve Bank of New York Staff Report No. 458, July, 2010.

④ Pozsar, Zoltan, Tobias Adrian, Adam Asheraft, and Hayley Boesky., "Shadow Banking", Federal Reserve Bank of New York Staff Report No. 458, July, 2010. De Rezende, Felipe Carvalho, "The Structure and the Evolution of the U. S. Financial System, 1945 – 1986", *International Journal of Political Economy*, 2011 (2), pp. 21 –44.

子银行体系的发展源于美国金融体系所发生的根本性变化①，而这一变化又分别源自政府政策和市场力量两方面。

一是政府金融监管框架与美联储货币政策目标不协调。20 世纪 60 年代中后期，美联储为抑制通货膨胀而采取的紧缩性货币政策致使市场利率大幅上升，而当时美国金融体系的监管框架由《格拉斯 – 斯蒂格尔法案》的各项法规构成，其中的 Q 条例严格规定了商业银行给予存款人的利率上限。当快速攀升的市场利率超过了 4% 的 Q 条例上限时，大量资金从商业银行体系流出，以货币市场共同基金为代表的、处于金融监管框架之外的非银行金融中介机构，因此获得了大量的运营资金。为抵御"脱媒"现象对商业银行生存空间的压榨、规避金融监管对银行业务经营的限制，美国商业银行在短时间内创造了诸多金融创新工具并转变了经营模式，其中最主要的创新就是发展了以资产证券化为主的表外业务，而这些证券化资产的交易方恰以非银行金融机构（影子银行体系）为主。也就是说，政府金融监管框架与美联储货币政策目标的不协调，既为影子银行体系提供了经营资金（从商业银行流出的资金），又为其提供了交易工具和投资产品（商业银行为规避监管所创造的金融创新工具和金融交易产品）。学者们普遍认为，美国金融体系的结构性变革、影子银行体系的壮大根植于 20 世纪 70 年代的"大通胀"②，而雷赞德则进一步指出，"大通胀"背后所凸显的金融监管框架与货币政策目标的不协调，才是美国金融体系结构向影子银行倾斜的根本所在。③

二是机构投资者为影子银行体系的发展提供了持续的资金支持。20 世纪 70 年代以来，机构投资者作为美国金融市场上的主要参与者而迅速崛起，它们既包括以货币市场共同基金、养老基金和保险公司为代表的非银

① Gorton, Gary and Andrew Metrick, "Regulating the Shadow Banking System", *Brookings Papers on Economic Activity*, 2010（2）, pp. 261 – 312.
② De Long, J. Bradford, "America's Only Peacetime Inflation: The 1970s", http://econ161. berkeley. edu/pdf_ files/peacetime_ inflation. pdf, 1995. Michael D. Bordo, Angela Redish and Hugh Rockoff, "Why Didn't Canada Have a Banking Crisis in 2008（or in 1930, or1907, or……）", NBER Working Paper, No. 17312, August 2011.
③ De Rezende, Felipe Carvalho, "The Structure and the Evolution of the U. S. Financial Sysytem, 1945 –1986", *International Journal of Political Economy*, 2011（2）, pp. 21 – 44.

行金融机构，也包括微软、IBM 和通用等大型跨国公司。相对于资产的盈利性，这些拥有大量资金的机构投资者更为看重的是资产的流动性与安全性（见表 3 - 8）。因此，商业银行的活期存款、商业票据、国库券以及以国债为担保的其他"短期政府担保投资工具"就成为机构投资者的主要投资目标。然而，因为联邦存款保险公司对商业银行存款承保设定的上限仅为 10 万美元（自 1980 年至今未曾更改），传统的、存款储蓄型的银行体系难以满足机构投资者对强流动性、高安全性金融资产的需求。国库券和以国债为担保的金融资产的供给规模对于机构投资者来说依然较小，而且自 2000 年以来，外国官方机构对短期政府担保投资工具的强劲需求更加恶化了机构投资者对此类资产的需求缺口。① 鉴于商业银行体系和国债市场皆无法提供与机构投资者资金规模相匹配的、具有强流动性和高安全性的投资工具，机构投资者只能将剩余资金投向影子银行体系。因此，机构投资者资产规模越大，影子银行体系的规模就越大，流动性也越强，而这又进一步吸引机构投资者将资金持续不断地注入影子银行体系。据帕赛尔（Pozsar）估计，次贷危机爆发前，机构投资者持有的影子银行债务工具占总资产的 28.8%，而银行存款和政府债务工具则分别仅占 19.6% 和 9.1%。

表 3 - 8　机构投资者投资目的的优先性

单位：%

项目	短期投资目标排序（占所有机构投资者比例）						现金投资政策（占收入超过 10 亿美元机构投资者比例）					
	2006年	2007年	2008年	2009年	2010年	2011年	2006年	2007年	2008年	2009年	2010年	2011年
安全性	—	67	80	86	74	80	92	91	95	94	86	89
流动性	—	17	18	14	25	16	—	—	—	—	—	—
盈利性	—	13	2		1	4	—	—	—	—	—	—

资料来源：Pozsar, Zoltan, "Institutional Cash Pools and the Triffin Dilemma of the U. S. Banking System", IMF Working Paper, No. WP/11/190, August, 2011. Figure 3。

---

① Pozsar 对美国商业银行体系和短期政府担保投资工具难以满足机构投资者对安全性资产需求的问题有详尽的阐述，并提供了具体的数据和图表，本书在此就不做逐一引用。Pozsar, Zoltan, "Institutional Cash Pools and the Triffin Dilemma of the U. S. Banking System", IMF Working Paper, No. WP/11/190, August, 2011.

2. 影子银行体系中的金融创新

影子银行体系为投资者们提供了诸多金融创新工具，这些工具在为投资者提供信用转换、流动性转换和期限转换服务方面各有所长，极大地满足了机构投资者对期限短、流动性强和安全性高的金融资产的需求。我们将对影子银行体系中具有代表性的金融创新予以介绍，为更好地理解影子银行的资金运作进行必要的铺垫。

（1）货币市场基金

货币市场基金是应对利率管制的一种创新，在某种角度上可以将它们视作市场规避 Q 条例的产物。货币市场基金不受任何监管机构的管制，但拥有着银行体系的存贷功能。起初，货币市场基金多将吸收来的支票存款投资于国库券和商业票据，但随着产业的发展，它们的投资资产也趋于多样化。作为美国影子银行体系的主要组成部分，货币市场基金的规模在1974 年仅为 16 亿美元，占当时 M2 的 0.18%，而到了 2009 年，这一比例上升为 43%。① 也就是说，货币市场基金占据了市场四成的流动性。

（2）垃圾债券

垃圾债券是评级在标准普尔公司 BB 级或穆迪公司 Ba 级以下的低级别信用公司所发行的债券，以高风险高收益为主要特点。垃圾债券风靡于 20世纪 80 年代的美国金融市场，当时美国产业正处于大规模调整与重组时期。很多小公司想要通过高负债方式对股价较低又不被市场看好的大型公司进行杠杆收购，在取得控制权后对其进行分割整理，使财务报表中所反映的经营状况得以好转，待股价上涨后再进行抛售，以所获利润偿还债务。但这些小公司信用级别较低，很难通过银行贷款和股票市场融取到足够的初始资金，因此，它们便开始发行一种高收益高风险的公司债券——垃圾债券。投资者为多样化其投资组合，往往会对这种债券进行认购，尤其在宏观经济运行良好时，这种债券更是颇有销路。即便美国的杠杆收购热潮已然退去，垃圾债券依然是美国企业的重要融资工具：1999 年，垃圾债券占企业债的 8.9%，2009 年，垃圾债券规模为 0.21 万亿美元，占企业

---

① Margaret Blair, "Financial Innovation and the Distribution of Wealth and Income", Law & Economics Working Paper, No. 10 – 22. 2010, p. 7.

债的 6.6%。[1]

本书在此提及垃圾债券不仅是因为它在企业杠杆收购中的作用，而且更重要的是，近些年来，这些垃圾债券被重组、打包、证券化后，以一种全新的、具有强流动性和较高安全性的次级债券形式出现，而这些次级债券中的一部分是可以被银行、货币市场基金、保险基金等金融机构所认购的。也就是说，信用级别较低的公司所发行的垃圾债券可以部分地被美国金融市场（通常是投资银行）包装成安全性较高的金融资产，从而获得私人投资者，尤其是大型机构投资者的资金支持。据 Schwartz 估计，大概有 0.7 万亿美元的高收益企业债券有待清偿或在 2012 ~ 2014 年进行再融资。[2]

（3）私人投资基金

20 世纪 90 年代到 21 世纪初期是私人投资基金迅猛发展的黄金时期，这些私人投资基金主要包括风险资本基金、私人权益基金和对冲基金。私人投资基金对私人和机构投资者的吸引力来自基金管理者老道的投资经验和精明的投资技巧。风险资本基金专门为刚起步的企业或公司提供资金支持；私人权益基金主要投资于大量的交易型公共企业（Publicly - Traded Company）以获得控制权，或将该企业进行买断并进行私有化重组，待几年后再向公共出售；对冲基金专门投资于商品、货币和衍生证券。这些投资都极具风险性，商业银行和受监管的金融机构是无法直接从事或参与此类投资的。

卡普兰和罗夫的研究数据显示，2005 年，美国对冲基金规模为 0.9 万亿 ~ 1 万亿美元，风险资本基金为 0.03 万亿美元，私人权益基金为 0.13 万亿美元，同期商业银行部门资产规模为 7.28 万亿美元。[3]

（4）资产证券化

资产证券化是非银行金融部门使用最为频繁和广泛的金融创新工具。有趣的是，被影子银行体系——这种处于政府监管框架之外的金融部门——如此钟爱的金融创新工具的创造者竟是美国政府部门。为便利家庭

[1] Keogh, Bryan. , "Junk Bonds Capture Record Share of Sales as Yields Decline: Credit Markets", *Bloomberg*, 2010, 4 (9).

[2] Schwartz, Nelson D, "Junk Bond Avalanche Looms for Credit Markets", New York Times, March 16, 2010.

[3] Kaplan, Steven N. and Joshau Rauh, "Wall Street and Main Street: What Contributes to the Rise of the Highest Incomes?", CPSP Working Paper No. 615. 2007.

购买住房，1970 年，美国政府国民抵押协会（Government National Mortgage Association，GNMA 或 Ginnie Mae）首次发行以抵押贷款组合为基础资产的抵押支持证券，此后，因能将缺乏流动性的资产转换为可在金融市场自由买卖的证券，资产证券化便被作为流动性转换的金融创新工具而被推广使用。尽管资产证券化从产生至今仅不到半个世纪，但其可进行证券化的基础资产种类及其对应的称谓层出不穷。早期的资产证券化产品以商业银行房地产的抵押贷款为支持，即住房抵押贷款证券化（Mortgage - Backed Securitization，简称 MBS）。随着证券化的基础资产种类日益多样，资产支持证券化（Asset - Backed Securitization，简称 ABS）的称谓又流行开来。再后来，基础资产中具有股权和债权性质的证券越来越多，人们开始用担保债务工具（Collateralized Debt Obligations，简称 CDOs）代指资产证券化产品。

2000 年以来，金融资产经证券化后再售的速度日新月异。金融机构发现，当它们将刚刚贷出的款项立即进行证券化并出售后，不但可以获得创造私人贷款的交易费用，还可以获得提供基础资产的服务费用，此外，他们会立即获得在贷款前所拥有投资美元，并将这些资金用于下一笔贷款项目，然后周而复始的重复上述过程。① 在这一循环过程中，私人和商业获得了大量的信贷资金，而风险也层层累积叠加。为确保评级机构仍将他们的这种证券化资产评定为低风险类投资产品，从事证券化的金融机构为证券化资产的违约设计了一种保险政策，即"信用违约掉期"（Credit Default Swaps，简称 CDS）。证券化资产的出售方需要持有足够的抵押品以确保违约事件发生时可以按约定进行偿付。②

（5）金融衍生品

自 20 世纪 90 年代中期起，对冲基金的发展带动了金融衍生工具规模

---

① Brunnermeier, Markus K, "Deciphering the Liquidity and Credit Crunch 2007 - 2008", *Journal of Economic Perspectives*, 23 (1), pp. 77 - 100.

② 由于 CDS 的发行者并没有被要求对他们潜在的债务持有相应数量的抵押品，因此，CDS 的发行者依然可以以较高的有效杠杆率进行投资操作。此外，在《多德 - 弗兰克法》颁布前，掉期并不在交易所进行交易，即使《多德 - 弗兰克法》后，美国设立了交易标准化掉期产品的交易所，但该法案并没有影响到客户化掉期（customized swaps），而多数应用于金融动荡的掉期均为客户化掉期。Margaret Blair, "Financial Innovation and the Distribution of Wealth and Income", Law & Economics Working Paper, No. 10 - 22. 2010, p. 7.

的增长与使用范围的扩张。金融衍生品是价值基于原生资产（Underlying Assets）价值变动，以杠杆性信用交易为特征的一种合约。在进行金融衍生品交易时，买方只需支付一定比例的保证金而无需转移实际本金便可进行全额交易。除期满日要以实物交割方式履约的金融衍生品之外，合约的终结也多采用现金差价结算。因此，金融衍生品交易的杠杆率与保证金成反比，保证金越低，信用交易的杠杆率就越高，风险也就越大。前文提到的 CDS 即为金融衍生品的一种，在次贷危机爆发前，CDSs 总规模为 62 万亿美元，近两倍于当时美国金融部门所持信贷资产总额。[①]

（6）回购协议

回购协议是金融机构间进行短期融资的一种手段：作为融资方的金融机构将某一金融资产以低于市场的折扣价售于另一家金融机构，并通过签订协议承诺在一段时期后以市场价格对所售资产进行回购。回购协议是金融市场公认的、具有高流动性的安全资产。2005 ~ 2007 年，投资银行和其他经纪商将回购协议作为主要融资来源之一，他们所持有的回购协议超过其总负债的 1/3。[②]

而对于影子银行体系来说，回购协议所受到的追捧不仅仅因为其作为短期融资工具的便利性和安全性，交易双方还可以在回购协议上增添一些特殊规定，使它在会计处理时具有一定的灵活性。[③] 例如，2008 年雷曼兄弟破产后，调查人员发现，雷曼兄弟将大量的回购协议作为出售交易而非融资交易，因此对市场和监管层隐藏了 500 亿美元的有效负债[④]。用回购协议掩盖债务水平的做法在美国的大型金融机构中十分普遍，美国证券交易委员会（Securities and Exchange Commission，简称 SEC）为此专门于 2010 年

[①] 美联储资金流动账户表 L. 100 显示，2007 年美国金融部门信贷市场资产总计 36. 535 万亿美元。Board of Governors，Federal Reserve System，"Statistical Release Z. 1：Flow of Funds Accounts of the United States：2005 – 2011"，Washington D. C，2012。

[②] Board of Governors，Federal Reserve System，"Statistical Release Z. 1：Flow of Funds Accounts of the United States：2005 – 2011"，Washington D. C，2012.

[③] Margaret Blair，"Financial Innovation and the Distribution of Wealth and Income"，Law & Economics Working Paper，No. 10 – 22，2010.

[④] Johnson，Fawn，"UPDATE：SEC Queries Large Institutions on Repurchase Agreements"，Dow Jones Newswire，http：//foxbusiness. com/story/markets/industries/finance/update – sec – queries – large – institutions，March 29，2010.

3~4 月对以高盛、摩根斯坦利、JP 摩根和花旗集团为代表的 18 家大型金融机构进行调查，结果显示，2009 年，这些金融机构平均低报了 42% 的债务，其中，将回购协议暂时记入出售资产是低报债务的主要手段。[①]

可见，功能各异的金融创新工具在为金融市场参与者提供更多投资选择的同时，也通过他们的操作增加了市场的深度与广度。影子银行体系利用这些工具的杠杆性通过负债向融资者提供了更多的资金，使自身资产规模得以迅速扩张并取代了传统的商业银行，成为美国金融市场资金运转的中枢系统。那么，影子银行体系的负债中有多少是来自国外？这些资金经过影子银行体系的杠杆性信用交易又为美国的金融市场带来了怎样的影响呢？

（二）美国影子银行体系的对外负债

美国影子银行的存在延展了金融体系内原本简单的金融中介链条。金融中介链条越长，负债期限也就相对缩短，资金流动性增强，从而吸引着全球资本流入美国。以资产证券化为代表的金融创新使居民负债消费更加容易，但较长的金融中介链条也提高了杠杆率和负债规模周期波动的幅度，进而增加了金融体系的运行成本。不过，世界过剩储蓄源源不断的流入在一定程度上掩盖了运行成本的上升，不但为美国居民负债消费提供了流动性支持，更增加了负债消费成本低的幻觉。

1. 美国影子银行体系对金融中介链条的延展

金融的本质功能就是将资金由最终债权人传递至最终债务人，金融中介机构便是传递资金链条上的结点。金融机构种类越多，资金传递链条越长，金融体系负债的期限结构越复杂，对于市场主导型的金融体系尤为如此。20 世纪 90 年代以前，由于金融管制相对严格，美国的金融中介链条还比较简单，传统的存款类银行通过吸收存款和发放抵押贷款（包括房产抵押贷款）将资金从最终债权人传递至最终债务人。[②]

① Kelly, Kate, Tom McGinty and Dan Fitzpatrick, "Big Banks Mask Risk Levels", Wall Street Journal, http：//online. wsj. com/article/SB10001424052702304830104575172280848939898. html？m, April 8, 2010.

② Adrian, Tobias and Hyun Song Shin. "Financial Intermediaries, Financial Stability and Monetary Policy", Federal Reserve Bank of New York Staff Reports, No. 346, Sep 2008.

　　然而，影子银行体系的诞生为抵押贷款提供了另一种存放和周转地点，延展了金融中介链条。图3-9展示的是一种较为常见的有影子银行参与的金融中介链条，左端终结点为最终债务人，右端终结点为最终债权人。信贷由最终债权人传递至最终债务人的完整金融中介链条大致如下：首先，最终债务人作为资金需求者向"抵押贷款资产池"提供抵押资产以获得资金；"抵押贷款资产池"以所持有的抵押资产为基础发行按揭证券，即MBSs；资产支持证券（ABS）发行商将接手这些MBSs，并将其进行打包切分成另一层级的债券进行售卖，如债务抵押债券（CDOs）；接下来，华尔街的某家证券公司或投行将购买持有这些CDOs以获取收益，但为了盘活资金，他们往往将CDOs作为回购协议的抵押品从商业银行融资获得流动性；为向证券公司提供信贷资金，商业银行便在货币市场发行短期商业票据进行融资；这些商业票据的购买方自然是货币市场共同基金，而它们的资金来自最终债权人所持有的基金份额。

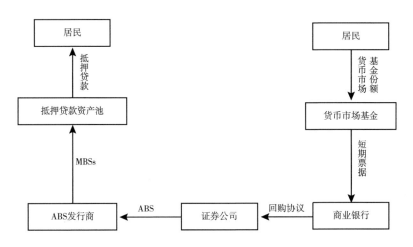

图3-9　引入影子银行体系后的金融中介链条

　　资料来源：Hyun Song Shin. "Financial Intermediation and the Post-Crisis Financial System", BIS Working Papers No. 304, March 2010, Figure 3。

　　图3-9所展示的只是较长金融中介链条中较为简单的一种，在现实情况下，从"商业银行"到"ABS发行商"的融资环节中，同一抵押资产可能被重复使用以从更多的金融中介机构获取资金，由此而产生的金融中介

链条将更加错综复杂。那么，如此冗长的金融中介链条会对金融体系产生怎样的积极影响？一种观点认为较长的金融中介链条可以将信贷风险有效地分配给那些具有较强风险承受能力的投资者。还有一种观点认为金融中介链条的延长可以将更多的借贷关系有机地串联在一起，总体的期限转换将进行得更加顺畅。[①] 较强的期限转换能力是金融体系发达的重要特征。因为最终债权人通常只愿意持有短期债权，而最终债务人又偏好于期限较长的信贷资金，所以一国的金融体系越是能满足资金供求方对期限转换的要求，便越能对资金产生吸引力。

影子银行对传统金融体系期限转换能力的补充主要体现在对信贷资金期限的正向与反向转换两方面，即将债权人的信贷资金由短期转换为长期和由长期向短期转换。影子银行对信贷资金期限的正向转换的过程大体如图3-10所示：货币市场基金汇集最终债权人的短期储蓄，以存款、货币、银行的短期商业票据为载体，为投资银行（证券公司）所设计的短期抵押品提供资金支持，而这些短期抵押资产都是由最终债务人所提供的长期抵押资产经投资银行证券化处理而得的。

信贷资金的期限反向转换需求主要来自机构投资者。在处理日益复杂的长期储蓄资产管理工作中，投资机构的资产管理者对安全性高流动性强的短期货币性工具型资产的需求也迅速增加。这些短期资产主要被用来满足管理现金储备池的技术和策略性需求、为资产证券化需求提供必要的流动性资金以及避免投资风险（主要是流动性风险、汇率风险和信用风险）。另外，即使资产管理者将债权人的长期储蓄投资于长期资产，他们的日常管理原则和投资反馈委托也需要他们将一定比例的长期储蓄资金转换为短期。[②]

资产管理者是不会选择从传统的存款类银行获得所需的短期货币性工具型资产的，一是选择传统银行体系进行反向期限转换没有利息可得，二

[①] Hyun Song Shin, "Financial Intermediation and the Post – Crisis Financial System", BIS Working Papers No. 304, March 2010.

[②] Zoltan Pozsar and Manmohan Singh., "The Nonbank – Bank Nexus and the Shadow Banking System", IMF WP//11//289, December 2011, Box. 1.

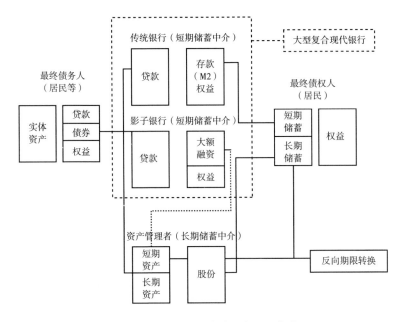

图 3 - 10 美国金融中介运行原理框架

资料来源：Zoltan Pozsar and Manmohan Singh，"The Nonbank - Bank Nexus and the Shadow Banking System"，IMF Working Paper，No. WP/11/289. 2011。

是传统银行只能为资产管理者的现金池的一小部分资金提供担保，[①] 但机构投资者需要的是更大比例的资金担保以满足资产管理安全性的要求。因此，资产管理者选择了由政府担保的短期公共债务（国库券和政府部门贴现票据）以及影子银行所发售的由私人担保的大额融资工具（如回购协议、资产抵押商业票据和其他资产抵押票据）作为具有 M2 属性的短期资产的替代品。[②] 其中，美国国库券和其他主权债务资产尤为受到资产管理者的推崇，因为它们不仅具有政府担保、期限短、流动性高、期限风险低

[①] 投资机构的现金池规模日益庞大，2010 年底，其资产规模为 3.5 万亿美元，其中，用于进行反向期限转换的短期资产占 3/4。详见 Pozsar, Zoltan，"Institutional Cash Pools and the Triffin Dilemma of the U. S. Banking System"，IMF WP11/190，2011。

[②] 这部分可详细参见 Acharya 和 Schabl，以及 Ricks 对由公共和私人担保的 M2 属性的短期资产替代品的阐释。Acharya, Viral and Pilipp Schabl，"Do Global Banks Spread Global Imbalances?"，10th Jacques Polak Annual Research Connference，Novermber5 - 6，2009. Ricks, P. Morgan，"Regulating Money Creation After the Crisis"，*Harvard Business Law Review*，1（1）Spring 2011。

等特质，而且可以给资产管理者带来一定的收益率。但这种高品质的短期资产工具依然难以充分满足资产管理者日益增长的、用以进行反向期限转换的货币需求，此时，影子银行体系便通过提供由私人担保的货币型市场工具填补这种需求缺口。

如图 3-10 所示，投资机构的资产管理者在接收到来自最终债权人的长期资产后，通过由公共和私人担保的短期货币性工具将其进行反向期限转换成短期资产，再将资金注入到影子银行的大额融资基金中，影子银行再通过证券化的抵押贷款将资金输送给最终债务人。在这一过程中，影子银行很可能同时参与到资金的期限转换和传递两个关键性环节，对这一类型资金传导效率的影响可见一斑。

2. 国外资本流入美国影子银行体系的情况

随着金融自由化进程的推进，国外资本对美国金融市场的参与度逐年递增，如表 3-9 所示。在各类金融资产中，虽然外资参与度最高的始终是美国国债，但外资参与度提高得最明显的是企业权益和政府抵押证券。1985~2017 年，企业权益资产中外资比例增长了约 1.5 倍，政府抵押证券的比例最高时增长了近 10 倍。

表 3-9　美国金融市场各类资产中国外资本的投资比例

单位：%

年份	货币市场基金	联邦基金回购协议	国债	政府抵押证券	市政债券	公司债	企业权益	共同基金
1985	0.00	1.53	12.87	2.78	0.14	6.93	6.03	0.00
1990	0.23	2.36	15.66	3.41	0.19	8.77	6.87	0.00
1995	0.67	5.14	19.85	5.11	0.31	14.00	5.71	2.93
2000	0.61	5.03	25.14	8.01	0.54	12.00	8.57	2.92
2005	1.13	20.96	35.68	16.32	1.00	9.00	10.28	2.38
2006	1.16	26.65	36.78	19.38	1.13	11.02	10.62	2.56
2007	1.49	24.47	39.27	21.31	1.27	13.37	11.66	2.60
2008	1.82	16.41	44.24	17.17	1.39	10.73	12.66	2.30
2009	2.32	17.05	41.43	14.19	1.53	13.82	13.42	2.36
2017Q3	3.97	20.12	38.96	11.43	2.73	21.44	15.16	5.08

注：2017 年数据为截至第三季度数据。

资料来源：美联储网站 Flow of Funds - Z.1 Table L. 206 - L. 214。

政府抵押证券是影子银行体系最为常用的金融工具。自 20 世纪 90 年代以来，美国影子银行的规模便开始迅速壮大。如图 3 - 11 所示，1985 年第一季度，影子银行体系负债仅占信贷市场中金融部门负债的 17.95%。90 年代的金融管制放松促使影子银行体系规模不断扩大，信贷资金也越来越多地从传统金融中介机构分流至影子银行体系。2007 年第二季度，即次贷危机爆发前夕，影子银行体系负债占比已升至 34.25%。截至 2017 年第三季度，美国信贷市场中各部门债务总计 88.53 万亿美元，而这其中的 19.84 万亿美元债务归属于影子银行体系。

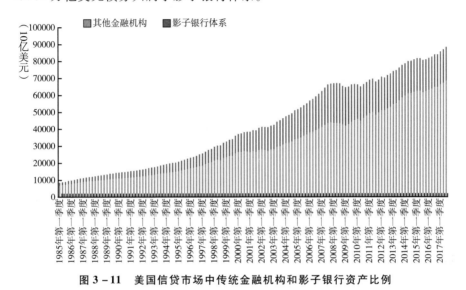

图 3 - 11　美国信贷市场中传统金融机构和影子银行资产比例

注：影子银行体系包括人寿保险公司（Life Insurance Companies）、政府资助企业（Government - Sponsored Enterprises）、政府抵押资产池（Agency - and GSE - Backed Mortgage Pools）、ABS 发行商（ABS Issuers）、金融公司（Finance Companies）、REITs、经纪商（Brokers and Dealers）、控股公司（Holding Companies）以及融资企业（Funding Corporations）。

资料来源：美联储网站 Flow of Funds - Z.1，Table L.3。

在 20 多年的时间中，影子银行体系中的 ABS 发行商所吸引的资金规模增长得最为迅猛。如表 3 - 10 所示，2007 年 ABS 发行商的负债规模较 1985 年增加了 100 多倍，REITs、经纪商和政府抵押证券等也都表现不俗。

从美联储所提供的资金流量表中（Flow of Funds - Z.1）本书无法判断金融部门的负债中有多少来自国外，只能从国外资金流入美国私人部门的情况和投资的美国信贷市场工具进行分析判断。

表 3 - 10　　美国影子银行体系在信贷市场中的债务规模变化

单位：10 亿美元

年份	人寿保险公司	政府资助企业与抵押证券	ABS 发行商	经纪商	金融公司	REITs	基金公司	控股公司
1985	246.5	625.7	37.2	280.7	347.3	2.5	182.6	123.2
1990	368.1	1413.6	269.2	533.3	565.5	4.3	339.2	149.8
1995	536.3	2377.7	666.4	1115.6	731.7	24.1	468.5	182.0
2000	782.7	4319.8	1515.5	1929.8	1243.0	83.6	1302.6	399.9
2005	1039.9	6140.7	3504.3	3444.3	1867.1	145.5	1564.8	708.0
2007	1156.1	7374.6	4632.1	4550.7	2018.2	156.7	1909.3	1048.5
2008	1133.4	8143.3	4227.0	3374.4	1958.5	163.5	2303.3	1233.3
2009	1194.5	8083.3	3394.5	3098.3	1720.9	175.3	1826.5	1805.1
2017Q3	1534.1	8642.6	1188.3	2998.6	1250.0	237.8	1666.2	2253.7

资料来源：美联储网站 Flow of Funds - Z.1，Table L.3。

图 3 - 12 描绘的是国外对美国信贷市场的投资规模和其在信贷市场资金规模的比例。1985 年，流入美国信贷市场的国外资金仅占市场总资产的 9.3%，随着 20 世纪 90 年代以来金融自由化进程的推进，这一比例不断攀升，在"强势美元"时期增长得尤为迅速。亚洲金融危机后的 1999 年和次贷危机期间，外资占美国信贷市场的比例略有下降，但短期内便可回升至危机前水平。截至 2017 年第三季度，在美国信贷市场中，外国投资者共拥有金融资产 26.3 万亿美元，占信贷市场总资产的 29.8%。

根据美联储资金流量表的划分，常见的信贷市场工具包括公开市场票据、国债、政府抵押证券等 12 种，[①] 而外国投资者所投资的影子银行资产多集中在商业票据、政府抵押证券和共同基金。投资这三种金融资产的外资比例变化如图 3 - 13 所示。在三种金融资产中，国外资本对商业票据和政府抵押证券的参与度相对较高。在次贷危机前，投资政府抵押证券的外

---

① 12 种常见的信贷市场工具有公开市场票据、国债、政府抵押证券、市政证券、企业和外国债券、银行贷款、其他贷款（Other loans and advances）、抵押贷款、消费信贷、公司权益、共同基金。

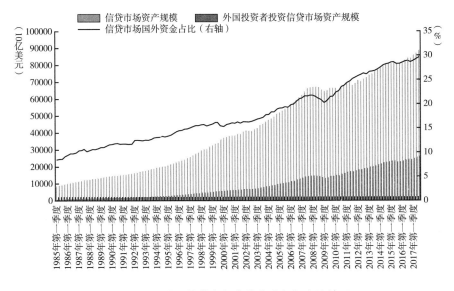

图 3 – 12　美国信贷市场中外资流入与占比情况

资料来源：美联储网站 Flow of Funds – Z. 1, Table L. 3。

资比例高达 21%，危机爆发后该比例降至 11% 左右并持续至今（2017 年第三季度）。与政府抵押证券不同，外资对商业票据的投资在次贷危机最严重时期只是略有下降，从 2007 年的 13% 降至 2008 年的 10%，随后在 2016 年回升至 16%，2017 年第三季度末，外资对商业票据投资的比例高达 13%。

从上述图表所提供的数据可以看出，美国影子银行体系所吸引的国外资金多数集中靠近金融中介链条上的两个终端，比如商业票据和抵押证券，这更近一步证明了美国作为全球金融中介的地位。2007 年的次贷危机爆发在金融中介链条中靠近最终债务人的环节——抵押证券，国外资金纷纷撤离。而危机爆发后不到一年后，投资靠近最终债权人的环节——商业票据的国外资本比例却出现明显增长，一定程度上为未来链条尾端（靠近最终债务人的一端）尽快摆脱危机提供了流动性支持。也就是说，较长的金融中介链条为不同风险承受能力的投资者提供了尽可能多的选择，即便在链条的某个或某几个高风险环节上爆发了金融危机，投资者依然可以在靠近资金供给源头、安全性较高的环节上存放资金，而这些资金为市场自

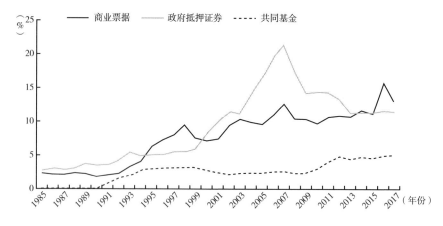

图 3 – 13 三种金融资产中国外资本的比例变化

资料来源：美联储网站 Flow of Funds – Z.1，Table L.206 – L.214。

动修复金融中介链条提供了支持。如果危机的破坏力过大使市场无法凭借自身力量疏通金融中介链条，那么美联储的救助措施也会补充市场自我救助的盲点（关于这一点在本书第四章会有详尽的论述）。

四 国际分工新形态与跨国公司海外利润的增长

自战后重建以来，国际收支失衡问题便不断干扰着世界经济的平稳运行，"黄金 – 美元"双挂钩的布雷顿森林体系就因无法在日趋严重的国际收支失衡下解决特里芬两难而最终崩溃。美元债务本位下，国际收支失衡问题先是在 20 世纪 80 年代中期达到一次小高潮，随后，更为严重的新一轮失衡在 90 年代中期爆发并延续至今。然而这两轮国际收支失衡并没有对美元债务循环体系构成威胁，因为美国国际收支表所凸显的贸易逆差正是新的国际分工形态形成和发展的必然结果，而跨国公司通过直接投资在新兴市场经济体中所获取的利润更是为美元债务循环的稳健运行提供了实体经济层面上的保障。

（一）国际分工新形态

在产业革命至今的两百多年里，国际分工的形态历经了四次转变：

首先是农矿业等初级产品与工业制成品间的传统产业间分工，其次是工业制成品不同部门间的产业内分工，再次是不同价值链增值环节上的产品内分工，最后是现在的以金融业为代表的服务业和制造业之间的现代产业间分工。具有金融比较优势的美国在最新的一次国际分工形态转变中，通过跨国公司的对外直接投资将制造业转移至新兴经济体，通过进口将工业品输送回美国，再通过金融比较优势将盈余国的美元储备引向美国金融市场。

1. 国际分工新形态的形成与复活的布雷顿森林体系

在战后重建过程中，美国在制造业方面的比较优势逐渐被日益崛起的西欧和日本所替代。为巩固在国际分工中的核心地位并寻找新的经济增长产业，考虑到国内劳动力少且学历高、素质高等特点，美国近乎同时从两方面进行了产业调整：一是美国的跨国公司从中间制造环节脱身出来，通过对外直接投资将密集使用劳动要素的制造环节转移到了劳动力成本相对较低的海外市场，而将融资研发和营销物流等上下游生产性服务环节留在国内，也这就是"去工业化"；二是将资本向高增长率产业转移，着力发展金融业，将研发金融创新产品和提供金融市场服务专业化，放宽金融管制条款的同时又健全投资者保护等法律法规，金融产业的比较优势在短时间内得到明显强化。与美国相对应，德国和日本等传统制造业大国和新兴市场国家根据各自适宜制造业发展的要素禀赋优势，分别致力于出口工业比较优势的强化。西欧和日本等工业国家的比较优势集中在高端消费品和高附加值中间品，而新兴市场国家的比较优势因劳动力数量多且价格低等特点集中在低端消费品和低附加值中间品。由此，制造业与金融业的产业间分工随着比较优势的日益明显而不断深化，国际分工由产品内向产业间转变，新形态的国际分工逐渐成形。①

---

① 关于金融比较优势促进国际分工新形态形成的理论研究可参见如下文献：Beck, T, "Financial Development and International Trade: Is There a Link?", World Bank Working Paper, 2001; Antràs P, Caballero J. "Trade and Capital Flows: A Financial Frictions Perspective", NBER Working Paper, 2007, Ju, Jiandong, Wei, Shangjin, "Endowment Versus （转下页注）

新形态的国际分工为美国经常账户逆差长期存在的合理性提供了具有说服力的解释。在产业内或产品内分工时代，资本账户的资金流一般不会出现长期缺口，根据国际收支恒等式，经常账户的失衡最终都会通过居民收入、物价或汇率变动等调节手段而恢复平衡。但在制造业和金融业产业间分工时代，具有金融比较优势的国家会为全球资金提供长期增值保值服务，这将导致资本账户在较长时期内都表现为资金流入，即对外净负债。相应的，经常账户因制造业处于相对劣势而将长期呈逆差状态。因此，当一国在金融业上的比较优势越是突出，这种产业间国际分工越是牢固且深入，表现在账面上的国际收支失衡越是严重，债务国地位便越是难以摆脱。

目前，关于新形态的国际分工影响国际资本流动的问题，学术界已不乏详尽的理论与实证研究。盖特勒（Gertler）和罗格夫（Rogoff）早在1990年的研究就已经从金融市场发达程度不同的角度探究国际资本"自下而上"逆流和贸易失衡的深层次原因。[①] Ju 和 Wei 的模型指出，各国企业均会选择发达金融市场进行融资，所获得的产业资本再以对外直接投资的形式配置到劳动力相对富足、金融市场较为落后的国家，因此，金融业欠发达的国家的国际收支表上会同时出现金融资本净流出和对外直接投资资本净流入。[②] 这种双向的国际资本流动所带来的是发展中国家贸易顺差的持续扩大和非产业资本对金融比较优势国家的不断注入。

（接上页注①）Finance：A Wooden Barrel Theory of International Trade"，IMF Working Paper：WP/05/123，2005。实证研究可参见如下文献：Becker, B., Greenberg, D., *The Real Effects of Finance：Evidence from Exports*（University of Chicago, 2003）. Svaleryd H, Vlachos J., "Financial Markets, the Pattern of Industrial Specialization and Comparative Advantage：Evidence from OECD Countries", Forthcoming, European Economic Review, 2004. Zhang J., Wan G - H, Jin, Y, *The Financial Deepening - Productivity Nexus in China：1987 - 2001*, UNU World Institute for Development Economics Research（UNU - WIDER）, Research Paper No. 2007/08, February 2007. Li Zhiyuan, Yu Miaojie. "Exports, Productivity, and Credit Constraints：A Firm - Level Empirical Investigation of China", China Center for Economic Research, Peking University, Working Paper Series, No. E2009005, Aug 26, 2009。

① Gertler M, Rogoff K, "North - south Lending and Endogenous Domestic Capital Market Inefficiencies", *Journal of Monetary Economics* 1990, 26（2）, pp. 245 - 66.

② Ju Jiandong, Wei Shangjin, "A Solution to Two Paradoxes of International Capital Flows", Paper Presented at the 7th Jacques Polak Annual Research Conference, 2006.

新形态国际分工下的商品与资金双重循环关系如图 3 - 14 所示，在劳动力成本方面具有较大优势的国家（如中国）会集中满足发展中国家和发达国家对最终产品加工生产方面的需求，因出口最终制成品成为主要的贸易顺差国，而具有金融比较优势的国家（如美国）则集中满足发展中国家和发达国家对资金周转与配置的需求，因提供金融产品与服务成为主要的资本输入国，即债务国。

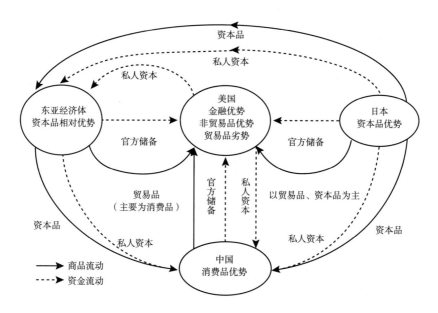

图 3 - 14　新形态国际分工下的商品、资金双重循环关系

资料来源：李晓、丁一兵《现阶段全球经济失衡与中国作用》，《吉林大学社会科学学报》2007 年第 1 期，第 22 页，图 3。

多利、福克兰德和盖伯所提出的"复活的布雷顿森林体系"理论借用金融中"抵押担保"的运作机理对新形态国际分工强化美国债务国地位进行了诠释。[①] 他们认为，布雷顿森林体系崩溃后，"美元储备"（或确切地说是美国国债）充当了国际资本流动中"抵押品"的角色。由于国内缺乏成熟的金融市场，外围国家只能将国内储蓄输送至美国金融市场，通过美

---

① Michael P. Dooley, David Folkerts - Landau, Peter M. Garber. "Bretton Woods II Still Defines the International Monetary System", NBER Working Paper No. 14731, February 2009.

国的金融服务将储蓄转化为直接投资来实现本国的经济增长，并且，外围国家承诺对美国私人投资者的直接投资支付所有的投资回报。美国则要求外围国持有美元计价资产，并以决定是否支付甚至偿还该类资产及其收益来为美国的对外直接投资者提供保护。但即便如此，考虑到美国的信用要高于外围国，即使账面资产达到平衡，美国依然承担了较大的经济风险。因此，外围国要向美国提供抵押品以抵补风险，而这个"抵押品"就是美国国债。根据"复活的布雷顿森林体系"理论，可以发现，美国是通过高效的资本形成方式来推动外围国家的经济发展，外围国家因贸易顺差而产生的官方储备反过来形成美国的对外负债，进而强化美国的金融霸权地位。从这个角度看，新形态的国际分工加深了美国与外围国家经济的相互依存，美国对外负债规模的迅速增长与全球经济，尤其是新兴市场国家经济的高速增长是相互对应的。

2. 国际分工新形态下的美元循环

可以说，布雷顿森林体系崩溃后的美元债务本位制为国际分工新形态的形成提供了更为便利的条件，而新的国际分工也有助于债务美元的持久循环。

在经历了 20 世纪 70 年代末的石油危机和 80 年代初的债务危机后，全球经济开始步入平稳增长阶段。自 20 世纪 80 年代中期至今，美国贸易逆差的来源国主要是德国、日本和中国，图 3 - 15 为 1980 ~ 2017 年这三个国家的经常账户与美国的国际收支变化情况。

从 20 世纪 80 年代初期至 1995 年"强势美元"政策前，德国和日本的经常账户顺差额之和与美国经常账户的逆差规模大体相当，同时也与美国资本账户下的资本净流入规模相差无几。这说明在 20 世纪 90 年代的"强势美元"政策之前，美国的国际收支完全可以通过自主性交易（可以理解为贸易渠道调整）达到平衡而无需动用调节性交易手段（可以理解为金融渠道调整），美国的金融霸权尚缺乏施展空间。也就是说，那段时期国际分工的核心还是出口制造业的产品内分工。对比 2000 年后美国的经常账户赤字规模，由德国和日本担任主要逆差来源国的这段时期的美国贸易赤字规模并不算大，这可能是由于美国的金融比较优势对日本和德国来说远没有对中国等新兴市场国家那样明显。因此，金融业和制造业的产业间国际

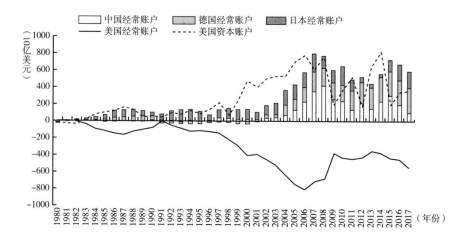

图 3 - 15　美国与主要贸易顺差国的国际收支情况

资料来源：美国数据来自美国经济分析局（BEA）所提供的国际收支表，其他国家数据来自世界银行数据库（WDI）。

分工尚未成熟。

"强势美元"政策的施行使得金融资产价值增加，加之美国国内金融管制的放松和国际金融自由化的推广，国内与国际资本大量向美国金融业转移，美国的金融比较优势随着金融业的重新崛起而得到迅速强化（见图 3 - 16 和图 3 - 17）。此外，中国加入世界贸易组织也进一步稳固了美国金融业在国际分工新形态中的核心地位，因为中国在出口制造业的比较优势上比德国和日本更为明显。作为一个经济高速增长的新兴市场大国，中国能比工业国家在更大程度上满足美国居民的负债消费需求；作为一个金融市场发展远落后于美国的发展中国家，中国的金融比较优势也会相对长久地维持下去。

由于金融业发展较为落后，中国在对美贸易中所获得的盈余有相当一部分最终又通过认购美元国债回流至美国国内（见表 3 - 11）。以美国贸易赤字达到峰值（8356.9 亿美元）的 2006 年为例，因进口中国产品，贸易账户下，美国对中国资本输出 2344.3 亿美元，资本账户下，中国对美国资本输出 2387.2 亿美元，其中，通过认购美国国债而产生的回流美元为 869.0 亿美元，占对美资本输出的 36.4%，而同期的日本和德国对美国国债都处于抛售状态。次贷危机爆发后，不同于抛售美国国债的德

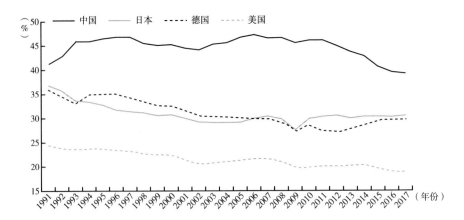

图 3 – 16　1991～2017 年世界主要国家制造业发展情况
（制造业增加值／GDP）

资料来源：EIU 数据库。

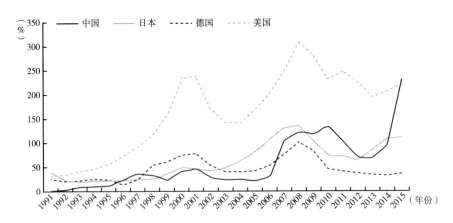

图 3 – 17　1991～2015 年世界主要国家股票市场发展情况
（股票市场交易额／GDP）

资料来源：世界银行数据库（WDI）。

国，中国和日本对美国国债的认购规模都超过了各自对美国的资本净输出。此外，进入 21 世纪以来，美国也加大了对中国和日本对外直接投资的力度，其投资收入也大体抵补了因对外直接投资而产生的资本输出（见表 3 – 12）。这些都足以说明中国和日本这两个美国逆差来源国对美国经济的依赖程度之深，也从侧面凸显了美国金融业的比较优势在国际分工中的不可替代性。

表 3 – 11　美国与主要贸易国的资金循环流量

单位：10 亿美元

年份	日本			中国			德国		
	美国对日本贸易逆差	日本对美国资本输出	日本认购的美国国债	美国对中国贸易逆差	中国对美国资本输出	中国认购的美国国债	美国对德国贸易逆差	德国对美国资本输出	德国认购的美国国债
2001	− 71.0	28.3	0.2	− 83.2	39.4	18.3	− 29.4	23.6	− 1.2
2002	− 71.2	42.6	60.2	− 103.2	76.4	39.8	− 36.0	29.0	− 10.5
2003	− 67.5	80.5	172.7	− 124.3	75.5	40.6	− 39.3	44.0	10.5
2004	− 78.0	176.6	139.1	− 162.6	115.3	63.9	− 45.8	43.7	2.5
2005	− 85.6	2.1	− 19.9	− 202.8	182.8	87.1	− 50.5	24.7	− 0.4
2006	− 91.6	5.9	− 47.1	− 234.4	238.7	86.9	− 47.7	99.0	− 3.9
2007	− 85.5	111.6	− 41.7	− 258.7	262.2	80.7	− 44.7	47.1	− 4.3
2008	− 75.2	40.3	44.8	− 268.2	440.3	249.8	− 43.0	− 15.2	14.3
2009	− 44.8	82.8	139.7	− 227.2	163.2	167.0	− 27.7	− 54.0	− 8.2
2010	− 61.4	59.2	116.6	− 273.1	95.4	265.3	− 34.3	30.3	12.7
2011	− 64.6	159.2	176.1	− 295.4	− 33.0	− 8.2	− 49.8	54.1	0.2
2012	− 77.6	67.6	52.8	− 314.9	43.7	68.5	− 61.1	− 46.5	2.5
2013	− 74.8	66.6	71.3	− 318.8	251.4	49.7	− 67.6	− 43.3	4.1
2014	− 69.3	94.2	48.4	− 344.9	134.6	− 25.8	− 75.4	30.7	5.4
2015	− 70.4	182.0	− 108.5	− 367.5	− 241.7	1.8	− 75.4	28.2	1.9
2016	− 70.2	254.8	− 31.6	− 347.3	− 247.7	− 187.7	− 65.3	62.0	7.7

资料来源：贸易逆差和资本账户净流入数据来自美国经济分析局网站（http：//www.bea.gov/），认购美国国债数据来自美国财政部网站（http：//www.treas.gov/tic/ticsec2.shtml#ussecs）。

表 3 – 12　美国对主要国家的对外直接投资情况

单位：百万美元

年份	中国		日本		德国	
	对外直接投资	对外直接投资收入	对外直接投资	对外直接投资收入	对外直接投资	对外直接投资收入
1999	− 1946	758	− 10605	4313	− 5657	5196
2000	− 1817	1220	− 4295	6150	− 3811	4817
2001	− 1911	1598	4732	4983	− 11823	3458
2002	− 875	1710	− 8710	7229	− 2416	3016
2003	− 1273	2279	− 867	8117	− 4376	4626
2004	− 4499	3420	− 12787	9579	− 9073	6529

续表

年份	中国		日本		德国	
	对外直接投资	对外直接投资收入	对外直接投资	对外直接投资收入	对外直接投资	对外直接投资收入
2005	− 1955	3773	− 5940	10977	− 7978	6920
2006	− 4226	5109	− 2709	7627	− 2703	8081
2007	− 5243	5772	− 15721	7862	− 9569	9356
2008	− 15971	7513	1656	7491	− 775	7718
2009	8526	6690	− 9602	13184	− 7037	3315
2010	− 7089	9425	− 1386	9153	− 5084	5733
2011	1663	9677	− 5062	9948	− 8347	5292
2012	− 4642	5995	− 21171	9646	− 4912	3298
2013	5477	9686	− 40186	9211	− 14836	1787
2014	6228	12002	− 59824	8287	− 39619	2472
2015	1474	10577	− 33256	9703	− 25020	3933
2016	− 863	11834	− 31645	11105	− 8130	4385

资料来源：美国经济分析局网站（http：//www. bea. gov/）。

（二）跨国公司海外利润的回流

虽然自 20 世纪 80 年代中期开始，美国的对外净资产一直为负值，即长期处于债务国地位，但它的对外净投资收益率始终为正，且对外净负债规模越大，净投资收益也随之越高（见图 3 - 18）。

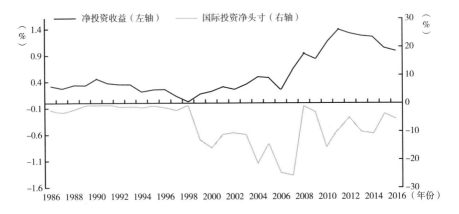

图 3 - 18　美国国际投资净头寸与净投资收益占 GDP 的比重

资料来源：美国经济分析局网站（http：//www. bea. gov/）。

　　正向增长的对外投资净收益是缩窄美国的对外负债规模、维持美元债务循环的重要支撑力量。美国的国际投资净头寸和净收益的符号相反，说明美国在对外资产投资中取得了丰厚的收益。图 3 - 19 显示的是1999 ~ 2016 年美国对外资产与对外负债的投资收益率和资本利得。可以看出，美国的对外证券投资的平均收益率与国外对美的证券投资相差不大，因此，美国的国际投资净收益主要由直接投资拉动。美国对外证券投资收益率仅比国外对美证券投资收益率高出 0.31 个百分点，而对外直接投资收益率较国外对美直接投资高出 3.75 个百分点，最终带动美国对外总资产收益率较负债支出率高出 1.20 个百分点。

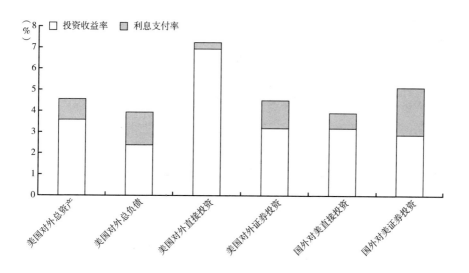

**图 3 - 19　美国对外资产与对外负债的投资收益率和资本
利得（1999 ~ 2016 年平均值）**

　　资料来源：根据美国经济分析局（BEA）网站所提供的国际收支表（Table4）和国际投资头寸表中的相关数据整理而得。

　　美国在直接投资方面所获得的较高收益率自 20 世纪 80 年代初便已然存在。表 3 - 13 对比的是美国在世界主要国家和地区的直接投资收益率和在这八地区的直接投资平均收益率，可以看出，美国在直接投资收益方面的优势主要体现在新兴市场国家和地区。

表 3 – 13　美国对外直接投资和八地区对外直接投资收益率

单位：%

地区	美国对外直接投资	八地区对外直接投资	收益率差异	份额	时期
英国	6.7	8.5	- 1.9	13.0	1983 ~ 2010 年
加拿大	7.5	7.6	- 0.1	7.6	1983 ~ 2010 年
爱尔兰	17.6	21.6	- 4.0	4.9	2002 ~ 2010 年
澳大利亚	7.7	7.5	0.2	3.4	1987 ~ 2010 年
中国香港	12.4	8.8	3.7	1.4	1998 ~ 2010 年
瑞典	6.4	8.3	- 1.9	0.8	1983 ~ 2010 年
新西兰	6.3	8.4	- 2.1	0.2	1990 ~ 2010 年
芬兰	13.6	10.7	2.9	0.1	1983 ~ 2010 年
八地区收益率加权平均	7.5	8.5	- 1.1	31.3	

资料来源：Stephanie E. Curcuru，Charles P. Thomas，"The Return on U. S. Direct Investment at Home and Abroad"，FRB International Finance Discussion Papers No. 1057，Oct 2012。

1976 ~ 2016 年，美国直接投资收益率的内外差异平均为 4.08%，在峰值期甚至高达 8.90%（见图 3 – 20）。

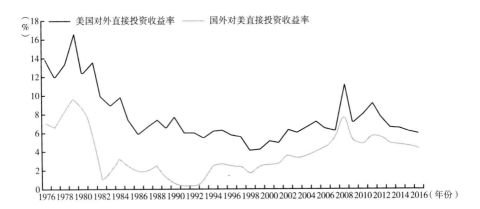

图 3 – 20　美国对外直接投资和外国对美直接投资的收益率对比

注：美国对外直接投资收益率数值为国际收支表 Table7a 和 Table7b 中的第 10 行与国际投资头寸表中第 18 行的比值；外国对美投资收益率为国际收支表 Table7a 第 75 行、Table7b 第 51 行与国际投资头寸表第 35 行比值的相反数。

资料来源：根据美国经济分析局（BEA）网站所提供的国际收支表（Table4）和国际投资头寸表中的相关数据整理而得。

如此稳定的收益率差异引发了学者们关于这一问题的研究与探讨。有观点认为，国外跨国公司的子公司入驻美国的时间较短，它们不但缺乏在美国的投资经营经验，还会面临相对高昂的折旧费用或债务融资利息，因此，国外对美直接投资的收益率自然也就较低。另外，国外对美直接投资多集中在制造业领域的工厂筹建，而美国的对外直接投资以控制企业股份为主。[①] 1982 年，美国对外直接投资中只有 9.4% 的投资在控股企业的附属机构，到 2016 年，这一数字上升至 51.8%（见图 3 - 21）。

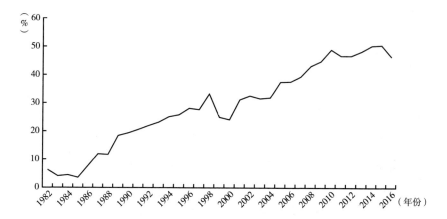

图 3 - 21 美国对外直接投资于控股企业附属机构的比例

数据来源：美国经济分析局网站提供的对外直接投资报告 "Direct Investment Positions for 2017：Country and Industry Detail"，July 2012。

---

① Grubert, Harry, "Taxes and the Division of Foreign Operating Income among Royalties, Interest, Dividends and Retained Earnings", *Journal of Public Economics*, 1998, 68（2）, pp. 269 - 290. Landefeld, J. Steven, Ann M. Lawson, and Douglas B. Weinberg, "Rates of Return on Direct Investment", *Survey of Current Business* 1992（72）, pp. 79 - 86. Laster, David S. and Robert N. McCauley, "Making Sense of the Profits of Foreign Firms in the United States", *Federal Reserve Bank of New York Quarterly Review（Summer - Fall）*, 1994, pp. 44 - 75. Mataloni Jr., Raymond, "An Examination of the Low Rates of Return of Foreign - Owned U. S. Companies", *Survey of Current Business* 80, March 2000, pp. 55 - 73. McGrattan, Ellen R. and Edward C. Prescott, "Technology Capital and the US Current Account", *American Economic Review*, forthcoming, 2010.

有些学者的研究从官方统计方法的角度切入，认为由于统计上存在较大难度，[①] 美国经济分析局对直接投资的价值评估并未包括投资无形资产（如专利、商标和组织知识）的投资成本，因此，美国对外直接投资收益率显示在账面上就要较国外高出很多。[②] 但马格兰坦和普拉考特将美国对外直接投资中较大规模的研发成本资本化后发现，美国的对外直接投资收益率依然高于加入无形资产和其他因素的模型所推导出来的结果。[③] 还有学者将研究重点放在了跨国公司内部转移定价（Transfer Pricing）[④] 上。如伯纳德等考察了美国的出口交易，发现跨国公司与无关联企业交易的平均定价比关联企业高出 43%，这种转移定价在降低国外对美直接投资收益的同时也提高了美国对外直接投资收益。[⑤] 德塞（Desai）、弗雷（Foley）和何恩斯（Hines）的一系列研究表明，附属融资（affiliate funding）、红利汇回（dividend repatriations）和跨国公司子公司的选址都受到税率的影响。美国的税法一般都会准许美国的跨国公司在国外的收入在汇回国内之前不缴纳收入税，因此，跨国公司通常在低税率区大比例地用再投资收益取代新增权益资本进行融资，而它们在海外的附属机构在税率较高的地区采用债务融资以充分利用利息支付在税收上的减免。[⑥] 德塞等的研究发现，在

① Hausmann, Ricardo and Federico Sturzenegger, "Global Imbalances or Bad Accounting? The Missing Dark Matter in the Wealth of Nations", Harvard University, Center for International Development Working Paper No. 124. 2006. Gros, Daniel, "Foreign Investment in the US (II): Being Taken to the Cleaners?", CEPS Working Document No. 243, Centre for European Policy Studies, Brussels, April, 2006.

② 如 Bridgeman 的研究发现，如果将美国对无形资本的投资考虑在内，那么美国与国外的对外直接投资收益率差异会缩减 3/4。Bridgman Benjamin, "Energy Prices and the Expansion of World Trade", *Review of Economic Dynamics*, *Elsevier for the Society for Economic Dynamics*, 11 (4), Oct 2008, pp. 904 – 916.

③ McGrattan, Ellen R. and Edward C. Prescott, "Technology Capital and the US Current Account", *American Economic Review*, forthcoming, 2010.

④ 所谓转移定价就是指集团企业，尤其是跨国公司，利用子公司所在地税率及免税条件的差异将利润尽可能地转移到税率较低或可以免税的子公司，以最小化公司的整体税收。也就是说，集团企业倾向在高税率地区压低定价，在低税率地区抬高定价。

⑤ Bernard, Andrew B., J. Bradford Jensen and Peter K. Schott, "Transfer Pricing by U. S. - Based Multinational Firms", NBER Working Paper No. 12493, 2006.

⑥ Feldstein, Martin, "Taxes, Leverage and the National Return on Outbound Foreign Direct Investment", NBER Working No. 4689, 1994. Desai, Mihir A., C. Fritz Foley and James R. Hines Jr., "Repatriation Taxes and Dividend Distortions", *National Tax Journal*, 2001, 54 (4). Desai, Mihir A., C. Fritz Foley, and James R. Hines Jr., "A Multinational Perspective on Capital Structure Choice and Internal Capital Markets", *Journal of Finance*, 2004, 59 (6).

研发与业务发展投入大量财力、拥有大量企业内贸易的大型美国跨国公司往往会在避税天堂设立子公司。[①] 例如，2011 年，美国在卢森堡、百慕大、瑞士和新加坡的对外直接投资分别占对外直接投资总额的 8.1%、7.9%、3% 和 2.8%。[②] 据伯斯沃斯等估算，跨国公司将收入分流至低税率区账户的行为可以解释 1/3 的美国对内和对外直接投资收益差异。[③] 当然，也有学者将直接投资的收益差异归因于美国在高风险低信用国家投资的风险补偿。[④]

五　小结

美国的金融比较优势主要得力于多层次的金融市场深度、较强的金融市场稳定性和高效的资金配置效率。本章首先利用现实数据对美国金融优势进行了量化，以便于同其他国家进行横向对比。对比的结果是：美国金融优势较他国明显且稳定，金融危机可能会使流入美国的资本构成和来源地发生变化，但不会从根本上影响美国对国际资本的吸引力。美国对金融危机较强的抵抗力与金融危机是否发源于美国无关。此外，世界主要发达国家和新兴市场国家及地区的金融优势指数走势与美国大体趋同，但波动幅度大于美国。这也从侧面反映出美国的国际金融霸权地位——美国的金融走势与世界主要国家存在一荣俱荣一损俱损的连带关系，其他国家的金融发展难以摆脱美国金融发展的制约。

接下来，本章对银行部门、非银行金融部门和跨国公司三大主体的经营活动在维系美国负债式金融霸权中的作用进行了研究。美国商业银行在

---

① Desai, Mihir A., C. Fritz Foley and James R. Hines Jr., "The Demand for Tax Haven Operations", *Journal of Public Economics*, 2006, 90 (3).

② 数据来源：美国经济分析局网站提供的对外直接投资报告，"Direct Investment Positions for 2011: Country and Industry Detail", July 2012, Chart2。

③ Bosworth, Barry, Susan M. Collins and Gabriel Chodorow - Reich, "Returns on FDI: Does the U. S. Really Do Better?" in Susan M. Collins ed., *Brookings Trade Forum 2007: Foreign Direct Investment* (Washington, D. C.: Brookings Institution Press, 2007).

④ Hung, Juann H. and Angelo Mascaro, "Return on Cross - Border Investment: Why Does U. S. Investment Do Better?", Technical Paper No. 2004 - 17, Washington, D. C. Congressional Budget Office, December, 2004.

国际金融市场中主要处于融资方地位。美国商业银行以其充足的流动性和低风险性吸引国际资金通过该部门流入美国，在很大程度上弥补了美国经常账户的资金流出。美国的非银行金融部门主要以影子银行体系为主，影子银行体系在从事信用、期限和流动性转换业务上因大量使用金融创新工具而具有极强的灵活性，因此，1985～2011年，流入美国影子银行体系的国际资本占影子银行总资产的比例提高得最快。正向增长的对外投资净收益是缩窄美国的对外负债规模、维持美元债务循环的重要支撑力量，对外直接投资是推动美国国际投资净收益增长的主要力量来源。在30年的时间中，美国对外直接投资净收益率始终明显高于国外对美的直接投资收益率。

第四章

美联储维系美元霸权的政策与手段

美联储的建立是美国金融史上的一道分水岭,这个公共权力机构通过控制货币在市场中的流量来增强联邦政府的经济行为能力,大幅削弱了大型私人银行和垄断公司对美国经济命脉的控制。美联储的建立,不仅使美国承受住了第一次世界大战带来的财政重负,[1] 而且对美国形成高效的国际货币政策工具(美元)具有重要意义。罗伯特·蒙代尔就曾指出,"20世纪最重大的事件就是美联储的建立,它为美元统治世界铺平了道路"。[2]本章就将分析美联储是如何对美元霸权进行维系的。

一 美联储与美元国际地位的确立

美联储既是一个公共权力机构,也是一个"私有的中央银行",具有相当的独立性。美联储体系的建立并未从根本上改变美国金融业由私人主导的属性,更多的是对美国银行体制的一次技术性调整。[3]

(一)美联储的地位与权力

作为美国的中央银行,美联储对美国国内货币政策承担直接责任。同

---

① 〔美〕布卢姆:《美国的历程(下)》第一分册,戴瑞辉等译,商务印书馆,1988,第244页。
② 〔美〕罗伯特·蒙代尔:《蒙代尔经济学文集(第六卷):国际货币:过去、现在和未来》,中国金融出版社,2003,第133页。
③ 李巍:《制度变迁与美国国际经济政策》,上海人民出版社,2010,第140页。

时，虽然美国的国际货币政策由财政部主导，但由于国内货币政策也会影响到美元汇率，美联储也是美国国际货币政策的重要参与者，恰如兰德尔·亨宁（C. Randall Henning）所言，"对于总统和国会来说，在经济政策领域，任命美联储主席的重要性仅次于挑选财政部长"。[1] 如果美国财政部主导的国际货币政策不能得到美联储国内货币政策的配合，那么国际货币政策的执行效果必然会大打折扣，甚至被抵消殆尽。因此，美联储与财政部的权力分配关系是美国国际货币政策制定的制度基础，[2] 它们在管理经济时的权力分离是二者政策竞争的制度性根源。[3]

为维持国内银行和金融体系的稳定，美国国家货币委员会在 1911 年向国会提交的最终报告中建议设立中央银行。[4] 随后，国会对设立中央银行的细节开始了长达为期两年的争论，其中，最具争议的问题便是决策权的合理划分，即在新的中央银行制度下，政府与私人企业之间、城市与乡村利益之间以及银行部门、非银行机构和社会其他部门之间的决策权划分。[5]最终的结果便如苏珊·斯特兰奇所指出的，在民主党与共和党、公共利益与私人利益以及联邦政府权力与州政府权力的竞争性利益得到巧妙平衡后，1913 年 12 月 23 日，美国国会通过了《联邦储备法案》，美联储便是在该法案的基础上建立起来的。1913 年的《联邦储备法案》仅仅传达出"中央银行必须从事非政治的政策管理行为"这一意向，而并没有明确说明美联储是否独立于行政部门与立法部门。

美联储真正意义上的独立始于朝鲜战争之初，当时它拒绝购买美国政府债券。这种独立地位源于杜鲁门政府与美联储的一项协定，该协定同时

---

① C. Randall Henning, *Currencies and Politics in the United States, Germany, and Japan* (Washington, D. C. : Institute for International Economics, 1994), p. 107.

② 李巍：《制度变迁与美国国际经济政策》，上海人民出版社，2010，第 110 页。

③ Joanne Gowa, *Closing the Gold Window: Domestic Politics and the End of Bretton Woods* (Ithaca: CornellUniversity Press, 1983), p. 162.

④ 1907 年银行危机后，美国国会颁布了《奥尔德里奇 - 瑞兰法案》，国家货币委员会便产生于该项立法。国家货币委员会负责调查发生周期性银行恐慌的原因，并负责提出降低银行危机发生频率和减轻发生后果的有关建议和监管措施。

⑤ 〔美〕劳埃德·B. 托马斯：《金融危机和美联储政策》，危勇等译，中国金融出版社，2012，第 35 ~ 36 页。

也得到了国会的批准。① 在此后的几十年中，美联储的相关制度设计也确保了它的相对独立性。首先，美联储委员会成员的任期独立于总统和国会，美联储主席虽然由总统提名，但任期要与总统任期相错，这使得无论是总统还是国会都难以通过人事任命左右美联储的货币政策。② 其次，美联储对货币供应拥有独立决定权，无需总统、国会、法院等任何其他政府机构批准。再次，美联储的股份由各大私人银行全权控制，因此它的运行经费独立，不受制于国会"控制钱袋"的权力。③ 最后，美联储下属的12个按公司形式组织起来的地方储备银行也不受地方政府干预。因此，美联储的独立性表现为一种"政府内独立"，④ 它的货币政策可以独立于总统的行政权威和国会的立法权威。此外，值得一提的是，美联储实际上是由国会创立并对其负责，因此，对于美联储来说，参议院和众议院处理银行及中央银行事务的负责人是最为重要的国内政治人物，而总统则处于次一级的位置。⑤ 总统任何尝试侵犯或可能侵犯美联储货币政策独立性的举动都会触动国会高度敏感的政治神经。⑥

　　美联储所拥有的货币政策制定权属于整个美联储系统。众所周知，美联储由位于华盛顿的联邦储备委员会和12家位于全国重要城市的联邦储备银行构成，这12家地区性储备银行为各自所在的地区提供中央银行服务，

① John T. Wooley, *Monetary Politics*: *The Federal Reserve and the Politics of Monetary Policy* (Cambridge, U. K.: Cambridge University Press, 1984), pp. 44 - 46. Thomas Havrilesky, *The Pressure on American Monetary Policy* (Boston/Dordrecht: Kluwer, 1993), pp. 52 - 53, 104 - 106.

② 〔美〕赫伯特·斯坦:《美国总统经济史》，金清、贺蔾莉译，吉林人民出版社，2003，第299页。

③ 〔美〕尤斯塔斯·穆林斯:《美联储的秘密》，肖艳丽译，吉林出版集团有限责任公司，2011。

④ "政府内独立"的提法源于1951~1970年担任美联储主席的威廉·麦克切斯尼·马丁 (William McChesney Martin)。引自〔美〕艾西罗德《美联储50年风云》，顾雨佳译，中国人民大学出版社，2010，第9页。

⑤ 历史上，美联储曾多次拒绝过总统的请求，例如，约翰逊政府时期，为缓解国内社会项目膨胀和越南战争导致的财政压力，总统曾请求增加货币供给，被美联储主席威廉·马丁拒绝；老布什政府时期，美联储拒绝了总统以最低程度增加税收来应对持续赤字的要求；克林顿政府时期，格林斯潘拒绝了总统以最快速度恢复经济增长的要求。〔美〕盖依·彼得斯:《美国的公共政策》，顾丽梅、姚建华等译，复旦大学出版社，2008，第259页。

⑥ 〔美〕艾西罗德:《美联储50年风云》，顾雨佳译，中国人民大学出版社，2010，第8页。

形成了联邦储备银行体系。1930 年的新政改革将很多地区性储备银行的权力转移至华盛顿的联邦储备委员会。如今，这个联邦储备银行体系已不再是简单的区域支付结算的银行系统，它能够将整个国家的金融体系连为一体去理解和执行货币政策，是推进货币政策的重要渠道。此外，虽然货币政策的制定权属于整个美联储系统，但如果美联储主席是一个具有足够胆识、对国内政策管理具有特殊技巧以及在国会和公众之间拥有充分公信力的人，是一个会运用独特艺术感觉观察、利用和灵活操控政策的人，那么他便足以对制定货币政策的美联储同僚们的选票产生影响，也将在社会、经济精英以及政治力量群雄中拥有超乎想象的政策影响力。这一点在非常时期体现得尤为明显。[①]

美联储的货币政策执行基本由联邦公开市场委员会承担。该委员会是在公开市场中买卖美国政府有价证券和其他金融工具的美联储实际操作部门。委员会的成员共有 12 名，其中，7 名联储委员，5 名地区储备银行行长。[②] 由于地区储备银行行长的参与，美联储对国内基层经济状况的变化情况相当敏感。

除了具有调节市场货币供应的权力，美联储还负责监管私人银行业务，具有批准和监管外国金融机构在美国进行商业活动的权力。

（二）美联储的货币政策框架

1. 美联储的资产负债表

在研究美联储如何行使货币政策权力之前，我们有必要对它的资产负债表有一定程度的了解，从而才能通过观察资产负债表结构比例和规模的变化分析美联储在执行货币政策时的相关操作。

12 家联邦储备银行的合并资产负债表如表 4 - 1 所示。在资产方中，黄金证、特别提款权账户、硬币以及应收项目数量相对较小且较为稳定，在研究货币供给量变化时可以忽略；外汇资产的计价货币包括欧元、日元

---

① 〔美〕艾西罗德：《美联储 50 年风云》，顾雨佳译，中国人民大学出版社，2010，第 7 页。
② 纽约联邦储备银行行长的地位十分显赫，在地区储备银行中具有巨大权柄，其行长是联邦公共市场委员会的固定成员，也是联邦公开市场委员会的副主席，而主席由美联储管理委员会主席担任。

及其他货币，主要被美联储用来购买美元以稳定汇率，但相较其他国家所持有的美元资产，美联储的外汇资产规模较小，在市场持续严重看跌美元时，这些外汇资产的作用十分有限。美联储最关键的资产是美国国债和贷款，国债用于平时的公开市场操作，而贷款的重要性往往会在金融危机时期突显出来。① 在负债方，可以令美联储影响经济活动的负债项目是存款。与美联储公开市场操作做对手的共有 18 个一级国债交易商，② 当交易商向美联储卖出国债时，它们在美联储资产负债表的负债方便相应地增加一笔存款。因此，当美联储资产项目下的美国国债改变时，存款机构在美联储的存款也会同步变化。

银行在美联储的存款和留存的现金构成了银行准备金，银行准备金超出法定存款准备金的部分被称作超额准备金。银行持有超额准备金的机会成本是贷款或持有美国国债可获得的利息收入，③ 因此，如果贷款利率或国债收益率上升，银行便会用超额准备金去发放贷款或购买债券，无论采取哪种措施，社会的货币供应量都会增加从而降低短期利率水平。

表 4 - 1　12 家联邦储备银行的合并资产负债表（2012 年 11 月 28 日）

单位：10 亿美元

资产	金额	负债和所有者权益	金额
黄金证	11.04	现钞	1110.45
特别提款权账户	5.20	储备回购协议	93.23
硬币	2.10	存款	1580.89
证券、回购协议和贷款	2610.49	A. 存款机构	1542.56
A. 美国国债	1646.65	B. 美国财政部	16.10
B. 联邦代理债务	79.28	C. 国外和其他机构	22.23
C. 不动产抵押证券	883.54	递延款项	0.85
D. 回购协议	0.00	其他负债	12.29

---

① 通常情况下，美联储贷款对象只能是存款类机构，但法律赋予美联储在危机时刻贷款给其他私营机构的权力，在 1933 年大萧条时期，美联储就启动了这些条款。

② 〔美〕劳埃德·B. 托马斯：《金融危机和美联储政策》，危勇等译，中国金融出版社，2012，第 35～36 页。

③ 2008 年后，法律放宽了美联储不得向存款机构的准备金支付利息的规定，因此持有超额准备金的机会成本就变成原有的机会成本与来自美联储利息收入之差。

资产	金额	负债和所有者权益	金额
E. 贷款	1.02		
房地美资产组合	1.52		
TALF 资产组合	0.86		
应收项目	0.13		
中央银行流动性互换	12.21	总负债	2797.72
外汇和其他固定资产	209.37	所有者权益	55.18
总资产	2852.90	总负债和所有者权益	2852.90

资料来源：美联储网站，http：//www.federalreserve.gov/releases/h41/。

2. 美联储的货币供应

理论上，基础货币与货币乘数的乘积便是货币供应量。基础货币由银行准备金、银行持有的现金和公众持有的现金构成。以资产负债表计量的美国基础货币的表达式为：

$$B = P + D + G + Float + OA + Tcu - Tca - Ft - Ff - OL - CAP \qquad (4-1)$$

其中，B 为基础货币；P 为美国国债；D 为美联储对存款机构的贷款；G 为黄金证和特别提款权；$Float$ 为应收项目与递延款项之差，即美联储的应付款；OA 为外汇和其他固定资产；Tcu 和 Tca 分别为财政部发行与自持的硬币；Ft 为美国财政部存款；Ff 为国外和其他机构；OL 为其他负债；CAP 为所有者权益。

根据前文分析，美联储虽因无法把握公众持有的现金而不能精准地控制基础货币总量，但由于美国国债占据了基础货币的绝大部分，而美联储对其持有的国债又拥有完全的控制权，因此，美联储基本可以把握基础货币的变化。一般来说，美联储针对基础货币的操作可分为被动型防御与主动型调整两类。被动型防御是由于基础货币的构成部分短期内都会在规模上有大幅的波动，[①] 美联储需要通过买卖国债进行对冲操作。与美联储对冲操作联系最为紧密的是美国财政部，因为财政部几乎每天都会利用其在

---

① 比如每个月财政部都要发放社保福利金，财政部在美联储的存款减少，而接收福利金的银行在美联储的存款增加，在其他项目不变的情况下，银行准备金增加，进而基础货币和货币供应量都会相应增加。

美联储的存款账户进行支付，每一笔财政存款的变化都会对应美联储资产方中美国国债的变动，以防止外部因素对基础货币造成影响。主动型调整是指美联储根据宏观经济的实际情况通过公开市场操作所执行的货币政策。例如，美联储欲上调联邦利率减缓经济增长，它便会在公开市场卖出债券减少持有的国债，银行准备金下降，从而基础货币下降，联邦基金利率的上升将带动其他短期利率水平普遍提高，经济总支出的增长便会减慢。

与货币供应相关的另一变量是货币供给乘数。美国 M1 和 M2 的货币供给乘数如下所示：

$$m1 = (1 + k)/(rr + re + k) \qquad (4-2)$$

$$m2 = (1 + k + ola)/(rr + re + k) \qquad (4-3)$$

其中，k 为现金比率，大小由公众持有现金和支票账户的成本收益比决定，影响这类成本收益比的因素包括利率、收入、金融科技水平以及对银行的信心；rr 为银行法定存款准备金率，大小由美联储决定；re 为银行的超额准备金率，大小由银行持有超额准备金的成本收益比决定，影响这类成本收益比的因素包括调节银行准备金时产生的额外费用、因持有超额准备金而损失的利息收入；ola 为储蓄账户和货币市场共同基金与银行活期账户和其他支票账户的比值。

因此，结合基础货币和货币乘数的表达式，不难看出，美联储的货币供应量虽然受公众、银行和美联储行为的共同影响，但 k、rr 和 re 的变化仅会导致货币供应量的短期和周期性波动，而美联储可以通过对国债的买卖来精准地控制基础货币规模，从而决定 M1 和 M2 的长期变化趋势。

美联储调节货币供应量的工具主要有三种：公开市场操作、法定存款准备金率以及调整贴现率。公开市场操作和调整贴现率影响的是银行准备金和基础货币数量，而法定存款准备金率影响的是货币乘数。二战前，调整贴现率是美联储主要的货币政策工具。而从二战后到 2008 年金融危机之前的 60 多年时间里，公开市场操作以更灵敏、精确和灵活的特点取代了贴现率调整，成为美联储最重要货币政策工具。考虑到调整法定存款准备金率对银行业务造成的干扰过强、对经济造成的影响过大，美联储自成立以来便很少动用这种方法去进行货币调节。最近一次调整法定存款准备金率是 1992 年。20 世纪 80 年代末至 90 年代初的银行业危机致使坏账准备大幅增加，为改善银行财务状况，美联储将法定存款准备金率从 12% 下调到 10%。①

（三）美联储的金融扩张与美元国际地位的确立

布雷顿森林体系的建立标志着美元的国际货币地位得到正式确立。美元之所以能在二战后替代百年霸权货币英镑，不仅得力于美国日益上升的国际政治和军事实力，还与一战以来美元在国际经济领域中的不断扩张密不可分。

1. 从第一次世界大战到"大萧条"

一战结束后，世界经济发展的原动力主要来自美国。美国的资本和市场促进了从欧洲到拉丁美洲再到亚洲各国的经济发展。美国的银行和企业将资金和技术带到全球各地。到 1929 年，除了外国欠美国政府的数十亿美元外，美国对外投资累计达 150 多亿美元，其中对外贷款和跨国公司的直接投资各占一半。战争与战后重建对资本的需求使得美国仅用了 10 年多一点的时间就使其全部国际投资额与 1913 年的英国持平，而英国为达到如此水平却用了 100 多年的时间。1919~1929 年，美国的对外贷款以平均每年 10 多亿美元的规模从纽约涌向世界。此外，由于美国的贸易保护主义政策，欧洲各国无法从贸易盈余中获得足够的美元资产进行债务偿还，战后重建也面临着资金短缺，加之以德国的战争赔款来偿还债务尚无保证，因此，欧洲只能通过在纽约证券市场发行债券进行借贷融资。当然，这些在美国市场发行的外国债券是以美元标价的。1921~1930 年，在美国发行的新债券达 107.35 亿美元。在高峰年代，在华尔街发行的外国债券占美国公

---

① 法定存款准备金率本质上与税收类似。美联储的收入主要来自持有国债的利息，而其年收入的 85% 要返还给财政部。因此，存款准备金率越高，货币乘数就越低，同等规模的货币供应量就需要更多的基础货币，这也意味着美联储持有国债数量越大，利息收入越多，纳税人就会从中获益；而存款准备金率较低时，法定存款准备金率的税收效应较低，商业银行相对于纳税人的获益更大。参见〔美〕劳埃德·B. 托马斯《金融危机和美联储政策》，危勇等译，中国金融出版社，2012，第 113 页、第 115 页。

司债券数的近 1/3。① 仅 1928 年，外国在美国发行的新债券就高达 12.31 亿美元。据此，纽约逐渐取代伦敦成为国际金融中心。② 表 4-2 和表 4-3 对比了 20 世纪 20 年代美国和英国的对外贷款以及新债券发行规模。不难看出，无论是对外贷款规模还是债券发行量，老牌金融帝国英国都已经落在美国之后。

表 4-2 1924~1929 年美国和英国的对外贷款（按地区划分）

单位：亿美元

年份	欧洲		亚洲和大洋洲		非洲		加拿大		拉丁美洲		总计	
	美国	英国	美国	英国	美国	英国	美国	英国	美国	英国	美国	英国
1924	5.3	1.6	1.0	3.1	—	0.7	1.5	0.2	1.9	0.3	9.7	5.9
1925	6.3	0.5	1.5	2.2	—	0.7	1.4	0.1	1.6	0.7	10.8	4.2
1926	4.8	1.2	0.4	2.3	—	0.3	2.3	0.3	3.8	1.3	11.3	5.4
1927	5.8	1.1	1.6	2.4	—	1.4	2.4	0.3	3.6	1.3	13.4	6.4
1928	6.0	1.6	1.4	2.3	—	1.0	1.9	1.0	3.3	1.3	12.5	6.7
1929	1.4	1.1	0.6	1.4	—	0.5	3.0	0.7	1.8	0.8	6.7	4.5
总计	29.6	7.1	6.4	13.7	—	4.4	12.3	2.7	16.0	5.3	64.3	33.0

资料来源：〔美〕查尔斯·P. 金德尔伯格《1929~1939 年世界经济萧条》，宋承先、洪文达译，上海译文出版社，1986，第 47 页。

表 4-3 1921~1930 年纽约和伦敦的新债券发行规模

单位：亿美元

年份	纽约			伦敦		
	总计	政府	企业	总计	政府	企业
1921	6.92	5.54	1.38	5.53	4.03	1.50
1922	8.63	7.12	1.51	6.97	4.30	2.67
1923	4.98	3.77	1.20	6.77	4.76	2.01
1924	12.17	10.35	1.82	6.74	4.96	1.78
1925	13.16	9.40	3.77	4.55	1.79	2.77
1926	12.89	7.15	5.74	—	—	—

① 〔美〕杰弗里·弗里登：《20 世纪全球资本主义的兴衰》，杨宇光等译，上海人民出版社，2009，第 127 页。
② 〔美〕杰弗里·弗里登：《20 世纪全球资本主义的兴衰》，杨宇光等译，上海人民出版社，2009，第 126~127 页。

年份	纽约			伦敦		
	总计	政府	企业	总计	政府	企业
1927	15.77	10.75	5.03	—	—	—
1928	14.89	9.01	5.89	—	—	—
1929	7.06	2.62	4.43	—	—	—
1930	10.88	7.36	3.52	—	—	—
1921~1925	45.86	36.18	9.68	30.55	19.82	10.71
1926~1930	61.48	36.88	24.61	—	—	—

资料来源：〔美〕迈克尔·赫德森《金融帝国》，嵇飞、林小芳译，中央编译出版社，2008，第49~50页。

一战与战后重建时期，美元国际货币地位的提升与美联储配合美国政府所施行的金融扩张主义息息相关。

成立之初的美联储为履行"弹性货币"供给、稳定美国金融体系的使命，决定采用英格兰银行保持利率稳定的工具——贸易承兑汇票。虽然美国当时已是世界贸易大国，[①] 但一战前伦敦在贸易承兑汇票市场拥有绝对的成本优势和声誉优势，仅凭市场力量推广美元贸易承兑汇票并不现实。对此，《联邦储备法案》授权国民银行在海外开设分支机构，准许他们购买不超过自有资金50%的贸易承兑汇票。但持有美元贸易承兑汇票的美国银行很难找到该资产的投资者，银行持有该票据到期所得的收益往往无法弥补银行借款成本。为鼓励美元承兑汇票业务的进一步发展，在纽约联邦储备银行主席本杰明·斯特朗的坚持下，联邦储备系统所在各地区的分支机构被要求购买承兑汇票。美联储的这种购买行为对美元贸易承兑汇票市场的发展具有循环强化作用，因为购买承兑汇票可以稳定和降低贴现率，稳定而较低水平的贴现率会进一步为市场的发展提供宽松的货币环境。美元承兑汇票市场在美联储的支持下得到飞速发展，美元的国际使用由此拉开帷幕。在1914年，美国与世界其他地区的商业往来在很大程度上要依赖英镑承兑汇票；而到1918年，美元承兑票据在国际商业领域的发展潜力得

---

① 1870年，美国占世界工业生产比重为23%，而到1914年，这一比重增长到38%。美国将其生产的大量工业产品推向世界市场，并于1876年扭转了长期以来的贸易逆差国地位，步入了贸易顺差国行列。Mira Wilkins, *The History of Foreign Investment in the United States, 1914 - 1945* (Harvard University Press, 2004), p. 6.

到普遍认同。① 到 20 世纪 20 年代后期，贸易厂商在纽约所支付的费用比伦敦整整少了一个百分点，这种程度的差价足以令各国贸易厂商选择在纽约贸易承兑汇票市场进行交易。20 世纪 20 年代末，美国为资助本国进出口而发行的美元承兑汇票超过了美国所有进出口的一半，而用以资助第三国之间贸易的美元承兑汇票和用以资助国外仓储商品的美元承兑汇票的价值也与美国为资助本国进出口而发行的美元承兑汇票价值十分接近。②

另一个推动美元国际地位上升的力量是第一次世界大战。一战搅乱了平稳运行多年的欧洲贸易信贷市场，导致贸易金融资本日渐匮乏，为满足客户的进口需求，德国和英国的银行开始接受来自纽约的美元背书票据。加之战争导致英镑剧烈波动，美联储坚持将美元与黄金绑定的行为使美元成为北美、拉丁美洲和亚洲等地贸易厂商替代英镑的首选货币。③ 战争期间，政府间的债务关系使国际资本流动的主导力量由私人商业银行转向政府间战争借贷。美国威尔逊政府向协约国提供了大量贷款，并开始积极推动美国对外金融活动。④ 这种在战时形成的扩张性国际金融政策在美国国内孕育出了一个强大的、以银行家为核心的国际主义集团。这个利益集团是战后与美国国内的贸易保护主义势力利益相互妥协的产物，它促使美国三个主要的货币权力中心——财政部、联邦储备委员会和纽约联邦储备银行——在整个 20 世纪 20 年代始终奉行扩张型的货币政策，以支持它们的国际信贷活动。⑤

第一次世界大战带给美国的不仅是金融与贸易势力向全球渗透的机会，还促使美联储最终选择财政债券作为金融体系的流动性之源。在成立

① 〔美〕巴里·艾肯格林：《嚣张的特权》，陈召强译，中信出版社，2011，第 28 页。
② 〔美〕巴里·艾肯格林：《嚣张的特权》，陈召强译，中信出版社，2011，第 30 页。
③ 〔美〕巴里·艾肯格林：《嚣张的特权》，陈召强译，中信出版社，2011，第 25 ~ 26 页。
④ 1914 ~ 1917 年，JP 摩根公司代表协约国投资者每年购入的美国证券平均在 10 亿美元左右，占美国出口总额的四分之一。协约国在向美国私人银行家申请贷款时需要以债券等金融资产作为抵押，而美国私人银行家承诺未来会将这部分抵押返还给贷款国，如 1919 年，银行家信托公司（Bankers Trust Company）就将曾作为法国贷款抵押的法国证券返还给法国。而 JP 摩根向协约国提供贷款的条件是贷款国要接受贷款抵押在未来以美国政府债券的形式返还。〔美〕杰弗里·弗里登：《20 世纪全球资本主义的兴衰》，杨宇光等译，上海人民出版社，2009，第 118 页。
⑤ Harris G. Warren, *Herbert Hoover and the Great Depression* (New York: Oxford University Press, 1959), p. 27.

之初，美联储认为，在提供弹性的货币供给时，单个银行的商业贷款理论可以拓展为中央银行理论，即商业贷款（弹性）可以替代政府债券（无弹性）作为支持纸币发行的担保。① 这意味着，美联储对信用的控制是"定性"的，即将信贷限制在生产性用途。然而，连年累牍的战争使公债急剧膨胀，联邦储备制度必须要确保政府债务市场具有持续的流动性，对信用的"定性"控制将与现实严重冲突。为此，1916 年 9 月 7 日，即在美国备战第一次世界大战之时，美国修改了《联邦储备法案》，国库券被允许成为美联储的发行担保。不仅如此，以政府债券为担保所发放的储备银行贷款享受低于商业贷款，甚至低于债券自身收益的优惠利率。这样，一方面，私人银行家可以利用贴现窗口套利的优势投资政府证券，以补充债券市场流动性；另一方面，政府也可以不断地廉价借债。随着国库券和以国库券担保的回购协议成为主要次级准备，《联邦储备法案》赋予商业贷款的特殊地位逐渐被架空；随着美联储取代私人证券交易商，在证券市场中担任最后贷款人后，市场对投机性信用的依赖变得越来越隐蔽。美联储的信用控制从"定性"转向"定量"，意味着准备金的扩张与收缩不再通过新增商业贷款的消极贴现实现，而是美联储自身通过对已有公债的活跃交易来实现。由于能自主地调节准备金，美联储系统将不再依赖国际黄金市场来满足波动性的准备金需求（如在危机使锁定利率来吸引紧急黄金储备），美联储所设定的利率也将是更有利于本国经济发展的。② 因此，在当时动荡的国际背景下，美元币值的相对稳定使美元的国际货币地位得到大幅提升：20 世纪 20 年代后半期，以美元为货币单位的外国承兑汇票是以英镑为货币单位的外国承兑汇票的 2 倍；1924 年，在各国的外汇储备中，美元所占比例也超过了英镑。③

---

① 黄金的可兑换性将保证新的美联储券的价值。只要具有自动清偿功能的短期商业贷款能约束对应的资产，那么单个联邦储备银行在扩张存款债务时便都是安全的。〔美〕佩里·梅林：《新伦巴底街》，夏俊译，上海人民出版社，2011，第 38 页。

② 美联储在整个 20 世纪 20 年代维持稳定的低利率货币政策通常被认为是美国在客观上帮助世界其他国家（尤其是英国）恢复金本位制度的一种努力。Barry Eichengreen, *Golden Fetters: The Gold Standard and the Great Depression, 1919 - 1939* (New York: Oxford University Press, 1992), Chapter 7。

③ 〔美〕巴里·艾肯格林：《嚣张的特权》，陈召强译，中信出版社，2011，第 32 页。

2. 从金本位制度崩溃到布雷顿森林体系建立

大萧条期间美联储货币政策的制定和执行效果一直饱受争议，对于美联储的指责主要有以下几点：一是 20 世纪 30 年代早期，美联储对银行恐慌所导致的准备金大幅流失态度过于消极；二是 1931 年英国放弃金本位制后，美联储在国内银行体系存在强烈资金需求时居然提高利率；三是在 1932 年中期，美联储实行了短暂的扩张性公开市场操作后又紧急中止，不连贯的货币政策对公众造成负面影响；四是美联储于 1937 年毫无征兆地将法定存款准备金率调高 1 倍的行为，直接导致了 1937～1938 年的"萧条中的衰退"。[①] 这些批评有其合理的一面，但为了更全面地理解美联储在当时的政策选择，我们有必要先来回顾下当时美国与世界的经济态势。

首先，由于主要农业生产国的状况每况愈下，欧洲和亚洲大多数国家开始陷入经济衰退，美国的对外贷款随之下降，流出的资金开始回流国内，加之宽松的货币政策，美国国内股票市场泡沫化愈演愈烈。美联储此时面临两难选择：如果提高利率抑制国内股市泡沫，欧洲和拉丁美洲的资金将进一步被吸入美国，世界的经济衰退会加速，但如果保持利率不变，股市的泡沫会进一步扩大。美联储最终在本国股票市场与世界经济中选择了前者。美联储调高贴现率的行为成为压碎股市泡沫的最后一根稻草。1929 年 10 月，纽约市场崩盘，美国经济和银行体系受到殃及，著名的"大萧条"便由此开始。1930 年 12 月，美利坚银行破产，美联储对这家大型的系统内成员银行的倒闭置若罔闻，这在很大程度上加速了危机的爆发。美联储对系统内成员银行未施行救助行动可能与美国的双重银行体系有着直接关系。美利坚银行是纽约州政府颁发执照并进行监管的，当时美国银行体系的分割结构，以及受到美联储严格监管的国民银行对施行救助的强烈反对，都会导致美联储对此类银行倒闭的漠视。[②]

其次，美联储在英镑脱离金本位后急剧上调贴现率是为了稳定美元汇率，防止美国金融资本和黄金的外流。金本位制没有禁得住此次的通货紧缩和持久的萧条。由于金本位制的束缚，坚持金本位制的政府无法通过增

---

① 具体可参见〔美〕米尔顿·弗里德曼、安娜·J. 施瓦茨《美国货币史》，巴曙松等译，北京大学出版社，2009，第 7～9 章。
② 吴敬琏主编《比较》，中信出版社，2011，第 211 页。

加货币供应量刺激经济复苏，价格和工资灵活性的降低使得以往应对通缩的经济措施全部失灵，政府只能以牺牲本国经济条件维持汇率稳定。然而，复苏无望的经济使市场充斥着强烈的货币贬值的预期，这种预期造成了银行恐慌，而银行恐慌又进一步增大了爆发货币贬值的可能。金融和货币恐慌蔓延至世界各国，各国银行系统和国际金融系统陷入停顿状态。信贷市场的瘫痪对全球经济萧条无疑是雪上加霜。尽管有杨格计划和胡佛政府对战争贷款的延期，德国也再无法在如此贫困交加的国内和国际经济形势下承担战争赔款，终于在 1931 年，德国停止了对战争赔款的支付。英国也于 1931 年 9 月 20 日宣布与金本位制脱钩，英镑对美元旋即贬值近 1/3，一大批国家也紧随英国与金本位制脱钩。英镑的贬值让人们对美元的安全性产生担忧，以法国为代表的各国中央银行纷纷将所持美元在第一时间兑换为黄金。为捍卫美元，纽约联邦储备银行在两周时间里上调贴现率 2 个百分点（这种短期内大幅提高贴现率的操作直到 47 年后的 1978 年才再次发生）。美元汇率的稳定以牺牲本国银行系统稳定为代价，仅 1931 年 10 月一个月就有 500 家银行倒闭。[①] 尽管弗里德曼和施瓦茨批评美联储 1931 年为遏制黄金外流而提高贴现率的政策有欠考虑，[②] 但考虑到当时美国的货币市场与证券市场是完全纠缠在一起的，因此，除非美联储对资产负债表中的私人证券进行贴现，否则银行的破产在所难免。[③]

再次，1932 年美联储货币政策的不连贯是它在当时难以兼顾稳定经济和稳定银行体系的结果。20 世纪 30 年代早期，世界工业经济增长遭遇瓶颈、农业生产每况愈下，美国银行的盈利性资产由贷款转移至国库券，因此，证券收益成为银行盈利的主要来源。1932 年初，美联储在国会的压力下开始从事购买政府债券的公开市场操作以增加银行准备金。但当时短期国库券的收益率非常低，[④] 甚至大幅低于美联储的贴现率。因此，担心利率过低会导致银行不能赚取合理利润、银行体系财务状况会遭受进一步打

① 〔美〕巴里·艾肯格林：《嚣张的特权》，陈召强译，中信出版社，2011，第 37~38 页。
② 〔美〕米尔顿·弗里德曼、安娜·J. 施瓦茨：《美国货币史》，巴曙松等译，北京大学出版社，2009。
③ 〔美〕佩里·梅林：《新伦巴底街》，夏俊译，上海人民出版社，2011，第 47~48 页。
④ 国库券的超低收益率源自市场对安全、短期证券一次高水平的需求，而非美联储的政策行动。

击，美联储迅速中断了它短期的扩张政策。①

　　最后，美联储在 1937 年上调存款准备金的行为虽然有待商榷，但关键时刻财政部与美联储的配合不但消除了美联储的货币政策压力，还以此方法中及随后二战前夕和期间更多的黄金流入。1933 年罗斯福上台后，面对主要债务国货币的大幅贬值，为维护美国的对外债权、保护本国贸易、刺激国内经济，罗斯福决定令美元贬值。美元的贬值以及国际贸易保护主义最终使德国放弃偿付赔款，欧洲各国为了债务和贸易问题斗作一团，1932 年形成的金本位集团因承受不住通货紧缩的压力，也最终在美元贬值不久而土崩瓦解。欧洲的货币动荡和彼此间矛盾的升级致使黄金大量流入美国，加之 1934 年的美元贬值也增加了美国黄金库存的名义价值，进而对黄金流入产生了更大的吸引力。但在这段时期，黄金流入美国的规模过大，对美联储的货币政策形成了相当的压力，美联储分别于 1937 年 1 月、3 月和 5 月三次上调法定存款准备金以防止巨额黄金流入可能带来的通货膨胀。财政部于 1937 年 12 月开始着手封存黄金计划，每月自行购进美联储系统新近获得的黄金并将其增加到自己的账户上。如此一来，黄金的流入和信贷系统所需的黄金量便被隔离开来。虽然，紧缩银根直接导致了 1937 ~ 1938 年的"萧条中的衰退"，但欧洲的战火和美国为参加二战而实施的大规模持久的财政刺激措施使美国在 1941 年终结了"大萧条"以来的经济梦魇。1934 年，美国黄金库存 74 亿美元，约占世界货币黄金储备的 1/3，1937 年末，美国黄金库存上升至 113 亿美元，超过世界货币黄金储备的一半，而到 1941 年美国参战时，美国的黄金库存增加到了 227 亿美元。② 这为战后美国主导筹建美元黄金双挂钩的布雷顿森林体系奠定了坚实的基础。

　　可见，在美联储成立之后，它的货币政策立足于本国利益，配合美国政府金融扩张的国际战略。在动荡的国际经济大背景下，美元的国际货币地位依仗美国作为世界经济增长的原动力而稳步上升。1933 年的金融崩溃

---

① 〔美〕劳埃德·B. 托马斯：《金融危机和美联储政策》，危勇等译，中国金融出版社，2012，第 133 页。

② 〔美〕迈克尔·赫德森：《金融帝国》，嵇飞、林小芳等译，中央编译出版社，2008，第 105 页。

最终带来的是金本位的崩溃、欧洲货币集团的内斗、硝烟再起的逼近、美国政府国际金融资产的增加以及美元接替英镑成为国际霸权货币条件的日趋成熟。

1944 年，布雷顿森林体系会议建立起了一种新的金汇兑本位制，全球信用扩张的本位货币不再是英镑而是美元。为了维持美元黄金双挂钩货币体系的稳定，美国的宏观经济政策必须以市场货币供应稳定为前提，这就意味着美国要时刻自行约束那些企图通过宽松的财政和货币政策刺激经济、增加就业的政策制定冲动。然而，美联储坚信，在布雷顿森林体系下，留存在海外的美元将以准备金的形式成为外国央行进行货币扩张的基础，从而使得美联储的货币投放不用再谨小慎微，国内的通胀压力可以通过向国外输出得到相当程度的缓解。[①]

二 美联储维系美元霸权的市场操作

自布雷顿森林体系成立，"特里芬两难"（Triffin Dilemma）便成为二战后悬在国际货币体系上空的达摩克利斯之剑。自布雷顿森林体系建立到其崩溃前的短短 30 年中，美元共爆发了四次危机。在整个过程中，美联储是如何进行市场操作以维系美元地位，又是如何配合财政部展开国际货币政策的呢？

（一）货币互换

浮动汇率制在两次世界大战期间的失灵不言而喻，因此，布雷顿森林体系实际是在国际上建立了固定汇率制。各国为可以在国家层面上自由地制定非协调性的、宽松的宏观经济政策，都赞同通过管制国际资本流动调和"不可能三角"。于是，私人资本为规避资本管制、降低筹资成本、锁定跨境投资的汇率风险，开始大量使用一种金融创新工具——货币互换。

1. 货币互换的成因

所谓货币互换，就是对两笔金额、期限、计算利率方法都相同但货币不

---

① 〔美〕默里·罗斯巴德：《银行的秘密》，李文浩等译，清华大学出版社，2011，第248页。

同的债务资金间的调换，但它们之间的债权债务关系并未因此发生改变。在二战后初期，各国企业间因对外直接投资通常会产生平行贷款①需求（平行贷款也是互换的一种）。两个企业之间进行平行贷款很容易因一方违约而产生提前清算风险，因此，跨国银行便介入其中。跨国银行通过将平行贷款所产生的交易以净支出形式进入资产负债表，使平行贷款隐藏在货币互换背后，并承担了两个企业可能面临的提前清算风险。② 跨国银行避免提前清算风险的途径是与另一家银行签订外汇期货合约来进行套期保值，一旦外汇期货合约达成，跨国银行便可通过欧洲美元银行间市场来对冲最终互换账户中的所有错配。问题的关键在于，跨国银行外汇期货交易的对手银行在何种情况下才能获利？因为只有对手银行认为自己能够从期货交易中获利才会参与其中，而对手银行的参与是战后金融系统套利链条延伸的关键。答案是：对手银行的获利取决于非抛补利率平价理论的不成立③和它们对合约货币走势的正确判断。例如，根据外汇期货合约，对手银行在到期时需要把英镑存款兑换成美元存款，那么，根据非抛补利率平价理论，只有当英镑兑美元的远期汇率大于到期时的即期汇率，对手银行才又会获利。④

　　以上这些只为了说明一点，即只有当人们预期美元的升值幅度超过其他货币时，美元才会通过国际货币互换市场所形成的金融网络向世界各国更深入地渗透、更持久地在海外留存沉积，同时，美国国内的低利率政策（低于世界其他国家）才可以持续下去。

2. 布雷顿森林体系时期的两次美元危机

　　在二战结束后，为使美联储对政府债券市场的支持与货币市场的调控相协调，美联储需要调整战时对财政部低成本发债融资的支持政策，而财

---

① 平行贷款也是互换的一种形式。例如，美国公司只持有美元，但它因要在英国建立子公司而需要英镑，形似的，英国公司只持有英镑，但它因要在美国建立子公司而需要美元，而国际资本管制限制了二者货币买卖，导致两家企业需要通过平行贷款的方式完成投资。

② 如果按照平行贷款结构将交易头寸入账，银行的资产负债表便会膨胀，进而引发对准备金的要求。为避免平行贷款业务给资产负债表带来的影响，银行将形式，即只将所产生的交易记为净支出，这就意味着实际债务被转换为隐性债款互换。

③ 在货币互换市场错配的情况下，非抛补利率平价就会出现失衡。

④ 设英镑兑美元的即期汇率为 S，到期时的即期汇率为 S^*，F 为远期汇率。对手银行因持有美元存款和英镑存款，到期时分别有 $(1+r)$ 美元负债和 $S(1+r^*)$ 英镑负债，只有当 $S(1+r^*)/S^* - (1+r) > 0$，或 $(1+r)(F/S^* - 1) > 0$ 时，对手银行才会获利。

政部始终不同意美联储修改"钉住利率"的货币政策目标。① 由于当时世界处于战后重建初期，低利率政策有利于美国与世界经济的同步增长，美元的国际地位也十分稳固，因此，虽然美联储与财政部在维持政府债券收益率水平上存在分歧，但矛盾并不突出。1950 年朝鲜战争的爆发激化了这一矛盾，战争带来的市场投机推高了市场利率，对政府债券低利率的支持将导致货币存量扩张超出美联储的控制能力。于是，美联储与财政部于 1951 年 3 月签署《财政部－联邦储备体系协议》，协议中，财政部同意取消"钉住利率"，而美联储则承诺不让短期利率急剧上升。此后，美联储获得了货币政策上的相对独立,② 开始采取"单一国库券政策"（Bills－Only Policy），即联邦储备体系账户操作应限制在短期市场。③例如，美联储想要通过减少公众所持有的长期债券来增加基础货币，其不能直接操作长期债券，而是要购买国库券，然后，财政部出售相同数量的国库券，用其出售所得赎回长期债券。这意味着，无论是出售还是赎回长期政府债券，"单一国库券政策"使财政部承担分散债券期限的责任。

然而，20 世纪 60 年代初的第一次美元危机终结了"单一国库券政策"。历经了十多年的战后重建，以欧洲和日本为代表的国家和地区的经济由恢复转向高速发展，美国国际收支由顺差转向逆差，美元开始承受来自国际上的压力。1961 年，为了在制止黄金外流恐慌的同时不致使国内经济趋紧，美联储摒弃了"单一国库券政策"而采用"长短期利率操作"（Operation Twist），即提高短期国库券利率以支撑美元币值，同时，在长期国债市场通过买入操作降低长期利率以刺激国内经济扩张。由于长短期证

① 在战时，美联储为配合财政部的廉价战时融资政策，需要将三个月其国库券利率维持在 0.375%，长期政府债券利率维持在 2.4%，一旦利率高于上述水平，美联储就要进行公开操作以迫使利率下降，在朝鲜战争爆发前，美国的货币政策目标始终以"钉住利率"为主，美联储无法独立于财政部。
② 在当时，联邦储备系统确实获得了实施国内货币政策的独立权力，但实际上，它还没有指定国际货币政策的法定权力。
③ 1953 年，"单一国库券"政策备受联邦储备银行（尤其是纽约银行）的反对。1953 年 3 月，该政策条款写入美联储公开市场操作程序，6 月这项条款从操作准则中剔除，9 月又被重新纳入操作准则，并一直持续到 1961 年。参见〔美〕米尔顿·弗里德曼、安娜·J. 施瓦茨《美国货币史》，巴曙松等译，北京大学出版社，2009，第 451 页。

券皆为储备金,"长短期利率操作"对市场的净效应非常微小,但美联储通过该操作平滑了国内利率期限结构,使期限溢价低于市场预期,其所产生的利率互换套利机会为私人资本的交易提供了获取利润的来源,外国投资者通过借入美元来获取国际差价。套利机会的存在干扰了利率互换市场的供求平衡。欧洲美元远期市场以及欧洲期货市场为利率互换提供了对冲交易场所,利率互换市场的套利机会进而导致欧洲美元远期汇率偏离市场预期下的未来即期汇率。① 1961 年 3 月,德国马克小幅升值,美国自第二次世界大战以来第一次恢复了外汇市场操作,在纽约市场卖出远期马克以阻止美元贬值。为了能有充足的外币来进行外汇市场操作,美联储与主要国家的中央银行进行谈判,达成了一系列的双边信贷互换安排。② 此外,美国财政部与 1961 年初组建了"黄金总汇",美联储牵头让英国、瑞士和共同市场六国将其黄金储备做抵押以维持 35 美元一盎司黄金的固定比价。

在第一次的美元危机中,美联储协助美国政府顶住了市场给美元贬值造成的压力。当时的美国总统肯尼迪并没有因这次危机而产生美元贬值或放弃固定汇率制的念头,一方面,他对自己的对外政策充满自信;另一方面,美元贬值将对他造成严重的政治创伤。③ 美国政府努力使世界相信美国的国际收支逆差只是暂时的,是由美国在国际安全体系中的霸权地位所导致的(而这种军事战略为欧洲提供了军事保护伞),与美元的可兑换性及国际货币体系的根本稳定性无关。20 世纪 60 年代,支持美元国际货币地位的主力来自欧洲和日本,而他们支持的动机则完全是出于国际政治和国家战略的考虑。④

在 1965 年之前,以财政部部长狄龙和副部长鲁萨为代表的美国政府官员认为,国际收支逆差下的美国清偿能力可以通过扩大美元的作用和通过

---

① 〔美〕佩里·梅林:《新伦巴底街》,夏俊译,上海人民出版社,2011,第四章。
② 〔美〕米尔顿·弗里德曼、安娜·J. 施瓦茨:《美国货币史》,巴曙松等译,北京大学出版社,2009,第 72 页。
③ 〔美〕米尔顿·弗里德曼、安娜·J. 施瓦茨:《美国货币史》,巴曙松等译,北京大学出版社,2009,第 76 页。
④ 欧洲和日本不断为国际收支赤字融资,保卫着美元的国际地位,而美国一方面为它们提供军事保护伞,另一方面也容忍着这些国家和地区对美国出口的歧视和锐意进取的出口扩张战略。这段时期美国的国际经济政策被称为"宽容的忽略"(Benign Neglect)。

信贷安排来提供，布雷顿森林体系可以维持下去。[1] 比如，1960～1968 年，英国借入美元，同时向纽约联邦储备银行归还相应数量的英镑，这种互换的综合处理就在统计上减少了 10 亿美元的赤字。[2] 因此，可以看到，约翰逊总统时期的对外扩张的军事战略较肯尼迪时期有过之而无不及，越南战争的不断升级以及约翰逊政府"伟大社会计划"的扩大使美元充斥了整个全球金融市场。而美联储配合政府所采取的宽松货币政策就这样为 1968 年第二次美元危机的爆发埋下了火种。[3] 随着经济相互依存程度的提高，20 世纪 60 年代美国宽松货币政策所产生的通货膨胀通过资本流动和一体化商品市场上的价格水平变动转嫁给了经济伙伴国。新的"通货膨胀时代"造成日益严重的货币动荡，美元信任危机再起。[4] 1964 年底，法国对美国黄金的挤兑促使美国政府转变了坚守布雷顿森林体系的态度。[5] 美国意识到，即使国际收支可以保持平衡，也无人能保证美国的黄金储备会保持充足，作为世界银行家，美国有必要能够要求其他流动资产以确保国家利益。[6] 财政部和美联储虽然都倾向于保卫美元的国际地位，但并不鼓励创造美元的替代物。美联储尤其反对创设新的国际货币。纽约联邦储备银行支持互换信贷安排，甚至私下建议美国最终能关闭黄金窗口并实行纯粹的美元本位制，同时，他怀疑特别提款权是否能如美元那样对外国央行产生吸引力。[7] 1965 年，尽管财政部和总统办公室开始在内部讨论是否应筹划一个系统地产生美元清偿能力的新途径，美联储对布雷顿森林体系还是持维护态度

---

① 〔美〕约翰·奥德尔：《美国国际货币政策》，李丽军等译，中国金融出版社，1991，第 104 页。

② 〔美〕迈克尔·赫德森：《金融帝国》，嵇飞、林小芳等译，中央编译出版社，2008，第 298 页。

③ 〔美〕罗伯特·吉尔平：《国际关系政治经济学》，杨宇光译，上海人民出版社，2011，第 129 页。

④ 〔美〕罗伯特·吉尔平：《国际关系政治经济学》，杨宇光译，上海人民出版社，2011，第 131 页。

⑤ 在法国运用"黄金杠杆"攻击美元后，美国驻 IMF 的执行董事威廉·戴尔向负责国际事务的财政部助理部长提及了一份备忘录，指出美国最终将不得不关闭黄金窗口。〔美〕约翰·奥德尔：《美国国际货币政策》，李丽军等译，中国金融出版社，1991，118 页。

⑥ 美联储的国际交易和技术性谈判都是由纽约联邦储备银行进行的。〔美〕约翰·奥德尔：《美国国际货币政策》，李丽军等译，中国金融出版社，1991，第 105 页。

⑦ 〔美〕约翰·奥德尔：《美国国际货币政策》，李丽军等译，中国金融出版社，1991，第 107 页。

的，但这种态度可以理解为美联储对美元国际地位的支持，它的出发点和所维护的利益与财政部和总统办公室并无差别。1968 年，黄金恐慌引发了第二次美元危机。联邦储备委员会理事谢尔曼·梅塞尔坚决主张迫使欧洲各国同意美元对外币贬值，否则美国将停止出售黄金。1968 年 3 月 14 日，美联储大量增加双边对外借款，以便进一步为保卫美元融资。[①] 同一天，约翰逊总统批准关闭黄金市场。三天后，黄金总汇的崩溃。此次危机以特别提款权——这一替代黄金的新货币工具——的产生结束。从某种角度来看，特别提款权只是美国在为国际货币体系由黄金本位向美元债务本位转化所设计出的一种过渡性工具，它的创立架空了黄金的本位货币地位。

在二战后到 1971 年美元第一次贬值前，美联储在多数时间都在践行着低利率的货币政策，并通过远期市场私人投资者的货币互换交易维持着市场对美元币值稳定的信心。危机时期，美联储更是通过积极与外国央行进行货币信贷互换来稳定美元汇率，以确保布雷顿森林体系下美元的霸权地位。虽然美元最终没有顶住国际收支逆差的压力，于 1971 年《史密斯协议》签订后开始贬值，但这贬值并不表示美元地位的下降。相反，《史密斯协议》的达成以及随后拒绝重启黄金兑换窗口等强势政策更彰显了美国在制定国际货币秩序中强大的实力，也表明了美元成为纯粹本位货币的条件已然成熟。美联储也终于从维持美元币值稳定的国际责任中脱身出来，而它接下来要面临的任务是在新形成的美元债务本位制下维系与强化美元的国际地位。

（二）市场流动性

金融市场的流动性是市场资金高效配置和定价机制相对完善的前提，也是金融危机时期救市的强心剂。金融市场的高流动性意味着高效的资金变现、低廉的交易成本以及较低的投资风险。各国中央银行的货币政策和日常操作对市场流动性起到了重要的调节作用。那么美联储在调节市场流动性过程中又扮演着怎样特殊的角色，这与维护美元的国际地位又是如何关联在一起的呢？

---

① 〔美〕约翰·奥德尔：《美国国际货币政策》，李丽军等译，中国金融出版社，1991，第 129 页。

1. 美联储提供市场流动性的运作机制

布雷顿森林体系崩溃后，美元本位制替代了黄金本位制，回购协议成为最重要的货币市场工具，为投资者所持有的某些金融资产提供融资。国库券回购市场是连接货币市场和美联储的主要桥梁，美联储通过在货币市场进行国库券的正逆回购操作调节基础货币供给，与美联储在货币市场进行交易的就是"一级交易商"，他们在每日回购竞价上以市场回购利率①从美联储那里获得贷款，再通过国库券双向市场交易获取收益。也就是说，一级交易商在货币市场上向美联储举债以支持其在资本市场的交易商活动，如此，货币市场上的"资本流动性"就转变为资本市场上的"市场流动性"，进而借助套利活动向其他相关市场扩散（如企业之安全市场、住房抵押贷款支持证券市场等）。美联储认为，以美国国库券为担保、以目标银行同业拆借率设置对应的国库券回购利率、只针对一级交易商注入资本流动性的操作模式可以在最大程度上防范危机。短期国库券和较长期债券之间的差价、国债和非政府债券之间的信贷差价是套利交易活跃的根本来源。美联储既可以通过提高银行同业拆借利率而提高交易商造市的融资成本，进而达到一定程度的去杠杆化，也可以通过降低银行同业拆借率降低交易商融资成本，进而降低清算压力。差价的变化通过影响套利交易从而调节金融市场流动性。整个过程可以借助表4-4加以说明。

表4-4假设证券交易商做多长期国库券（记为资产），做空短期国库券（记为负债）。为从利率期限结构套利中获取流动性溢价，交易商需要通过同时对长短期国库券报价，而报价以能获取相称风险收益的证券组合为前提。因此，证券交易商以长期国库券作为回购借款抵押，以短期国库券作为回购贷款抵押。多数证券交易商的回购借款来自其他机构（如货币市场共同基金）的回购贷款，少数来自美联储和银行系统。市场的流动性取决于证券交易商扩大自身资产负债表的能力与意愿，而回购借款抵押品——长期国库券——市场价格的下降会导致证券交易商能获得的回购贷

---

① 国库券回购利率与银行同业拆借利率对应，银行向交易商所提供的贷款利率通常都会比实际联邦基金利率高一些。参见〔美〕佩里·梅林《新伦巴底街》，夏俊译，上海人民出版社，2011，第29、109页。

款减少，这种流动性风险极大地限制了证券交易商提供市场流动性的意愿与能力，进而对资本价格产生重要影响。

表 4－4　美联储在公开市场操作和交易系统中的角色

美联储		银行业务系统		证券交易商	
公开市场操作					
资产	负债	资产	负债	资产	负债
回购	储备金	储备金	存款	存款	回购
交易系统					
短期国库券	储备金	储备金	存款	长期国库券	短期国库券
回购贷款					
		贷款		回购贷款	回购借款
					贷款

资料来源：〔美〕佩里·梅林《新伦巴底街》，夏俊译，上海人民出版社，2011，表8、表9。

美联储对市场流动性的支持体现在：美联储向证券交易商增加回购贷款，证券交易商对银行系统的融资需求减弱，[①] 以刺激证券交易商扩大证券——尤其是长期国库券——目标组合，长期国库券报价提高，从而带动资本市场资产价格上涨。其他经济实体会很快通过直接融资市场察觉到美联储的干预操作，进而货币政策顺利地从货币市场传导至资本市场，不仅影响了长期国库券价格，还影响了公司债券、抵押支持证券，甚至外国证券的价格。

2. 美联储救助金融危机的途径

在常态危机下，资产持有者抛售证券换取现金存入银行，银行负债增加导致银行有扩张资产的需求，交易商此时向银行贷款，以贷款资金接手被抛售的证券，再将这些证券作为回购抵押品抵押给美联储，美联储因此扩大公开市场操作向交易商提供流动性，以此来保持联邦基金利率的稳定，适应银行信贷的膨胀。短期国库券作为美联储与货币市场联结的纽

---

① 美联储设定的回购利率要低于银行贷款利率，因此，交易商从银行系统融资成本相对货币市场要高。

带，是美联储最愿意接受的回购抵押品，因此，交易商也最愿意购买被抛售的短期国库券，即对于资产持有者来说，短期国库券的流动性是最强的。

在异常危机下，资产持有者所抛售的证券可能因为信用等级低或市场认可度不高等原因而无法吸引私人交易商购买。此时，由于私人交易商的不作为，市场流动性陷于停滞瘫痪状态。美联储只能替代私人交易商的角色，直接购入被抛售的证券，同时扩张自身的资产负债表，以准备金的形式增加对银行的负债，进而向市场提供流动性。

常态危机时期与异常危机时期交易商的不同见表4-5。

表 4-5　常态危机时期与异常危机时期交易商的不同

资产持有者		交易商(常态危机)/美联储(异常危机)		银行业务系统	
资产	负债	资产	负债	资产	负债
-证券		+证券	常态危机：+交易商贷款 异常危机：+准备金	常态危机：+交易商贷款 异常危机：+准备金	
+存款					+存款

注：常态危机是指虽然部分证券价格下降，但私人交易商依然能够从与美联储和银行的双向交易中获利；异常危机是指证券价格全面下降，私人交易商无法通过双向报价获取利润，不愿再介入市场。

资料来源：〔美〕佩里·梅林《新伦巴底街——美联储如何成为了最后交易商》，夏俊译，上海人民出版社，2011，表10、表1。

从上述分析可知，由于利率期限结构所产生的流动性溢价存在套利机会，美联储选择了短期国库券作为货币市场操作工具，通过交易商的套利活动将流动性从货币市场传递至资本市场，货币政策所释放出来的利率信号也从短期国库券传递到长期国库券，进而影响资本市场以及相关市场资产价格的走势。在常态危机下，私人交易商负责将被公众抛售的证券转移至美联储，从而将美联储释放的流动性输送给银行部门，以帮助银行部门的资产与增加的公众存款负债相匹配，以防止进一步的银行危机。而在异常危机下，私人交易商因无利可图而退出市场交易，美联储将会通过扩张自身的资产负债表，即亲自从资产持有者手中购入证券并以增加准备金的方式为银行提供资金，以确保市场流动性不会枯竭，防止危机的进一步恶化。

2007 年的次贷危机可以作为诠释美联储应对金融危机的典型案例。在危机大规模爆发后，美国政府借鉴了 20 世纪 90 年代北欧三国（瑞典、挪威和芬兰）对金融危机的成功救助经验，出资 7000 亿美元施行"问题资产解救计划"（TARP）。美联储负责运用这些资金向金融机构收购已失去市场流动性的 MBS 及其衍生品，通过修复金融机构的资产负债表、降低杠杆比率来恢复其基本借贷业务并重新激活交易商双向报价的意愿。对金融机构的债权和债务担保以及对商业票据的购买使美联储的资产负债表急剧膨胀（见图 4-1 和图 4-2）。在救助危机过程中，美联储并不拘泥于传统的政策工具为市场流动性服务，它会根据危机的特性不断创造新工具（见表 4-6）。美联储相信，无论如何，只要能够重启市场流动性，结束危机便指日可待。美联储在金融危机中的积极表现为美国金融市场的安全性提供了最后保证。

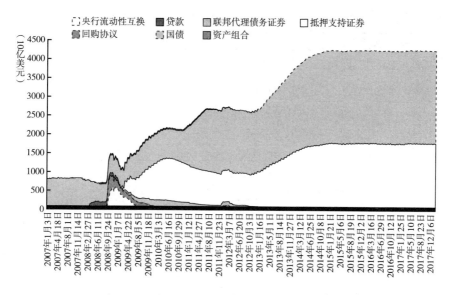

图 4-1　美联储资产负债表资产分项变化（周三水平）

资料来源：Federal Reserve Board H. 4. 1，"Factors Affecting Reserve Balance"，http：//www. federalreserve. gov/releases/h41/。

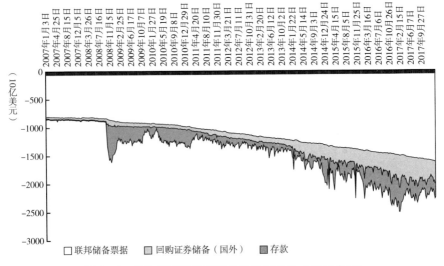

图 4-2 美联储资产负债表负债分项变化（周三水平）

资料来源：Federal Reserve Board H. 4. 1， "Factors Affecting Reserve Balance"，http：//
www. federalreserve. gov/releases/h41/。

表 4-6 次贷危机中美联储传统与创新的危机救助工具

类型	危机救助工具
传统工具	问题资产救助计划（TARP）
	银行国有化
	问题机构担保
	存款担保
	债券担保计划
	禁止卖空
	货币互换
	减税
	国际组织贷款
基于传统工具基础上的创新	公开市场操作
	再贴现窗口
	无限额提供短期融资
创新工具	定期贷款拍卖（TAF）
	短期证券借贷工具（TSLF）
	一级交易商信贷便利（PDCF）
	资产支持商业票据货币市场共同基金流动性工具（AMLF）
	商业票据融资工具（CPFF）
	货币市场投资者融资工具（MMIFF）
	资产抵押证券贷款工具（TALF）

资料来源：朱民《改变未来的金融危机》，中国金融出版社，2009，第 102 页，表 2-9。

3. 美元债务本位与美元回流

进入 21 世纪美联储资产中国债所占比例随着短期证券借贷工具（TSLF）的运作而大幅减少（见图 4 – 3）。美联储的救市资金来自政府债务，而美国国债市场在危机中所承受的压力与挑战因海外对国债的认购而在相当程度上的搭配缓解。但在危机期间，市场动荡和信贷紧缩会增加国外投资者持有现金的倾向，加之此时增发国债是为美国金融机构注资，国债的收益前景很难对投资者形成足够的吸引力，那为什么国外投资者，尤其是国外政府机构和央行还会选择增持美国国债呢？

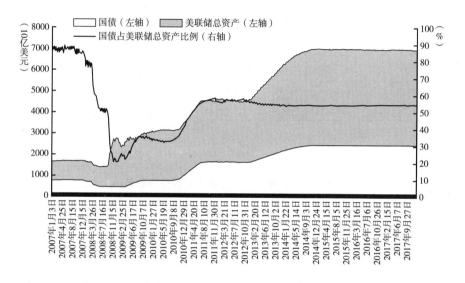

图 4 – 3　美联储持有国债与美联储总资产之比（周三水平）

资料来源：Federal Reserve Board H. 4. 1，"Factors Affecting Reserve Balance"，http：//www.federalreserve.gov/releases/h41/。

从美联储对美元国际地位维护的角度，我们可以从以下几个方面去理解这一问题。

首先，在 20 世纪 70 年代初布雷顿森林体系崩溃前夕，美联储配合美国政府所施行的扩张性货币政策在一定程度上客观地迫使德国等发达国家接受了美元国库券为国际本位货币的地位。20 世纪 60 年代末期美国的通货膨胀传导至世界各地，外国央行本不愿意将盈余美元投资于利率处于下降趋势的美国国库券，但他们没有更好的投资替代品。因为无论是投资股票、公司债券还是金融机构的其他产品，如果支撑这些金融资产的实体企业顶不住美国的通货膨胀而纷纷破产，那外国投资者将血本无归。因此，出于投资安全性和资金流动性的考虑，外国投资者，尤其是外国政府机构与中央银行，将盈余美元转换为了美国国库券。如图4-4所示，在布雷顿森林体系崩溃前夕，外国央行持有美国政府债务的规模与比例都出现了明显的增长。

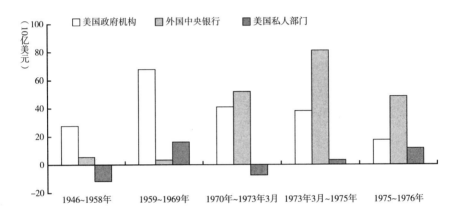

图4-4 1946~1976年美国联邦债务增长

资料来源：〔美〕迈克尔·赫德森《全球分裂》，杨成果、林小芳等译，中央编译出版社，2010，第17页，表2-1。

其次，对于汇率钉住美元的国家来说，支持美联储的货币政策可能会给本国产出带来正的溢出效应。布雷顿森林体系崩溃后，浮动汇率制度取代了固定汇率制度成为国际货币体系的基本制度安排。虽然如此，很多国家依然采取钉住美元的固定汇率或有管理的浮动汇率制度，美元充当着新国际货币体系的定海神针。在资本可流动的条件下，美国的货币政策会对这些国家产生正向溢出效应，对美联储货币政策的支持也因此成为一种双赢的选择。布雷顿森林体系结束后，美国财政部所发行的国库券便不再是单纯的政府债务，更多的是提供国际本位货币——美元的政府本票。无论美国的货币政策目标是联邦基金利率还是货币供应量，其货币政策的载体工具都是国库券。因此，外国政府和央行在金融危机期间对美国国库券的认购，一方面是在保护本国的经济利益不受危机的损害，另一方面也是对美联储重启市场流动性、平息金融危机能力的信任。

最后，国际资金的回流对维持美元债务本位至关重要，而国际资金对美国金融市场的青睐离不开美联储对市场流动性的支持。储蓄盈余国家和外国投资者选择美国金融市场进行投资，更多的是看重其金融市场对资金高效的配置能力和风险分散能力，而这些都需要以市场高流动性为基础。如前文所述，保障高市场流动性是美联储日常操作与危机救助的基本准则之一。国际私人资本的回流主要补充了美国资本市场的流动性，而外国政府和央行对美国债务的购买主要补充了货币市场的流动性。在美联储所主导的货币政策框架下，市场化机制使资金物尽其用，即便各类投资者的投资收益可能失衡，但美国金融市场尽力维持着国际和国内参与者间的利益平衡。

三 美联储对美元霸权地位的利用与
美国对外负债调整

在布雷顿森林体系稳定运行期间，美元汇率基本是固定的，因此，美国的货币政策立足于国内经济，而政策制定中所遇到的问题均会被视为由财政部和美联储联合负责的技术性问题，很少受到来自国内产业集团利益诉求的压力，也极少受到来自国会的干预。自20世纪60年代后期开始，美元与黄金的兑换比率不再稳定，首先感到国际竞争压力的是美国贸易部门，美元的利率与汇率问题不再是单纯的技术性问题，更多的涉及国内政治利益与国际经济协调问题，贸易集团开始推动美国国会在对外经济政策上立法并督促财政部进行外汇市场操作。① 随后，布雷顿森林体系崩溃，浮动汇率制主导了新的国际货币体系，美元不仅是结算货币，而且是唯一的国际本位货币。由于不再受黄金兑换的束缚，且国际资本流动自由化程

---

① 1971年6月，国际汇率和支付国会小组委员会（Congressional Subcommittee on International Exchange and Payments）向国会建议美元浮动。8月6日，该小组委员会在一份报告中要求美元贬值，否则就停止黄金的国际兑换。详见 Joanne Gowa, *Closing the Gold Window: Domestic Politics and the End of Bretton Woods* (Ithaca: Cornell University Press, 1983), pp. 133 – 134, p. 149。

度提高，美元汇率变动的人为可操作性逐渐增强，在国际分工和比较优势短期内不易改变的情况下，汇率问题自然成为调节国际收支的争议焦点。国际收支失衡既包括贸易层面也包括金融层面，无论借用汇率调整哪一层面的失衡，都会带来美国对外负债的变化。本节就将考察美联储在这一过程中如何与行政部门进行协调与配合，通过调整美元汇率来应对国际收支失衡，这些应对措施又给美国对外负债造成了怎样影响，美国政府对此类影响的态度又是如何。

（一）美元汇率与对外负债的贸易渠道调整

根据传统的开放宏观经济学理论，一国的对外净负债应与经常账户余额大致持平，也就是说对外净负债的规模变化主要是贸易账户调整的结果。由于国际贸易会产生大量货币兑换需求，而主要国家的生产能力和贸易关系在短期内又不易改变，因此，以弗里德曼为代表的芝加哥学派认为，市场的外汇供求决定汇率的上升和下降，美元汇率是贸易的函数，货币市场将随着贸易市场的变化而自动实现平衡。在金融自由化进程还未开始或处于萌芽期时，这一理论确实具有一定的实用价值。

1. 国内货币政策的转变与美元升值

20世纪70年代，布雷顿森林体系崩溃以及两次石油危机期间，美元分别在1971年、1973年、1977～1978年贬值了三次。为缓解美国贸易赤字和对外负债的压力，美元的对外贬值和对内通胀近乎同时被财政部、美联储和白宫预算管理办公室三大部门所默许。1971～1972年，在美元对世界主要货币贬值7.5%的情况下，1972年美国贸易盈余仍下降了53.9%，在1977～1978年石油危机前，美国勉强维持着贸易账户的盈余状态。① 1970～1974年，美元兑德国马克贬值52%，德国央行中的美元存款随之蒸发了1/3的价值，其中美国国内的通货膨胀吞噬了美元34%的本国购买力。②

1979年，新一届美联储主席保罗·沃尔克走马上任，拉开了美国反通胀的序幕。20世纪70年代的通货膨胀和美元的几番贬值虽然在一定程度

---

① 贸易与金融账户数据来自美国经济分析局（BEA），美元走势与短期国库券利率数据来自美联储圣路易斯分行（http：//research. stlouisfed. org/fred2/）。

② 〔美〕迈克尔·赫德森：《全球分裂》，杨成果等译，中央编译出版社，2010，第19页。

上缓解了国际收支赤字压力，但也使美元的国际地位遭受巨大争议。沃尔克上台后立即推行从紧的货币政策。遏制通货膨胀的效果可谓立竿见影，1980～1982 年，通货膨胀率从 13% 骤降至 4%，这一数字一直保持到 20 世纪 80 年代末。[①] 在此期间，美国财政部奉行弗里德曼的货币主义思想，对汇率合作和货币协调采取冷漠忽视政策，在外汇市场上不进行任何实质性外汇干预操作，美元汇率在美联储国内紧缩货币政策的引导下开始全面上升（见图 4－5）。截至 1984 年底，美元对英镑、法国法郎和德国马克升值近一倍，对日元升值 40% 左右。根据 IMF 编制的多边汇率模型（Multilateral Exchange Rate Model，MERM）指数，美元在 1980 年到 1985 年 2 月升值了 67%，而美联储自行测算的同期升值幅度更是高达 88.2%。[②]

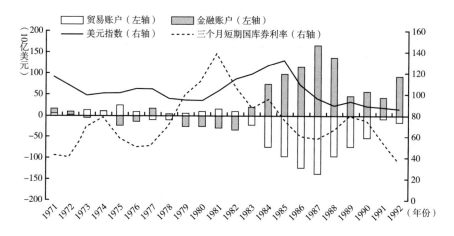

图 4－5 美国国际收支账户、美元走势与短期国库券利率

　　注：美元指数为主要货币贸易加权的美元指数，1973 = 100；短期国库券利率为二级市场 3 个月期国库券利率，为方便对比，图中将短期国库券利率放大了 1000 倍，因此右轴没有标注% 的单位。

　　资料来源：贸易与金融账户数据来自美国经济分析局（BEA），美元走势与短期国库券利率数据来自美联储圣路易斯分行（http：//research. stlouisfed. org/fred2/）。

①　〔美〕马丁·费尔德斯坦主编《20 世纪 80 年代美国经济政策》，王健等译，经济科学出版社，2000，第 306 页。

②　I. M. Destler & C. Randall Henning, *Dollar Politics*：*Exchange Rate Policymaking in the United States*（Washington，D. C.：Institute for International Economics，1989），pp. 22－25. 转引自李巍《制度变迁与美国国际经济政策》，上海人民出版社，2010，第 218 页。

美元的持续升值使美国出口商的贸易竞争力迅速下降，1983 年，美国贸易收支由正转负，贸易赤字自此便再未消失。1984 年，美国贸易赤字高达 1125 亿美元，首次突破千亿美元大关。这一数字在当时是任何国家从未有过的天文数字。[①] 美国贸易出口商的利益因美元升值而严重受损，国会中的贸易保护主义势力抬头，指责强势美元政策是导致贸易赤字的根本来源。加之布雷顿森林体系瓦解后，美国政府无法再借助国际制度抵制来自国内利益集团的压力，自 1984 年起，美国的货币政策和汇率政策便开始频繁受到国会的干预，而国会的背后，是社会各利益集团的政策立场（见表 4 - 7）。[②] 这些产业集团的游说以及他们给予国会的压力催生了著名的"广场协定"和"卢浮宫协定"。

表 4 - 7　20 世纪 80 年代中期社会各利益集团的汇率政策立场

不同的社会利益集团	政策偏好	在政策决策中的地位
制造业主	反对坚挺美元	游说改变政策的主力军
农民	反对坚挺美元	尚未走到前台，更关心农业立法
产业工人	反对坚挺美元	较少关心汇率问题，偏好产业政策
消费者	支持坚挺美元	保持沉默
与进口业务相关的企业	支持坚挺美元	保持沉默
金融集团	反对政府干预汇率制度；要求政府施压打开其他国家的金融市场	1985 年后，相对积极的游说，抵制产业界的游说

资料来源：I. M. Destler & C. Randall Henning, *Dollar Politics*: *Exchange Rate Policymaking in the United States*（Washington D. C.：Institute for International Economics, 1989）, pp. 122 - 124, pp. 131 - 136。转引自李巍《制度变迁与美国国际经济政策》，上海人民出版社，2010，第 218 页。

2. "广场协定" 与 "卢浮宫协定"

20 世纪 80 年代初期，持续的财政赤字和大幅增长的贸易逆差使主导美国国际货币政策的财政部对外汇市场的态度由放任自由转向积极干预。这一转变的标志性事件便是 "广场协定"。

---

① Arthur F. Burns, "The American Trade Deficit", *Foreign Affairs*, 1984, 62（5）: 1068.
② 〔美〕马丁·费尔德斯坦主编《20 世纪 80 年代美国经济政策》，王健等译，经济科学出版社，2000，第 300 页。

1985 年，罗纳德·里根开始了他总统的第二届任期，新一任财政部长詹姆斯·贝克（James A. Baker Ⅲ）也走马上任。美国财政部对国际金融和货币市场放任自由的态度也随着唐纳德·里甘和斯普林克尔的卸任而终结。① 鉴于当时美国的经济决策制度框架，贝克只能选择汇率政策来帮助政府缩减贸易赤字，这意味着美国的国际货币政策将从单边主义走向多边协调。② 然而，在与他国进行汇率协调前，财政部必须要争取到美联储国内货币政策的配合。时任美联储主席的保罗·沃尔克始终是对"贬值对国家有益"这一官方教条持否定鄙夷的态度。但 1985 年，美国的经济增长速度不断放慢，日本和欧洲经济也十分疲软，且美国的通货膨胀率也得到了有效的遏制，沃尔克认为此时没有任何实施紧缩性货币政策的需求与必要。因此，美联储为财政部的广场协定大开"绿灯"。然而，沃尔克依然担心故意使货币贬值将降低公众对政府反通胀的信心，给国家带来通胀困扰。为此，美联储在如何执行外汇干预政策以及美元贬值在什么区间较为合理等问题上与财政部进行了大量的争论，最后，财政部接受了美联储的大部分观点。③

1985 年 9 月 22 日，美国财政部长贝克与日本、联邦德国、法国和英国四个主要发达国家的财政部部长及央行行长在纽约广场饭店达成了联合干预外汇市场的协定——"广场协定"（Plaza Accord）。五国财长公开声明："通过政策干预外汇市场来降低美元兑其他货币的汇率，尤其是美元兑日元的汇率。"④ 在"广场协定"签订后的数周时间里，五国协调一致联合干预外汇市场，从 1985 年 9 月 23 日到 12 月 7 日，美国财政部共抛售30.8 亿美元。各国政府大规模抛售美元的行为进一步带动了市场投资者对美元的抛售，美元汇率大幅下挫。与此同时，日元开始迅速升值，半年内

---

① 唐纳德·里甘为里根总统第一届任期的财政部长，斯普林克尔为里甘的搭档，任财政部负责国际事务的副部长。两个人都是弗里德曼货币主义思想的追随者。
② 虽然贝克时任财政部长，但美国国内的财政政策和货币政策均不在他的控制下。财政政策控制在日益强大的国会手中，而货币政策的控制权在制度上独立的美联储手中。
③ 〔美〕马丁·费尔德斯坦主编《20 世纪 80 年代美国经济政策》，王健等译，经济科学出版社，2000，第 126 页。
④ 对于"广场协定"的详细描述参见〔美〕约翰·奥德尔《世界经济谈判》，孙英春译，世界知识出版社，2003，第 85～88 页。

总计升值25%，1986年2月19日，日元兑美元汇率突破180大关。[①]

值得注意的是，由于美国的本土产品与主要贸易国的产品具有巨大的结构性差异，美元的贬值并没有扭转美国贸易赤字，虽然美国出口厂商的出口额有所增长，但进口额的增长幅度明显高于出口，因此，贸易收支赤字反而增长得更为迅速。实际上，汇率政策的调整只是美国财政部此次的国际货币政策转变的开端而非最终目的。财政部长贝克虽然通过"广场协定"安抚了已在国会中全面爆发的贸易保护主义的势力，但从后来他的一系列类似"贝克货币计划"的主张来看，[②] 他的最终目的并非削减贸易赤字，而是在于推动国际政策协调向更遵循美国制定的国际经济规则方向发展，迫使贸易伙伴国降低利率，形成美元从贸易盈余国向贸易赤字国美国回流，因为资金总是流入利率相对较高的市场。在"广场协定"后，美国官员在媒体上的反复声明向市场传达这样一种信息：美国想让美元进一步贬值。即使德国和日本开始进行外汇市场操作以抵制本国货币的进一步升值，美国依然没有参与到外汇市场以支持美元，同时，美联储主席沃尔克也引证了维持汇率当前水平的观点，没有明显反对贝克的意见。[③] 为配合美国财政部的国际货币政策，美联储于1986年初开始对国内金融市场进行干预，连续四次下调贴现率。[④] 在这种情况下，日本和德国只能将利率降到比美国更低的水平才能阻止本国货币不再对美元升值。在经历了一段时期的本币升值后，联邦德国和日本逐渐感受到了升值给本国贸易和货币政策带来的压力，它们对美元稳定开始表现出强烈要求。而在此期间，美国的货币外交表现出了相当强的进攻性，在美元贬值尚未压迫日本做出满意

---

① C. Randall Henning, *Currencies and Politics in the United States*, *Germany*, *and Japan* (Washington D. C. : Institute for International Economics, 1994), pp. 281 –282, pp. 145 –147.

② 1986年3月，在东京的发达国家首脑峰会上，美国就劝说其他国家采用"目标指示器"的国际政策协调体系，这一目标指示器体系包括GNP增长率、利率、通货膨胀率、失业率、财政赤字与GNP比率、经常项目与贸易平衡、货币增长率、外汇储备和汇率。只要各国实际经济指标偏离了目标指标时，它们就要尽最大努力采取措施予以修正，以达到目标指标。这相当于在筹建一个以美国经济政策为中心的国际政策协调体系。〔美〕马丁·费尔德斯坦主编《20世纪80年代美国经济政策》，王健等译，经济科学出版社，2000，第265~266页。

③ 〔美〕马丁·费尔德斯坦主编《20世纪80年代美国经济政策》，王健等译，经济科学出版社，2000，第266页。

④ 陈宝森：《美国经济与政府政策》，世界知识出版社，1988，第930页。

让步之前，以及在美元贬值尚未使国内通货膨胀成为现实危险之前，美国并不急于对国际上稳定美元汇率的倡议予以理会。[①]

1987年，美元终于贬值到与1980年水平持平。是年2月21～22日，七国集团财政部长在巴黎卢浮宫召开会议，会议主要就稳定国际货币体系问题进行了讨论，美国在会议上主动提议反对美元进一步贬值。此次会议最重要的成果便是建立了G7国家货币浮动的参考范围——在现行汇率水平基础上浮动5%。该项协议史称"卢浮宫协定"。此外，"卢浮宫协定"后，美元币值开始上升，币值的上升主要来自三方面共同作用的结果：一是美国财政部长贝克不再谈论美元贬值问题；二是财政部在外汇市场操作中购入美元；三是美联储结束了三年的宽松货币政策，开始逐月提高利率（国会也同时对美联储提议抑制通货膨胀）。[②] 作为回报，日本同意扩大国内需求，而德国和其他国家同意减税。

其实，美国对"卢浮宫协定"的积极态度是美国对国内金融业者利益诉求的一种回应。"广场协定"后，美元贬值会导致资本外流和国内通货膨胀，这意味着财富将由货币拥有者转向实物拥有者。美国以资本市场为导向的金融体系使金融业与产业界的利益相对独立，因此二者对美元汇率走势偏好是截然相反的。美国金融业与产业界的利益冲突恰恰是美联储与财政部政治立场冲突的来源。财政部作为一个在国会面前的弱势行政部门，所制定的政策更倾向于迎合短期的贸易保护主义者利益；而独立性较强的美联储更倾向于站在金融业者的角度进行货币决策，强势的美元对于金融业者来说无疑是一种无形的战略资产。因此，在美联储配合财政部将美元贬值幅度达到迫使德国和日本在国内经济政策上做出让步后，财政部又配合美联储的国内紧缩货币政策进行外汇市场操作，中止了美元的进一步贬值。

在沃尔克担任美联储主席的8年时间里，美元汇率政策经历了三次调整，由升值到贬值再到停止贬值。在"强势美元"期间，即1981～1985年，外国政府对美投资从1804亿美元增长到2023亿美元，私人对美投资

① 陈宝森：《美国经济与政府政策》，世界知识出版社，1988，第931页。
② 〔美〕马丁·费尔德斯坦主编《20世纪80年代美国经济政策》，王健等译，经济科学出版社，2000，第266～267页。

从 3986 亿美元猛增至 8575 亿美元，其中，直接投资增长了 743 亿美元，股票与公司债券投资增长 1324 亿美元，国库券投资增长了 653 亿美元。"强势美元"政策直接导致了美国由债权国向债务国地位转变。1985 年，美国以净负债 1073 亿美元在二战后 40 年再次成为债务国（债权方主要是西欧与日本，见表 4-8）。也是在这一年，"广场协定"达成，由贸易产业集团极力促成的美元贬值政策拉开序幕，并带来了大量收购与并购资金涌入美国。贬值的停止以德、日等国扩张本国经济为交换条件，带给美国的是未来主要发达国家的产出与需求的增加。当贬值停止、美国国内利率开始提高时，曾经涌入美国的收购与并购资金开始撤离，留给美国的是在此期间因汇率风险产生的汇差资金。

表 4-8　1985 年美国与主要地区和国家间的债权债务关系

单位：亿美元

地区（国家）	美国海外资产	外国在美国资产	美国净债权
西欧	3166	5150	-1984
日本	563	1018	-455
加拿大	1187	657	530
拉丁美洲	2661	2121	540
其他国家	1948	1652	296
总计	9525	10598	-1073

资料来源：宿景祥《美国经济中的外国投资》，时事出版社，1995，第 40 页，表 1-7。

（二）美元汇率与对外负债的金融渠道调整

自"卢浮宫协定"到 1995 年"强势美元"政策出台前，美元一直延续着稳中趋贬的走势，与此同时，金融自由化改革正沿着发达国家放松金融管制和发展中国家摆脱金融抑制两条路线如火如荼地在全球范围内推进。1995~2001 年，克林顿政府的两任财政部长罗伯特·鲁宾和劳伦斯·萨默斯联袂缔造了里根政府之后的第二个"强势美元"时期。"强势美元"政策与格林斯潘的宽松货币政策不仅带领美国走出 29 年的财政赤字，还使美国金融服务业在政策的倾斜下得以称霸全球，美国经济进入良性循环状态，为日后布什和奥巴马政府时期的美国式债务经济打下了坚实的基础。美国国际收支账户、美元走势与短期国库券利率见图 4 - 6。

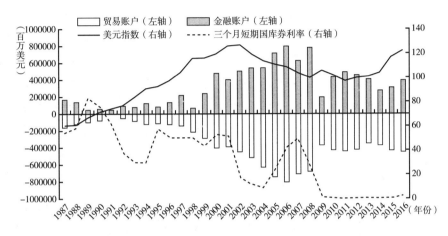

图 4 - 6　美国国际收支账户、美元走势与短期国库券利率

注：美元指数为主要货币贸易加权的美元指数，1973 年 = 100；短期国库券利率为二级市场 3 个月期国库券利率，为方便对比，图中将短期国库券利率放大了 1000 倍，因此右轴没有标注%的单位。

资料来源：贸易与金融账户数据来自美国经济分析局 （BEA），美元走势与短期国库券利率数据来自美联储圣路易斯分行 （http：//research. stlouisfed. org/fred2/）。

1. 金融自由化与 "强势美元" 政策

自由主义深深地扎根于美国的国民理念之中，自然，美国的经济政策在多数时期也奉行着自由主义的主张，所谓 "市场应该尽可能地自由，以此判断市场一直是正确的"。然而，美国在向世界推广经济自由主义时也是带有浓厚的现实主义色彩的。二战后，美国以其雄厚的技术优势和资本力量倡导国际贸易自由化，为保证美国产品出口市场提供便利，强化其在贸易方面的比较优势。在布雷顿森林体系崩溃后，美元成为了没有外在束缚的霸权货币，由此，在新自由主义经济的思想和理论体系下，金融自由化在20 世纪70 ~ 80 年代向发达与发展中国家全面推进。金融自由化主张在金融领域内全面解除管制，通过资本在全球金融市场间的自由流动实现利益创造与利益分配。由于美元集储备货币、结算货币和本位货币于一身，因此，在金融自由化中，美国在利益创造和分配中占据着天然的优势，也自然成为金融自由化最主要的引领者。在牙买加体系初期，美国先是联合西欧掀起了一波资本自由流动的浪潮，随后在里根和布什政府时期又向日本和拉美国家推行金融自由化。"华盛顿共识"便是对这一时期一系列自由化改革政策的浓缩。

在美国的推动下，基于对外界压力和自身经济发展的需要，20 世纪 90 年代初，拉美、东欧以及东南亚等地区的发展中国家进一步加快了金融自由化改革①的脚步。随着利率自由化、汇率自由化、资本账户兑换自由化以及金融机构准入自由化等改革措施的完成，流向新兴市场国家的证券投资资本开始呈现爆炸式增长，为发展中国家脆弱的金融市场注入活力的同时也埋下了风险隐患，20 世纪 90 年代在拉丁美洲和东南亚相继爆发的金融危机就是最好的证明。各国金融市场的开放打通了国际金融业务的套利套汇渠道，各种货币间的套利套汇促进了各国国内市场与国际金融市场的融合。②而美国在此期间不仅通过低成本的资本输入和高收益的资本输出赚取了丰厚的利润，还提升了世界对美国具有比较优势的金融服务业的需求，增加了部分发展中国家对以美国为代表的发达国家的依赖性。

克林顿政府不仅延续了前任政府在国际经济政策上所倡导的新自由主义思想，还将经济战略作为国际政策的中心。在克林顿政府时期，私人资本被视为美国经济增长发动机最为关键的国际经济战略，这届政府比历任民主党政府都要笃信私人部门在国际市场中的力量，同时，也清楚地意识到推动更具经济增长潜力的新兴市场发展来支持美国的经济增长也至关重要。为践行这一战略，美国的经济政策重心需从制造业转向金融服务业，

---

① 这一时期金融自由化改革措施的对内措施包括：外国对本国直接投资自由化、外国进入国内股票市场和不动产市场自由化、国内企业向国外借贷自由化、外国购买国内短期债务自由化、准许外国金融机构进入和经营。对外自由化措施包括：解除国民对外直接投资或证券投资管制、解除外国资本回流本国的限制、解除对包括利润和红利等无形支付的限制、解除在本国持有外币账户的限制、准许国内金融机构在境外设立分支结构和经营网络。引自 International Monetary Fund, "Developments in International Exchange and Payments Systems", Washington, D. C. : International Monetary Fund, 1992, pp. 29 – 31。

② 湛柏明：《经济全球化与美国新经济的关系》，武汉大学出版社，2003，第 229 ~ 230 页。

通过充当全球金融中介使国际资本的配置符合美国的国际经济战略。正如 IMF 在 1997 年的报告中所表示的那样："美国起着全球金融中介的作用。美国通过提供相对安全且高流动性的金融资产（美国国债、优良的企业债券）和高收益率来吸引国际资本，并通过国际金融市场将这些资本投资于低流动性但高收益率的海外金融产品。"[1]

维持强势美元预期是克林顿政府实施该项经济战略的关键。美元的升值预期不仅有助于提高美元的国际储备货币地位，而且能够吸引国际资金大量涌入美国股市。与此同时，强势美元有助于减缓美国国内的通胀压力，加之克林顿政府致力于政府赤字的削减，美联储有充分的空间将利率维持在较低水平（见图 4-7）。宽松的货币政策支持了投资推动型经济的复苏，从而结束了长达 40 年之久的生产率下降。这也可以用来解释为何克林顿政府在整个任期内对贸易赤字都采取善意忽视态度。因为，如果赤字反映了高水平的生产性投资而非完全是低储蓄水平，那么与贸易赤字相对应的外资流入会支持生产率的快速提高和经济的快速发展，也就是所谓的劳森原理（Lawson Doctrine）。[2] 此外，国外与美国所形成的利差一方面将长期投资资本引入了国内，另一方面将国内短期风险资本引向了以新兴市场国家为代表的高利率金融市场，从而确定了美国积聚周转全球资金的国际金融中介地位。

由于克林顿政府对美联储的独立性给予了极大的尊重，格林斯潘领导下的美联储对利率的调节更为积极主动。由于美联储的决策思维与华尔街金融产业高度吻合，克林顿政府时期的利率调整不但戏剧性地证明了尊重央行独立性对追求价格稳定和高水平就业方面的正确性，还圆满地完成了引导美国比较优势由制造业向金融业转化的任务。

2. "弱势美元"政策与对外债务削减

克林顿政府时期的"强势美元"政策虽然进一步强化了美国的金融霸

---

[1] 〔日〕岩本沙弓：《别上美元的当》，崔进伟、承方译，广东经济出版社，2011，第 148 页。

[2] 劳森原理由昔日的英国财政大臣奈杰尔·劳森（Nigel Lawson）提出，即如果经常项目赤字反映了投资的吸引力，那么它就不成问题。参见〔美〕杰弗里·法兰克尔、彼得·奥萨格主编《美国 90 年代的经济政策》，徐卫宇等译，中信出版社，2004，第 184 页、第 148 页。

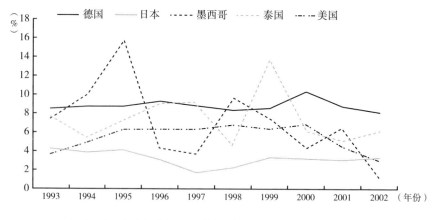

图 4 - 7 "强势美元"政策前后及期间各国实际利率走势

资料来源：世界银行数据库（WDI）。

权地位，但也令美国出口部门的国际竞争力受到巨大冲击。1993 年美国商品与服务进口总额占 GDP 的 12.36%，而到 2000 年克林顿总统任期结束前夕，这一数字已经上升至 17.92%（见图 4 - 8）。贸易赤字问题的凸显使美国政府无法再对其选择漠视态度，而美国国内智库也表示美国对外经济政策中最重要的便是降低规模庞大且仍在迅速增长的经常项目逆差和国际债务。①

2001 年小布什政府上台，克林顿政府时期的"强势美元"政策立场开始动摇。与克林顿政府时期不同，小布什政府的前两任财政部长均出身于美国制造业，他们的政策自然倾向于制造业者的利益。② 因此，2002 ~ 2007 年，美元名义汇率对主要国家货币全面下挫，如表 4 - 9 所示，美元相对澳元、加元和欧元的名义汇率均贬值 30% 以上，虽然由于中日两国政

① 〔美〕弗雷德·伯格斯坦主编《美国与世界经济》，朱民等译，经济科学出版社，2005，第 23 页。

② 克林顿政府时期第一任财政部长鲁宾出身于华尔街，曾担任高盛集团董事长；第二任财政部长萨默斯在入驻财政部之前是经济领域的著名学者，师从前任部长鲁宾。保罗·奥尼尔曾任美国匹兹堡美国铝业公司行政总监和董事会主席长达十余年的时间；而约翰·斯诺曾供职于美国交通部，后长期担任美国铁路巨头切西公司的总裁与 CEO，且兼任由全美 250 家大型企业总裁组成的企业圆桌会议的主席。参见李巍《制度变迁与美国国际经济政策》，上海人民出版社，2010，第 275 页。

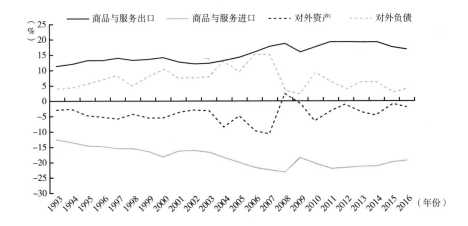

图 4 - 8　1993 ~ 2016 年美国国际收支项目占 GDP 比例变化情况

资料来源：美国经济分析局网站（http：//www. bea. gov/）。

府对外汇市场进行积极干预使得日元和人民币对美元的升值幅度较小，但这两个美国贸易赤字主要来源国的货币升值幅度仍然超过了5%。理论上，"弱势美元"政策有助于缩减美国的贸易赤字，但小布什政府期间的美元贬值基本没有改变美国贸易赤字逐年攀升的趋势（人民币和日元的实际有效汇率的下降也许能部分地解释这一问题）。

表 4 - 9　2002 ~ 2007 年的"弱势美元"与主要货币实际有效汇率变化

货币	名义汇率		美元贬值幅度	实际有效汇率		本币贬值幅度
	2002 年	2007 年	2002 ~ 2007 年	2002 年	2007 年	2002 ~ 2007 年
澳元	1. 841	1. 195	35. 1%	80. 739	111. 858	- 38. 5%
加元	1. 569	1. 074	31. 5%	80. 172	109. 189	- 36. 2%
人民币	8. 277	7. 608	8. 1%	101. 498	97. 008	4. 4%
欧元	1. 058	0. 730	31. 0%	95. 290	100. 990	- 6. 0%
日元	125. 389	117. 755	6. 1%	104. 624	83. 211	20. 5%
英镑	0. 667	0. 500	25. 0%	97. 356	105. 163	- 8. 0%
美元	—	—	—	113. 616	94. 736	16. 6%

注：名义汇率的贬值幅度为直接标价法下本币兑美元的币值变化；"贬值幅度"，正数表示贬值，负数表示升值。

资料来源：根据 EIU 数据库相关数据整理所得。

这段时期的美元贬值虽没有在削减贸易逆差方面有突出表现，但确实蒸发掉了相当一部分美国的对外负债。根据美国经济分析局所提供的数据显示，2002~2007 年，因汇率调整而减少的美国对外净负债共计 1.07 万亿美元，2007 年底，经估值效应调整①后的美国对外净负债为 1.80 万亿美元。如果这段时间不采取"弱势美元"政策，那么 2007 年底美国的对外净负债规模可近乎翻倍。②

小布什政府期间，美联储的国内货币政策又是怎样配合"弱势美元"政策的呢？因担心 2000~2001 年的网络泡沫破灭所带来的经济衰退，美联储将短期利率从 2001 年 1 月的 6.5% 降到了 2003 年 7 月的 1.0%。美联储宽松的货币政策本是关注于可能产生的通货紧缩和失业率增长，但它的副产品——低息抵押贷款——也直接推动了 2004~2005 年房地产市场的繁荣。此外，美联储的低利率政策刺激了国内需求，而中国和日本等国对本币升值的抵制抑制了美国制造业的发展，美国宽松货币政策在提高就业率方面应产生的效果更多的传递给了中国和日本等积极干预外汇市场的贸易伙伴国。2004 年 6 月，美国就业率呈现上升势头，美联储也终于开始调高短期利率。③ 但美联储每次只将短期利率提高 0.25 个基点，这等同于向外界传达这样一种信息：利率将在继续走低一段时间后才会缓慢上升。这一策略致使政府长期债券的风险溢价下降，从而导致长期利率下降并可以长期维持在较低水平，债券等资产价格持续上升。此外，较低的风险溢价还增强了投资者对风险资产或长期资产增值的预期，提高了投资者对风险的容忍度。

因此，美国的资本开始大量流出美国，流向其他国家，特别是发展中国家的高收益债券、股票和政府债券市场寻求投资收益。美元的流入可能

---

① 估值效应调整包括价格调整、汇率调整以及其他调整（保证金变化、对外直接投资附属机构的资本利得和损失、其他资产和负债的价值调整）。
② 关于各学者关于汇率调整对美国对外负债规模影响问题的讨论，详见李晓、周学智《美国对外负债的可持续性：外部调整理论扩展》，《世界经济》2012 年第 12 期，第 130~155 页。
③ 按照泰勒规则，美联储早在 2002 年年初便应该调高短期利率，但产出增长并不是美联储的货币政策目标，在就业率未呈现上升趋势前，美联储不会调转降低短期利率的货币政策。引自〔美〕拉古拉迈·拉詹《断层线》，刘念、蒋宗强、孙倩译，中信出版社，2011，第 135 页。

推高流入国货币币值进而导致该国出口部门竞争力下降，这极大地触动了
出口导向型发展中国家脆弱的神经。发展中国家的应对措施是通过外汇市
场干预压低本币汇率，将国内私人实体赚取的美元重新投资于美国长期政
府债券与机构债券。而工业国家对于流入美元的处理往往由私人实体完
成。例如德国银行和日本保险公司会利用客户的美元存款购买看似安全的
美国抵押债券以期获取更高的收益。

在"弱势美元"期间，美国资本原本就有流出美国的动力，加之美
联储的国内低利率政策，美国国内资金纷纷流向全球投资风险资产；而
美联储在提高短期利率行动上的延迟和转变宽松货币政策时缓慢的步调，
又吸引着国外资金流入风险溢价较低的美国债券市场。"弱势美元"时
期，美元的国际霸权地位非但没有从根本上产生动摇，反而通过美国的
国际和国内货币政策的配合得以加强，美元债务循环被推升至前所未有
的规模（如图4－9），美元的影响力也全面渗透至全球的实体产业与金
融部门。

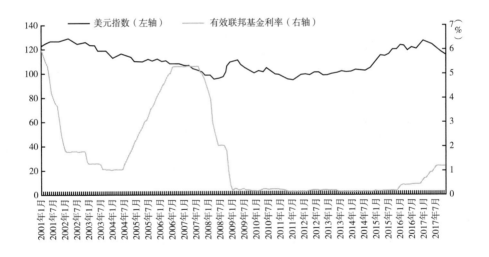

图 4 - 9　2001 ~ 2017 年美国国内利率与美元指数走势

注：美元指数以 1973 年 3 月为基期的主要货币贸易加权美元指数（Trade Weighted
U. S. Dollar Index: Major Currencies, Index March 1973 = 100）。

资料来源：美联储圣路易斯分局网站（http://research. stlouisfed. org/fred2/）。

四　小结

作为美国国内货币政策制定和执行的公共权力机构，美联储的政策目标是维持金融稳定、控制通货膨胀和保证国内就业率。但与此同时，由于对以私人主导的美国金融业利益的维护和对美国国际经济战略的配合，美联储在确立和维系美元国际霸权地位的问题上也付出了不懈的努力。

首先，一战与战后重建时期，美元国际货币地位的提升与美联储配合美国政府所施行的金融扩张主义密不可分。成立之初的美联储积极向市场推广以美元计价的贸易承兑汇票，在英镑国际霸权货币地位动摇时期极大地提高了美元在国际市场中的交易份额。在一战期间，美联储配合财政部在国内外同时推行扩张的货币政策，以支持美国私人金融业者的国际信贷活动，并以政府间的战争贷款为契机，将美国财政债券作为金融体系的流动性之源。美元的国际影响力通过私人借贷和政府间战债向全球主要国家的实体部门和金融体系扩张。1929～1933 年的"大萧条"期间，美联储的货币政策立足本国利益，倚仗美国当时世界经济增长的原动力地位，进一步促进了金本位的崩溃和美元替代英镑成为国际霸权货币条件的成熟。

其次，美联储日常的市场操作也间接地维系着美元国际霸权货币地位。在布雷顿森林体系时期，国际间的资本流动受到严格限制，私人和政府往往通过货币互换绕开资本管制获取所需资金。美联储需要践行低利率政策来维持人们对美元升值幅度会超过其他货币的预期，以此通过国际货币互换市场所形成的金融网络，使美元向世界各国更深入地渗透、更持久地在海外留存沉积。在布雷顿森林体系崩溃后，美元不再受黄金的束缚，美联储提供市场流动性的自由度大为提高。金融市场的高流动性意味着高效的资金变现、低廉的交易成本以及较低的投资风险。美联储通过扮演最后贷款人和最后交易商，确保着金融市场在特殊情况下依然具有充足的流动性，从而锁定了美国金融市场的投资风险，为债务美元顺利循环回美国境内保驾护航。

最后，美联储联合美国财政部，借助美元已形成的国际霸权货币地位，通过调整美元汇率调控国际收支，进而强化与维系债务美元循环。由于美元汇率调整同时会牵扯到出口制造业和金融业集团的利益，因此，这种形式的美元霸权强化成功与否更多地需要国会、财政部和美联储的协调合作，平衡各方利益。利益集团的诉求对美国国际货币政策的制定与形成所产生的影响在 20 世纪 80 年代后日益加强，以致总统、财政部长和美联储主席在供职前的行业背景都成为市场预测美元汇率政策走势的重要参考。

第五章

对外负债与美国金融霸权的可持续性

本书在第一章论述了金融霸权的一般特征、运行机制以及对外负债维系金融霸权的前提条件，第二、三、四章深入地分析了美国政府部门、私人部门和美联储在对外负债维系金融霸权过程中各自发挥的作用。因此，本章作为本书的结论章首先对美国金融霸权的特征和具体表现进行概述，再在前文的基础上归纳总结了对外负债对美国金融霸权持续运行的作用机理，并据此对美国金融霸权的可持续性进行了探讨，最后就美国对外负债未来发展的可能趋势进行判断，并对中国在此国际经济金融背景下应采取的应对策略进行了分析。

一　对外负债在美国金融霸权维系中的作用：归纳与总结

（一）美国金融霸权概述

学者们主要从主权国家层面和金融机构层面对"金融霸权"进行界定。主权国家层面的"金融霸权"是传统霸权在国际货币体系和国际金融市场领域的延伸，霸权国家凭借其国家整体实力的压倒性优势占据国际货币体系和国际金融市场的主导地位，制定全球金融市场秩序和资本流动规则，通过这种规则从他国攫取霸权利润的同时也承担维护国际金融秩序平稳运行的成本。金融机构层面的"金融霸权"则更侧重强调金融机构的垄断性和对产业资本的控制力，具体表现为因垄断对市场资金流向具有支配力，以及因自身的信用创造功能而对市场的资金量具有控制力。

美国的金融霸权在这两个层面上都有充分的体现。在主权国家层面，美国的金融霸权主要体现在美元的国际地位和主导国际金融秩序。国际霸权货币——美元兼具了国际货币的结算、储备和计价功能。作为结算货币，美元通过贸易结算从美国流向全球，再通过金融结算回流美国，在布雷顿森林体系崩溃后成功地建立了新的美元循环体系；作为储备货币，美元在国际储备的货币构成中占据了60%～70%；作为计价货币，美元不仅是石油等大宗商品的计价货币，还是美国对外债务的计价货币，这一方面方便美元影响大宗商品价格走势，另一方面还便于美国调整对外负债压力。作为全球金融市场秩序的制定者，美国不仅一直控制着国际本位货币，还间接影响着国际金融组织（主要是国际货币基金组织和世界银行）对各地金融危机的裁决与处理。美国先是在二战后主持建立了布雷顿森林体系，后又通过主动终结布雷顿森林体系破解了"特里芬两难"，成功地使国际本位货币由资产货币过渡到债务货币。在处理拉美债务危机和亚洲金融危机的过程中，美国财政部的意志在很大程度上决定了国际货币基金组织的资金援助金额和救援对象。作为国际资本流动规则的主导者，美国除了在20世纪60年代对资本自由流动有过短暂的限制外，在二战后的多数时间里，美国政府都对国际资本自由流动给予了政策性，尤其是20世纪90年代的金融自由化对美国日后金融霸权的强化奠定了基础。

在金融机构层面，美国的影子银行体系在金融创新方面的突破全面提升了美国金融市场的流动性和资金配置能力。美国影子银行体系的发展起步较早，而金融产业与实体产业的一个重要差异就是前者不易产生后发优势，因此，影子银行体系为美国金融市场所注入的金融创新令其他工业国家难以成功移植到本国内，也就是说，美国影子银行体系的金融创新业务在全球金融市场中具有很强的垄断性。这种在资金周转方面的垄断性使美国在20世纪90年代中后期成为全球的金融中介：全球的过剩储蓄资金以各种形式涌向美国的直接融资和间接融资市场，再通过市场的配置功能支持着美国负债式消费的经济增长模式和对外投资。其中，美国对外投资的收益主要来自直接投资，包括为取得有效控制权的股权投资和从事国际化生产与经营的跨国公司投资。

（二）各部门在对外负债维系金融霸权过程中的作用

在第一章的理论分析中，本书指出以对外负债维系金融霸权的条件有三个，分别是：外部债务要以本国货币标价、霸权国家要对国际信贷资金流动具有控制权、具备控制和化解金融危机的能力。外债以本币标价可以使金融霸权国通过通货膨胀和汇率调整等手段控制负债成本；能够控制国际信贷资金流动便可以使金融霸权国在选择债权国的问题上有了挑选空间；能够对金融危机进行控制和化解不但可以提高金融霸权国的威望，更有利于作为债务国的金融霸权国转嫁负债风险。为实现上述三个条件，美国政府部门、私人部门和美联储分别在各自的职能范围内为以对外负债维系金融霸权贡献着力量。

以财政部为代表的美国政府部门的贡献主要体现在债务本币计价和控制国际信贷资金流动两方面，而美国财政部发行的、以美元计价的国债就是在这两个以对外负债维系金融霸权前提条件的交集中。作为国际资金流入美国政府部门的载体性工具，美国国债会因不同的国际情势需求被认购。在国际市场存在对高流动性高安全性金融资产需求时，美国国债自然成为国际投资者的首选；而在国际市场需求不明朗或处于金融混乱时，美国国债便会作为国际利益交换的载体性工具，在财政部的金融外交中频频出现。例如，布雷顿森林体系末期，他国对美国国债的认购就为美国金融霸权的重振打下了坚实的基础。在布雷顿森林体系崩溃前，美国通过与主要工业国家进行金融外交，使各国接受了将美国国债作为黄金的替代品；布雷顿森林体系崩溃后，美国政府对外债务就顺理成章地成为美元回流的载体，工业国将在布雷顿森林体系期间所积攒的贸易盈余用于购买美国财政部所发行的美国国债，形成了美元债务循环体系的雏形。曾在布雷顿森林体系期间处于衰落状态的美国金融霸权得以重振。再如，为巩固与强化美元债务循环这一新生的国际货币体系，美国通过以非金融手段（以为盟国提供军事保护和向非同盟国进行军事威胁和行动为主）促成石油美元定价机制，使工业原料输出国的贸易盈余以美元形式积淀下来，并通过政府或主权财富基金对美国国债的购买回流至美国境内。此外，石油美元定价机制使美国可以介入大宗商品的价格走势，从而间接制约工业国的经济增长与发展。为将拉美、中东欧和亚洲这些未来全球经济增长动力源的新兴国家纳入美元债务循环体系以支撑美国金融霸权，美国自20世纪80年代起便着手推进全球金融自由化与一体化进程。金融自由化与一体化利于美国私人资本获取新兴国家经济高增长所带来的高投资收益，美国通过向新兴国家提供出口市场和借贷资金与他们形成经济利益关联，在此基础上开展金融外交说服新兴国家开放资本账户和金融市场，以便于高经济增长所创造的财富以金融资本的形式向美国转移。在新兴国家适应金融自由化的过程中难免会爆发金融危机，而这又恰好为美国强化新兴国家资本流向的控制权提供了绝佳的契机。美国一方面通过领导危机救助加强以美国国债为主的美元资产在新兴国家储备资产中的地位，另一方面通过危机救助计划促使新兴国家不断提高金融开放度。我们也许无法确定新兴国家金融危机的爆发是否美国蓄意为之，但美国确实把握住了金融危机为其强化以美元债务循环为基础的金融霸权所提供的机会。

以金融部门和跨国公司为代表的美国私人部门对维系金融霸权负债运行的贡献主要体现在第二个条件——引导国际资金流动方面。金融部门的发展在美国形成金融比较优势的过程中起到了决定性作用。美国的金融比较优势主要得力于多层次的金融市场深度、较强的金融市场稳定性和高效的资金配置效率。美国金融部门中的商业银行在国际金融市场中主要处于融资方地位。美国商业银行以其充足的流动性和低风险性吸引国际资金通过该部门流入美国，这在很大程度上弥补了美国经常项目下的资金流出。美国的非银行金融部门主要以影子银行体系为主，影子银行体系在从事信用、期限和流动性转换业务上因大量使用金融创新工具而具有极强的灵活性。美国影子银行的存在延展了金融体系内原本简单的金融中介链条。金融中介链条的延长意味着负债期限的缩短和资金流动性的增强，这吸引着全球资本流入美国。1985～2011年，流入美国影子银行体系的国际资本占影子银行总资产的比例提高得最快。同时，以资产证券化为代表的一系列金融创新使居民负债消费更加容易，因此，影子银行体系的存在对美国维持消费导向型经济增长模式也起到了积极作用。跨国公司的发展使美国从中间制造环节脱身，较早地完成了"去工业化"并通过大力发展金融服务业在产业间国际分工中取得了金融比较优势。以跨国公司为主要载体的对外直接投资在海外获取了丰厚的利润，是推动美国对外投资净收益的正向增长的主要力量，是缩小美国的对外负债规模、维持美元债务循环的重要支撑力量。无论是美国金融部门吸引资金的流入还是跨国公司海外收益对美国外部债务的缩减，私人部门在维系美国负债式金融霸权所依靠的是市场力量，彰显的是美国强大的金融实力与经济实力。

　　作为美国国内货币政策制定和执行的公共权力机构，美联储对维系金融霸权负债运行的贡献是通过配合财政部的国际金融扩张战略对美元国际货币地位进行提升与维护，具体体现在债务美元计价和对金融危机的控制与化解。一战与战后重建时期，成立之初的美联储积极向市场推广以美元计价的贸易承兑汇票，在英镑国际霸权货币地位动摇时期极大地提高了美元在国际市场中的交易份额。在一战期间，美联储配合财政部在国内外同时推行扩张的货币政策，以支持美国私人金融业者的国际信贷活动，并以政府间的战争贷款为契机，将美国财政债券作为金融体系的流动性之源。美元的国际影响力通过私人借贷和政府间战债向全球主要国家的实体部门和金融体系扩张。1929～1933年的"大萧条"期间，美联储的货币政策立足本国利益，倚仗美国当时世界经济增长的原动力地位，进一步催化了金本位的崩溃和美元替代英镑成为国际霸权货币条件的成熟。布雷顿森林体系时期，美联储需要践行低利率政策来维持人们对美元升值幅度会超过其他货币的预期，以此通过国际货币互换市场所形成的金融网络，使美元能够向世界各国更深入地渗透并且更持久地在海外留存沉积。布雷顿森林体系崩溃后，美元不再受黄金的束缚，美联储通过扮演最后贷款人和最后交易商，确保着金融市场在特殊情况下，尤其是金融危机期间依然具有充足的流动性，从而锁定了美国金融市场的投资风险，为债务美元顺利循环回美国境内保驾护航。在美元成为国际霸权货币后，为强化与维系债务美元循环，美联储的货币政策不能仅着眼国内物价、就业与金融稳定，还需要配合财政部的美元汇率政策。然而，由于美元汇率调整同时会牵扯到出口制造业和金融业集团的利益，因此，这种形式的美元霸权强化成功与否更多地需要国会、财政部和美联储的协调合作，平衡各方利益。

二　对外负债与美国金融霸权的可持续性

本书第一章已经分析了对外负债维系金融霸权的前提条件，即通过令本币作为对外债务的计价货币控制负债成本，通过引导国际资金流动自主选择债权国，通过处理金融危机转嫁对外债务风险（见图 5 - 1）。那么，要分析对外负债与美国金融霸权的可持续性，我们首先就要考察美国是否依然满足上述这三个前提条件，其次是当前美国的对外负债又在多大程度上通过这三个渠道维系着美国的金融霸权，这种维系能力在对外负债规模不断膨胀下是有所减弱还是日渐增强。

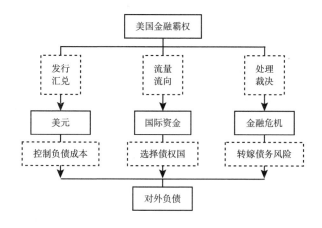

图 5 - 1　对外负债与美国金融霸权的关联路径

（一）美元的国际霸权货币地位与负债成本的可控性

货币霸权是金融霸权的重要组成部分。在布雷顿森林体系崩溃后，美元作为唯一的本位货币在国际货币体系中享有霸权地位，这是债权国接受美国对外负债以美元计价的重要原因。对外负债以本币计价大大缓解了美国的偿债压力，使美国在控制负债成本、调整国际收支的账面平衡上享有主动权，从而稳固债权国对美国偿债能力的信心，促使更多的美元可以回流至美国境内以维系美国金融霸权下的国际货币体系稳定。

1. 美元的国际霸权货币地位

布雷顿森林体系崩溃后，美元摆脱了黄金的束缚，成为国际货币体系中的霸权货币。虽然受 2008～2009 年全球金融危机的影响，美元在国际货币体系中的地位在短期内遭受了一些质疑，但美元依然在国际储备货币体系、国际金融市场交易、国际贸易计价与结算、国际现金方面占据着主导地位。

1995～2016 年的国际储备货币体系中，美元在国际外汇储备中的比重为 60%～70%（见图 5-2）。自 2002 年开始，由于欧元的正式流通与小布什政府的弱势美元政策，美元在国际外汇储备中的比例略有下降。然而，这些并没有对国际外汇储备币种构成的稳定性造成威胁，美元储备并没有被大规模地转为欧元，而且，美元在合并的总储备中所占比重的下降是非常渐进的。[①] 因此，近 10 年来美元在国际储备货币体系中比例的逐渐走低主要是受美元自身贬值的影响，强势美元政策更有利于提高美元在国际储备货币体系中的比例（如 1995～2000 年）。

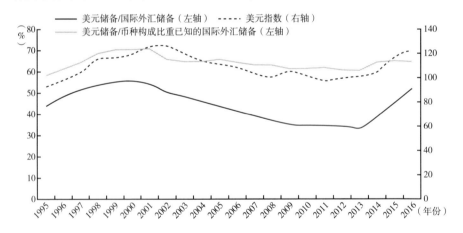

图 5-2　美元占国际外汇储备的比重与美元走势

资料来源：IMF 数据库（Currency Composition of Official Foreign Exchange Reserves, COFER）。

---

① 〔美〕巴里·艾肯格林：《资本全球化》，彭兴韵译，上海人民出版社，2009，第 226～227 页。

　　在国际金融市场交易中，无论是在国际银行间市场、欧洲货币市场、国际债券市场还是金融衍生品市场，美元都占有相当的市场份额（见表 5 - 1）。在欧洲货币市场中，美元占比为 40% ~ 80%；在国际债券市场中，美元占比为 30% ~ 40%；在国际银行间市场，流入美国银行的资金中美元占比为 40% ~ 50%；而在衍生品市场，尤其是货币互换市场，美元占比更是超过了 80%。

表 5 - 1　国际金融市场交易中美元交易结算比例

单位：%

年份	国际银行间资产负债		欧洲货币市场	国际债券市场	衍生品市场	
	资产	负债			利率互换	货币互换
1995	31.9	33.3	45.8	34.2	34.1	35.0
2000	43.3	48.0	42.6	49.6	30.0	89.8
2005	40.9	45.4	48.3	38.5	35.1	83.8
2007	37.7	42.4	65.3	34.9	33.0	83.5
2008	39.1	43.2	68.1	36.2	33.7	84.9
2010	42.0	46.1	71.0	39.2	32.6	84.3
2012	43.6	47.8	74.4	26.2	33.2	86.1
2016	50.9	52.1	84.5	36.1	77.1	91.6
2017Q2	49.3	51.3	84.8	35.4	65.3	97.6

注：2017 年数据为截至第二季度数据。
资料来源：根据国际清算银行（BIS）网站所提供的数据整理。

　　在国际贸易中，美元始终是被广泛使用的计价货币和结算工具，其使用数量远远超过美国对外贸易计算所需货币的规模。据估计，世界约 2/3 的进出口贸易是以美元结算的。更为关键的是，美元是初级产品和大宗商品（如石油等）的主要甚至是唯一的计价与结算货币。[①]

　　此外，美元仍是当前国际货币流通领域最为重要的国际现金。据统计，75% 的百元美钞、55% 的 50 元美钞和 60% 的 20 元美钞都由外国人而非美国人持有。从总体来看，约 65% 的美钞流通在美国之外的地区。截至 2009 年 3 月末，海外流通的美钞接近 5800 亿美元。这些美钞大部分在俄

---

　　① 陈宝森、王荣军、罗振兴主编《当代美国经济》，社会科学文献出版社，2011，第 405 页。

罗斯和拉丁美洲等地区流通。①

综上可以看出，自1995年以来，美元的国际货币霸权地位十分稳固，这种稳固性体现在美元霸权几乎不受美元汇率走势、欧元流通和金融危机影响。此外，除了雄厚的经济实力，美元霸权也受益于美国强大的政治和军事实力。

2. 对外负债成本的可控性

美元的国际霸权货币地位给美国带来的好处不胜枚举，如铸币税收入、隔离外来经济冲击、输出通货膨胀等。但与本书研究密切相关的则是美元霸权在降低美国对外负债成本方面的作用。如图5-3所示，自布雷顿森林体系崩溃后，美国的对外投资收益率便始终高于对外负债的利息支付率，这与美元接替黄金成为国际本位货币不无关联。作为美国政府和私人部门对外负债的主要计价货币，摆脱了黄金束缚的美元通过汇率调整控制负债成本的灵活性和自由度都得到了提高。

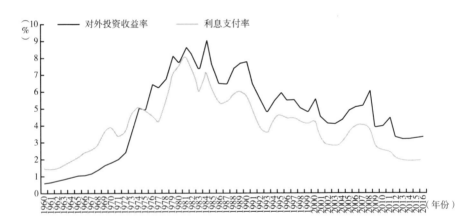

图5-3　1960~2016年美国对外投资收益率与对外负债利息支付率对比

资料来源：根据美国经济分析局网站所提供数据整理所得。

据美国财政部统计，截至2017年三季度末，美国对外总负债达18.94万亿美元，其中以美元计价的债务占83.8%。如图5-4所示，自2003年

---

① 陈宝森、王荣军、罗振兴主编《当代美国经济》，社会科学文献出版社，2011，第406页。

6 月至 2012 年 9 月，以美元计价的对外债务占总债务的比例始终稳定在 80% 以上。在图 5-4 中，我们甚至观察不出 2007 年次贷危机以及此后的全球金融危机对债务美元计价比例造成的影响，唯一一点变化体现在次贷危机后，美元计价的长期对外债务比例有所增加，短期对外债务略有下降。

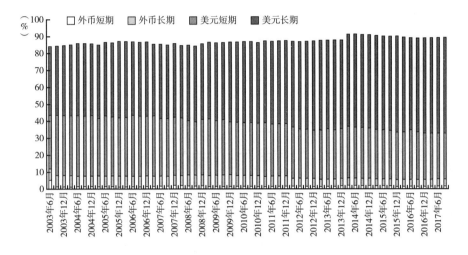

图 5-4　美国对外债务本币与外币计价比例

资料来源：美国财政部网站（http://www.treasury.gov/resource-center/data-chart-center/tic/Pages/external-debt.aspx）。

高比例的以本币计价的对外债务为美国借用汇率调整国际投资头寸提供了便利。美国经济分析局提供了 1989~2016 年以来未经汇率调整的美国对外投资净头寸的数据，我们将其与调整后的净头寸进行对比并绘制成图 5-5。从图 5-5 可以看出，对外负债规模因汇率调整而缩减得最为明显的两个时期是 2002~2004 年与 2006~2007 年，弱势美元时期汇率调整对对外净负债账面价值的影响要远大于强势美元时期（1995~2001 年）。美国经济分析局在将国际收支表中的新增流量计入国际投资头寸表前需要对流入美国的资金进行估值调整（包括资产价格调整、汇率调整和其他调整），表 5-2 展示的是 2003~2016 年通过金融账户实际流入美国的资金规模和因汇率调整导致这些资金计入国际投资头寸表后发生的变化。例如，2003 年，汇率调整就抵消掉了新增对外负债的 52%，2007 年这一数字更是攀升到了72%；2008年为在全球金融危机中确保美元的国际地位，新增对外负债因美元的坚挺而增加了5940亿美元，但2009年的正向汇率调整规模达3030亿美元，比当年新增对外负债还多出631亿美元。

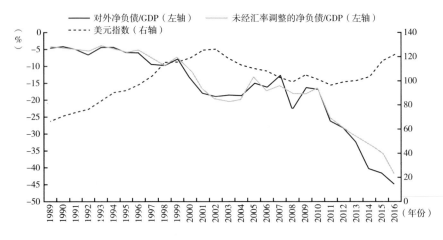

图5-5 美国对外净负债与汇率调整

资料来源：美元指数来自美联储圣路易斯分局网站，其他数据来自美国经济分析局（BEA）。

表5-2 汇率调整与国际收支表中金融账户净值

单位：10亿美元，%

项目	2003年	2005年	2007年	2008年	2009年	2011年	2013年	2015年	2016年
金融账户资本流入	-533	-701	-617	-731	-240	-556	-404	-333	-378
汇率调整	275	-220	447	-594	303	-23	-203	-1045	-473
债务缩减	-52	31	-72	81	-126	4	60	314	125

注："金融账户资本流入"与"汇率调整"中的"-"表示对外负债增加，"债务缩减"中的"-"表示因汇率调整而少计入国际投资头寸表的对外负债。

资料来源：美国经济分析局（BEA）。

2002年刚刚上台的小布什政府因减税计划、公共医疗支出和反恐等政策致使政府入不敷出，财政赤字迅猛增长。2003年，走马上任的美国新财政部长斯诺推行弱势美元政策，这一政策一直持续至2008年。弱势美元既能刺激美国出口，符合国内贸易部门利益，也能够间接缩减美国的对外负债。弱势美元政策的推行，表明美国政府政策较金融业来说更倾向于制造业部门，是贸易利益集团诉求得到满足的结果。因此，只要美国政府内贸易利益集团的力量较金融业强时，美元通常处于贬值状态，这一时期，估值效应中的汇率调整将在缩减对外债务上发挥更大的作用。美国财政部长在就任前的从业履历通常可以用来判断该届政府对美元走势的态度。值得一提的是，即使贸易利益集团力量在美国政府内占优，美元的贬值也将是渐进的，绝不会在中期内出现美元大幅贬值的情况。因为财政部的汇率政策必须得到美联储的货币政策配合才能实现预期的效果，而美联储的背后又是华尔街金融业者的利益，美元在中期内的大幅贬值将极大地损害具有比较优势的美国金融业的利益，这将对美国长期的经济增长构成致命的威胁。况且，美元汇率调整负债成本的有效性需要以美元霸权作支撑，为巩固美元霸权地位，美国也绝不会让市场形成对美元贬值的长期预期。

（二）对国际资本的引导力度与债权国的可选择性

美国对国际资本的引导力主要来源于强大的金融比较优势。对于美国政府部门的对外负债，债权国多数都是金融市场尚不成熟的工业国家和新兴市场国家，这些国家与其说是美国的债权国，不如说是美国的金融依附国。很难想象，这些有赖美国内需作为本国经济增长引擎的债权国会向美国逼债，相应的，美国政府没有强烈的偿债意愿便也在可理解的范围内了。对于美国私人部门的对外负债，债权国主要是因"利"而生，私人部门对此类债主的可选择性不强，因此对于该部分债务的清偿主要是依靠其在他国的投资收益。也就是说，美国私人部门通过将资金输送给"优质"的投资对象和投资领域来保证清偿力，抵补私人部门对债主选择性上的相对弱势。

1. 美国对国际资本的引导力

美国既是资本输出大国也是资本的输入大国，它对国际资本的引导主要是通过强大的金融实力来实现的。美国强大的金融实力主要体现在以下几方面。

一是在金融市场方面，美国的金融市场规模要远大于主要的竞争对手国。日本在 20 世纪 80 年代中期对美国所构成的金融威胁在"失去的十年"的打磨下风光不再。如表 5－3 所示，1995～2008 年，无论是股票市场市值、债券市场还是银行资产，日本的金融在规模上较美国一直处于萎缩的状态。1995～2008 年法国和德国的金融在规模上较美国没有什么突破性进展。在次贷危机期间，法国和德国的债券市场甚至还比美国萎缩得更快。英国的银行资产在近十几年内与美国的差距缩小得较为明显，但在直接融资市场上，且不论美国与日本直接融资市场的规模还相距甚远。此外，美国也是全球金融创新最为活跃的国家，金融创新能力也极为突出。以资产证券化为例，如表 5－4 所示，一般情况下，美国的资产证券化资产价值要比整个欧洲加起来都高出 3～5 倍，即便在次贷危机最严重的 2008年，美国的证券化资产价值也比整个欧洲高出 5580 亿美元。

表 5－3　美国与主要竞争对手的资本市场规模比较

单位：%

国家	股票市场市值			私人与公共债券			银行资产			合计		
	1995年	2007年	2008年	1995年	2007年	2008年	1995年	2007年	2008年	1995年	2007年	2008年
美国	100	100	100	100	100	100	100	100	100	100	100	100
日本	53	23	27	48	31	14	148	70	72	71	36	44
法国	8	14	13	13	15	5	58	78	75	22	26	29
德国	8	11	9	20	19	7	75	58	47	28	23	23
英国	21	19	16	7	13	5	48	99	88	20	31	32

资料来源：Norrlof, Carla, *America's Global Advantage：US Hegemony and International Cooperation*（Cambridge：Cambridge University Press, 2010）。转引自陈宝森、王荣军、罗振兴主编《当代美国经济》，社会科学文献出版社，2011，第 400 页。

表 5－4　主要市场的资产证券化资产价值

单位：10 亿美元

地区	2007 年	2008 年	2009 年	2010 年	2011 年
美国	3172	1605	2196	2091	1798
英国	237	400	123	136	139
欧洲（含英国）	622	1047	577	508	512
日本	76	39	28	27	42

续表

地区	2007 年	2008 年	2009 年	2010 年	2011 年
韩国	21	19	28	24	29
澳大利亚	67	18	21	27	28
加拿大	44	77	57	23	39
全球总计	4003	2804	2908	2700	2448

资料来源：The City UK 年度研究报告 Securitization（2012）。

二是在金融机构方面，美国大型跨国金融机构的国际竞争力十分强劲。在联合国贸易与发展委员会按地理分布指数排名的世界前 50 名跨国金融机构中，美国的金融机构便占 9 家，这 9 家合计资产 10.0 万亿美元，占世界前 50 跨国金融机构总资产的 18.6%；雇员人数总和 1351.09 万人，占比为 30.2%；在国内外的分支机构合计 4062 家，占比为 20.3%。这些指标都遥遥领先于法国、日本、英国和德国等发达国家（见表 5－5）。

表 5－5　2011 年各国大型跨国金融机构的资产、雇员与分支机构数目

国家	世界前50的跨国金融机构数（家）	资产		雇员		分支机构					
		金额（万亿美元）	比例（%）	数量（万人）	比例（%）	总计（家）	比例（%）	国外（家）	比例（%）	国内（家）	比例（%）
美国	9	10.0	18.6	1351.1	30.2	4062	20.3	1917	14.5	336	20.1
法国	4	7.3	13.5	542.5	12.1	2839	14.2	2100	15.9	217	13.0
日本	4	6.8	12.7	—	—	575	2.9	322	2.4	97	5.8
英国	6	6.8	12.5	633.8	14.1	2951	14.7	1636	12.4	231	13.8
德国	4	4.8	9.0	348.3	7.8	3269	16.3	2157	16.3	198	11.8
瑞士	4	3.3	6.0	178.0	4.0	1325	6.6	1239	9.4	147	8.8
意大利	3	2.6	4.8	342.3	7.6	1567	7.8	1356	10.3	115	6.9
西班牙	2	2.4	4.5	304.0	6.8	689	3.4	500	3.8	55	3.3
加拿大	4	2.2	4.0	186.1	4.2	410	2.0	330	2.5	77	4.6
荷兰	2	2.1	3.9	120.0	2.7	1144	5.7	726	5.5	61	3.7
中国	1	1.9	3.5	290.0	6.5	14	0.1	12	0.1	9	0.5

续表

国家	世界前50的跨国金融机构数（家）	资产		雇员		分支机构					
		金额（万亿美元）	比例（%）	数量（万人）	比例（%）	总计（家）	比例（%）	国外（家）	比例（%）	国内（家）	比例（%）
瑞典	3	1.6	3.0	63.2	1.4	458	2.3	373	2.8	51	3.1
比利时	2	0.9	1.7	54.1	1.2	531	2.7	418	3.2	52	3.1
丹麦	1	0.6	1.1	21.3	0.2	101	0.5	84	0.6	9	0.5
澳大利亚	1	0.6	1.1	46.2	1.0	103	0.5	59	0.4	16	1.0

资料来源：联合国贸易与发展委员会网站：World Investment Report 2012；Annex Tables30.（United Nations Conference on Trade and Development，UNCTAD，http：//unctad. org/en/Pages/DIAE/ World%20Investment%20Report/Annex－Tables. aspx. ）。

美国投资银行的收入也远高于其他地区。如图 5 - 6 所示，1995 年美国投资银行收入 140 亿美元，是整个欧洲地区的 2 倍。2007 年次贷危机爆发前夕，美国投资银行收入为 444 亿美元，比欧洲和亚洲地区加起来还多出 44 亿美元。2008 年因全球爆发金融危机致使全球投资银行收入普遍下降，但美国投资银行收入仍然在横向比较中占据绝对优势。

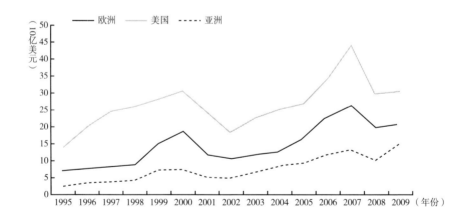

图 5 - 6　按客户所在地的投资银行收入

资料来源：The City UK 年度研究报告 Global Financial Markets：Regional Trends, 2010。

此外，美国金融实力的强大不仅体现在金融业本身，还体现在"去工业化"过程中的产业"空心化"，即由跨国公司在其他工业化国家或劳动力成本低廉的新兴市场国家投资建厂，或跨国并购将资源和劳动力要素集中的生产环节转移至海外，将国内资本更多地用于金融服务业以提高资本要素的收益率。表 5-6 是联合国贸易与发展委员会公布的 2016 年世界100 强非金融类跨国公司相关情况。进入世界前 100 强的 22 家美国跨国公司海外资产合计 1.7 万亿美元，占前 100 强跨国公司海外资产的20.7%，超过排名第二的英国 3.6%；美国海外销售额合计 1.1 万亿美元，占前 100 强跨国公司海外销售总额的 22.9%，超过排名并列第二的英国和德国各 8.3%。美国的这 22 家跨国公司为国内外共解决了 251 万人的就业问题。

表 5-6　2016 年大型非金融类跨国公司资产、销售额与雇员情况

单位：万亿美元，万人

国家或地区	世界 100 强非金融类跨国公司数目（家）	资产		销售额		雇员	
		外国（万亿美元）	本国（万亿美元）	外国（万亿美元）	本国（万亿美元）	外国（万人）	本国（万人）
美国	22	1.7	3.6	1.1	2.4	251.0	532.4
法国	11	0.8	1.3	0.4	0.6	83.6	136.8
英国	15	1.4	1.6	0.7	0.9	114.1	147.0
德国	11	0.9	1.6	0.7	1.0	124.6	240.8
日本	11	1.1	1.8	0.6	1.0	78.9	146.4
瑞士	5	0.4	0.5	0.3	0.4	61.9	78.6
中国（含港澳台）	4	0.3	0.4	0.2	0.3	94.5	154.4
其他	21	1.6	2.3	0.7	1.0	119.6	181.2
总计	100	8.2	13.2	4.8	7.4	928.2	1617.7

资料来源：联合国贸易与发展委员会网站，World Investment Report 2017，Annex Tables28.（United Nations Conference on Trade and Development，UNCTAD，http：//unctad. org/en/Pages/DIAE/World%20Investment%20Report/Annex - Tables. aspx.）。

受益于 20 世纪 90 年代初的金融自由化与"强势美元"政策的推行，美国金融业在近 20 年来处于蓬勃发展的上升期。强大的金融实力不仅使美

国成为负责配置国际资本的全球性金融中介，更促进了金融业与制造业间国际分工新形态的形成。在新国际分工框架下国际资本以美国为循环中心而进出美国。通过对外投资而流出的美元，美国作为资本的所有者是完全可以主导资金流向与流量的，但对于能够形成美国对外负债的流入资金，美国又是如何增加其对债主的选择权的呢？

2. 债权国的可选择性

美国政府的对外负债主要以财政部发行的长短期国债为主。美国财政部的统计数据显示，自 20 世纪 70 年代至今，美国国债的主要买家由德国转为日本再转为中国，而这与美国贸易逆差主要来源国的轮换又恰好一致。然而，这种一致并非偶然，贸易逆差是美元输出的主要渠道，而在布雷顿森林体系崩溃后，美国财政部以国债接替黄金，作为引导美元回流的载体性工具。与别国政府发行的国债相比，美国国债在信用等级、安全性、流动性与收益性等金融资产衡量指标中的综合表现都是最突出的，对于积攒了大量美元贸易盈余的输出国来说，购买美国国债具有充分的经济理由。但从第二章的分析可知，德国等欧洲国家在 20 世纪 70 年代对美国国债的购买是在美国财政部的利益游说与裁撤军事保护的威胁下实现的。自 "广场协议" 以来，日本政府对美国国债的购买更多的是为了维持美元的稳定，在美元可能出现大规模贬值的情况下保证美元的软着陆，也就是说，日本政府在外汇市场中通常是被动地配合美国进行反方向操作，即买入贬值的美元资产而卖出升值的日元资产。2001 年中国正式加入世界贸易组织，随着中国对美贸易顺差规模的持续扩大，美国开始对人民币的升值施加压力。与此同时，出口导向型的中国需要人民币币值的相对稳定，金融市场尚不完善的中国也意识到激增的美元贸易盈余在国内消化的难度，因此，中国政府开始不断增持美国国债。

美国贸易逆差主要来源国和国债购买国的轮替。如图 5 - 7 所示，1978 年日本购买的美国国债占外国购买美国国债总额的 22.7%，超过了德国的 13.9%，美国对日贸易逆差 115.7 亿美元，占美国贸易逆差的 34.1%，是名副其实的美国贸易逆差来源大国。1989 年美国对日贸易逆差占贸易逆差总额的比重上升至 42.1%，其购买的国债占国外购买美国国债总额的比重也上升至 26.5% ，相比之下，德国这两项比重基本低于 10% ，此时，日本已然接替德国成为美元债务循环体系的一极。2001 年，新加入世贸组织的中国以 19.7% 的对美顺差占比超过了日本的 16.9% ，成为美国又一贸易逆差主要来源国。自 2005 年开始（当年中国实行汇率改革），日本购买美国国债的占比开始明显下降，先是从 2004 年的 37.3% 下降至 2005 年32.9% ，然后一路下滑至 2010 年的 19.9% ，即便是次贷危机期间美元面临着巨大的贬值压力，日本购买美国国债的占比也未回升。接替日本成为美国国债最大购买国的是中国。由于日益紧密的经贸利益关系加深了中美经济的相互依存程度，2008 年次贷危机期间，为协助美国共同应对美元贬值压力，中国购买美国国债 7274 亿美元，超过了日本的 6260 亿美元，占当年国外购买美国国债总额的 23.6% 。由此可以看出，美国政府部门的外部负债并不是普通的对外借债，而是在美元本位制下外国与美国形成经贸相互依存关系后正常的账面表现。因此，在成为美国政府部门的债主之前，首先要与美国成为贸易伙伴国成为贸易美元的输出地，而以美国当前的经济实力和强大的消费需求，它在贸易伙伴国的选择上是处于优势地位的。

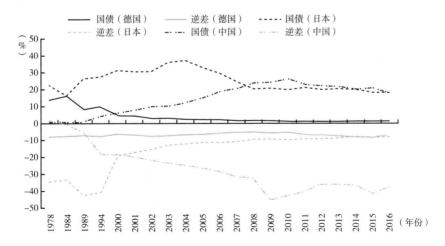

图 5 - 7　美国贸易账户下的美元流出与购买国债下的美元流入（按国家占比）

资料来源：美国国债数据来自美国财政部网站，货物贸易逆差数据来自美国经济分析局网站。

美国是高度发达的市场经济国家，因此美国的私人部门的对外负债基本是市场力量作用的结果。根据第三章的分析，由私人部门主导的美国金融市场之所以能够吸引国际资本流入，正是美国金融实力强大的体现。虽然倡导国际资本自由流动的美国无法主导私人部门的对外债主与债权国的投资规模，美国对外证券投资收益也受制于投资国金融市场的成熟度与稳定性，但美国私人部门的对外直接投资在全球所获得的丰厚投资收益不仅足以保证私人部门的对外清偿能力，还有余力缩减美国的对外净负债，优化国际收支表与国际投资头寸表的账面表现。因此，只要美国在对外直接投资上的收益有所保证，私人部门的对外债务清偿便不足为虑，那么私人部门在债权国选择上是否具有主导权对于美国负债式金融霸权是否可持续就显得无足轻重了。

（三）对金融危机的裁处能力与负债风险的可转嫁

美国对金融危机的裁处能力既得力于其在国际金融秩序的制定上的主导权，也受益于主权货币为本位货币的国际货币体系。前者使美国对救助金融危机冲击国具有裁处权，后者不仅可以使美国隔绝外来金融冲击，更可以令美国将危机期间货币政策所产生的负效应向外传递。因此，对于美国来说，对外负债的风险更多的是由债权国承担。

1. 裁处金融危机的权力与能力

自二战结束以来，美国便开始在国际金融秩序的制定上享有主导权。二战后的国际金融秩序建立在布雷顿森林体系基础之上，而构成布雷顿森林体系的《国际货币基金协定》和《国际复兴开发银行协定》又是以美国的"怀特方案"为基础，后来的国际货币基金组织和世界银行便是这两个协定的产物。因此，美国不仅在 IMF 和世界银行享有绝对话语权，而且这两家国际金融组织的决策也严重偏向于美国的国家利益。

美国不希望其国内经济自主权受到来自国际机构的干扰，因此，IMF和世界银行的组建是按私人股份公司的思路进行的。通常情况下，这两家国际金融组织的决策需要 80% 的多数票才能通过。① 表 5 - 7 和表 5 - 8 分

① 〔美〕迈克尔·赫德森：《金融帝国》，嵇飞、林小芳等译，中央编译出版社，2008，第 134 页。

别展示的是主要国家在世界银行和国际货币基金组织（IMF）的投票权，可以看出，英美两国在世界银行投票权的加总十分接近20%，而在 IMF 投票权的加总已超过20%。鉴于英国对美国的日益依赖，加之它在集中各自治领国家的投票权方面的能力颇受质疑，因此，英国的否决权是无法自动行使的。同理，德国与日本的否决权也是如此。也就是说，美国在世界银行和 IMF 中的否决权是独一无二的。实际上，不只否决权，美国在世界银行和 IMF 中的份额和投票权都远远大于他国，因此，这两家国际金融组织的决策权基本也掌握在美国手中。正如赫德森在《金融帝国》中所提到的："IMF 对国际金融体系施加了他的控制功能，这种控制以改头换面的方式反映了美国的政策，因为对于除美国之外的所有国家，IMF 都采取了紧缩性的货币主义运作观。"[①]

表 5-7　主要国家在世界银行集团的投票权（2017 年 12 月）

单位：%

国家	国际复兴开发银行（IBRD）	国际开发协会（IDA）	国际金融公司（IFC）
美国	16.26	10.04	20.99
英国	3.84	6.49	4.48
日本	7.01	8.35	6.01
德国	4.10	5.38	4.77
法国	3.84	3.76	4.48
中国	4.53	2.23	2.30
印度	2.98	2.89	3.82
俄罗斯	2.84	0.33	3.82
巴西	1.86	1.72	1.60
沙特阿拉伯	2.50	3.24	1.23
意大利	2.56	2.18	3.27

资料来源：世界银行网站（http：//web.worldbank.org/WBSITE/EXTERNAL/EXTABOUTUS/ORGANIZATION/BODEXT/0，contentMDK：21429866 ~ menuPK：64020035 ~ pagePK：64020054 ~ piPK：64020408 ~ theSitePK：278036，00.html）。

---

① 〔美〕迈克尔·赫德森：《金融帝国》，嵇飞、林小芳等译，中央编译出版社，2008，第262页。

表5-8   主要国家在国际货币基金组织的投票权

单位：%

国家	2011 年 3 月 2 日	2008 年改革后	2010 年改革后
美国	16.723	16.727	16.470
英国	4.842	4.286	4.022
日本	6.000	6.225	6.135
德国	5.863	5.803	5.305
法国	4.842	4.286	4.022
中国	3.651	3.806	6.068
印度	1.882	2.337	2.627
俄罗斯	2.686	2.386	2.585
巴西	1.377	1.714	2.217
沙特阿拉伯	3.154	2.799	2.009
意大利	3.185	3.154	3.015

资料来源：IMF 网站（Quota and Voting Shares Before and After Implementation of Reforms Agreed in 2008 and 2010）。

本书在第二章描述了在历次重大国际金融危机中美国的表现与处理方式，为强调美国对金融危机裁处得力于在国际金融组织中的权力，本书在这里将对这些事件做以简要重述。首先是布雷顿森林体系期间的美元危机。1964 年，世界主要国家对美元兑换黄金的信心开始动摇，IMF会议的主要议题为是否有必要增加美国在 IMF 中的份额。以德国和法国为代表的欧洲国家普遍反对美国无限度地通过国际货币基金组织为其国际收支赤字融资，它们认为美国的国际收支赤字完全是实行通货膨胀性政策而咎由自取的后果。由于美国国际收支赤字融资问题牵扯的利益攸关国家较多，加之有黄金对美元的束缚，处理布雷顿森林体系期间的美元危机对美国来说是比较棘手的。法国甚至以挤兑美国货币黄金储备来积极地表达对美国金融霸权的不满，如果其他国家相继效仿法国，后果是不堪设想的。美国在联手英国提出用纸币替代黄金支付 IMF 份额（这个思路一直延续到特别提款权的诞生）的同时，又以撤除在欧洲的军事保护相威胁，迫使欧洲在 1966 年同意美国将其在 IMF 的份额提高至

25%。IMF 又在 1967 年接受了美国创建特别提款权这种相当于架空黄金约束力的提议，并于 1968 年黄金总汇解散后激活了特别提款权。在美元债务循环体系尚未建立之前，特别提款权就暂时充当了美国为国际收支赤字融资的债务性工具。其次是拉美债务危机以及后来的亚洲金融危机。早先西方发达国家和国际金融组织对拉美债务危机救助措施都是沿着借新债还旧债的思路展开的，如"宫泽计划""密特朗计划""贝克计划"等。在这些计划相继失败后，美国借助 IMF 和世界银行展开了债务利息减免的"布雷迪计划"。世界银行和 IMF 在该计划施行的三年内各自向债务危机国提供了 120 亿美元资金用于债务减免的一揽子计划，但享受债务减免的条件是债务国必须按要求进行国内经济结构调整和体制改革。与此类似的金融危机处理方式还发生在十年后的亚洲金融危机时期，IMF 对印度尼西亚和韩国等国的救助条件也同样触及危机国的结构调整和金融体制改革，其严苛程度一度遭到国际上的强烈指责。无论是拉美债务危机还是亚洲金融危机，国际金融组织救助条件中所要求的结构调整和体制改革的共同点是有利于将危机国纳入美元债务循环体系。

在布雷顿森林体系崩溃后，美元危机几乎不复存在，美国应对与处理国内金融危机主要依靠的是财政部和美联储的宏观调控政策。以 2007～2008 年的美国次贷危机为例，这次危机被认为是自"大萧条"以来最为严重的一次。危机爆发初期，小布什政府推出了总额高达 7000 亿美元的问题资产救助计划（TARP），重点是购买金融机构受损资产或提供保险，美国国债最高法定限额从 10.6 万亿美元提升至 11.3 万亿美元。随后奥巴马政府又推出了 1.5 万亿美元的金融援助计划（FSP），重点是帮助银行清理有毒资产，刺激二级信贷市场。美联储在此期间实行的是以"流动性支持"和"量化宽松"为核心的超常规货币政策，其所表现出的货币政策创新能力远远超过了世界任何一家中央银行。[①]

2. 对外负债风险转嫁

作为一个既拥有国际金融秩序主导权，同时本币又是国际货币体系核

---

① 陈宝森、王荣军、罗振兴主编《当代美国经济》，社会科学文献出版社，2011，第 309 页。

心货币的债务国，美国所承担的对外负债风险是远小于债权国的，因为它可以同时通过市场力量和政策力量将负债风险转移他国，将引发债务危机的可能性化解于未然。

首先，美国约有八成的对外负债是以美元计价的，这就为美国省去了货币错配所可能产生的风险，如债权国货币波动引致美国外债负担加重。同时也隔离了债权国经济政策对美国金融体系稳定性、货币政策有效性和实体经济产生等方面造成的不利影响。

其次，开放经济条件下的相互依存关系使债权国难以对美国宽松的宏观经济政策进行苛责。美国宽松货币政策所产生的通货膨胀有利于减免外债利息支付，宽松的财政政策会增加进一步刺激对外负债增长，而由于开放经济条件下的相互依存关系，这两种政策在多数情况下都会对债权国经济产生正的溢出效应（见表5-9）。因此，无论是美国用通货膨胀冲销债务，还是采取宽松财政致使负债增加，债权国都会在适度范围内采取容忍的态度，尤其是采取钉住美元汇率的发展中国家。

表5-9 开放经济下的两国相互依存关系

政策类型		固定汇率制	浮动汇率制
宽松货币政策	资本完全流动	世界货币存量增加 世界利率水平下降 本国产出增加 外国产出增加（正向溢出）	世界货币存量增加 世界利率水平下降 本国产出增加 外国产出减少（负向溢出）
	资本完全不流动	世界货币存量增加 本国产出增加 外国产出增加（正向溢出）	对外国无溢出效应
宽松财政政策	资本完全流动	世界货币存量增加 世界利率水平上升 本国产出增加 外国产出增加（正向溢出）	世界货币存量增加 世界利率水平上升 本国产出增加 外国产出增加（正向溢出）
	资本完全不流动	世界货币存量增加 本国产出增加 外国产出增加（正向溢出）	对外国无溢出效应

再次，美国在国际金融组织中的地位十分利于它就债务问题展开金融外交。虽然以当下的金融霸权地位，美国在处理本国对外债务问题时是无需借助国际金融组织的，但其可以利用国际金融组织主导国际资本流动规则，进而将其向利于美元债务循环体系顺畅运转的方向引导，而不是非要等到处理债务危机时才对国际金融组织加以利用。

三　美国对外负债的发展趋势及中国应对策略

综上所述，本书认为，对外负债对美国金融霸权的维系主要通过政府部门的金融外交、私人部门在国际分工形成的比较优势以及美联储对美元霸权的维护这三个渠道发挥作用的。随着新的产业间国际分工形态日趋成熟，美国的对外负债规模也在持续的扩大。全球经济失衡程度的日益加深令许多学者对美国巨额国际收支赤字表示担忧。[①] 尤其是次贷危机后，国际上对于美国负债式金融霸权运行的稳定性讨论再度升温。那么，美国巨额的对外负债在未来还会继续膨胀吗？中国作为美元债务循环体系的重要支撑者，该如何在美国的金融霸权下寻求经济增长的进阶路径呢？

[①]　详细参见：Obstfeld, Maurice and Kenneth S. Rogoff, "Perspectives on OECD Capital Market Integration: Implications for U. S. Current Account Adjustment." in *Global Economic Integration: Opportunities and Challenges*, Federal Reserve Bank of Kansas City, Mo. March, 2010, pp. 169 – 208. Obstfeld, Maurice and Kenneth S. Rogoff, "Global Current Account Imbalances and Exchange Rate Adjustment", Brookings Papers on Economic Activity 1, 2005, pp. 67 – 146. Obstfeld, Maurice and Kenneth S. Rogoff, "The Unsustainable U. S. Current Account Position Revisited", in Richard Clarida ed., *G7 Current Account Imbalances: Sustainability and Adjustment* (Chicago: University of Chicago Press, 2007). Obstfeld, Maurice and Kenneth S. Rogoff, "The US Current Account and the Global Financial Crisis", Draft of a paper prepared for the Ohlin Lectures in International Economics, Harvard University, 2009, Roubini, Nouriel and Brad Setser, "The United States as a Debtor Nation: The Sustainability of the US External Imbalances", Draft New York University, New York, November, 2004. Krugman, Paul, "Will There Be a Dollar Crisis?", *Economic Policy*, 2007, 51 (July), pp. 437 – 467. Wolf, Martin, *Fixing Global Finance* (Baltimore Md.: Johns Hopkins University Press, 2008)。

（一）美国对外负债的发展趋势

由前文的分析可知，美国对外负债的增长并不是由美国单方面所能决定与左右的，同理，分析美国对外负债的发展趋势也要同时兼顾美国与主要债权国经济的发展趋势。

首先是美国政府部门对外负债。由于美国政府部门的债权国主要是它的贸易逆差来源国和国内金融市场欠发达的新兴市场国家，因此，美国政府部门对外负债占政府债务的比重越高，说明美国与外围国家的相互依存度在深化，美元债务循环体系就越稳定；美国政府部门的债权国越多，说明被纳入美元债务循环体系的国家在增多，美元债务循环体系的运作范围就越广。自次贷危机后，美国政府部门对外负债占 GDP 的比重便处于快速攀升状态（见图 5 - 8）。2010 年，美国政府财政支出占 GDP 比重较 2009 年下降 1.3 个百分点，但政府对外负债比重提高了 4.2 个百分点，2011 年，这一比重继续上升至 33.2%。可见，美国政府部门对外负债的增加与美国国内财政政策走向是无直接联系的。此外，图 5 - 8 显示，政府部门的对外负债与经常项目赤字的关联也不甚明显。与美国政府对外负债走势关联相对紧密的是美元走势，当美国由 "强势美元" 转向 "弱势美元" 政策后，政府部门对外负债占 GDP 的比重便开始逐年攀升。从负债成本得以缩减的角度，不难理解 "弱势美元" 期间政府对外债务更易扩大的现象。次贷危机后美国政府对外债务的猛增更是证明了美国的金融霸权非但没有因危机减弱，反而在当前仍然不可取代。由于美国的经济增长是全球经济增长的动力源泉，因此，美元在长期内贬值是符合全球经济发展趋势的，但要维持美元霸权，美元长期贬值的预期是绝不能在国际金融市场中存在的。况且，间歇性的 "强势美元" 政策是利于巩固美国私人部门金融比较优势的。因此，美联储和财政部会根据美国国内的实际经济需要相互配合，在美元长期渐进贬值的趋势中，选择恰当的时点提振美元。由此推断，美国政府部门对外负债的长期发展趋势会是渐进增长的，只要美元仍是国际货币体系中的核心货币，美元债务循环体系便不会有致命冲击，政府部门对外负债的增长也就无需顾及清偿问题。

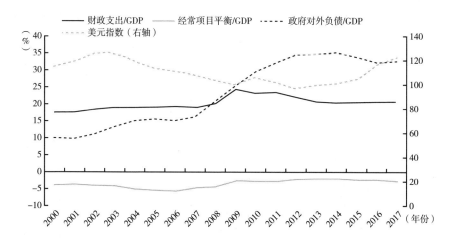

图 5-8 美国政府部门对外负债与其他经济变量走势图

资料来源：美国政府对外债务来自美国财政部、财政支出来自白宫办公室、美元指数来自联邦储备委员会圣路易斯分局、GDP和经常项目平衡数据来自美国经济分析局。

美国私人部门的对外负债主要是因市场力量形成，是国际资本对美国金融市场成熟高效的肯定，也是国际投资者对美国具有充足清偿能力的信任。虽然美国因金融监管竞争导致的监管无力一直为学者们所诟病，但其在国际金融业中所具有的优势仍然难以逾越，因为金融是一个很难产生后发优势的产业。从中短期来看，全球还没有哪个国家或地区的金融市场的广度与深度可以超越美国，也没有哪个国家可以拥有像美国那么多的大型跨国金融机构以及高素质的金融专业人才。因此，只要美国宏观经济运行平稳，实体经济层面需求强劲，国际资本依然会源源不断流入美国金融市场。至于美国私人部门的对外净负债是否会膨胀，更多的还是取决于美国对外资产的投资收益。根据前文的分析，美国对外直接收益是美国对外资产收益的主要增长来源，也是美国私人部门对外负债清偿的主要力量。而美国对外直接投资主要集中在欧洲等经济发达地区，其次是中东、非洲和亚太地区。因此，发达国家实体经济部门的平稳增长对缩减美国私人部门对外净负债更具力度。

（二）负债式金融霸权下中国的应对策略

2012年12月，中国持有美国国债较2011年同期增长509亿美元，达

1.2 万亿美元，占外国持有美国国债总额的 21.7%。截至 2012 年第三季度，美国对中国贸易逆差 904.91 亿美元，占同期美国贸易逆差总额的 84.2%。作为支撑美元债务循环体系的重要成员，中国要如何在美国负债式金融霸权下维护自身利益、寻求经济增长与健康发展呢？

首先，既然已经成为美元债务循环体系中的重要一员，中国就要继续支持美元的霸权地位。作为美国贸易逆差主要来源国和美国政府的最大债权国，中国与美国经济的共生关系使中国既是美元霸权的直接受害者，也是直接受益者。以美元贬值为例，美元贬值不仅会提升中国的原材料进口价格，压缩中国出口贸易部门利润空间，也会稀释中国持有的美元债权；但美元贬值期间美联储通常是在实行宽松的货币政策以刺激国内需求，美国宽松的货币政策也会对货币钉住美元的国家产生正向的溢出效应。因此，内需不足的中国需要美国强劲的外需作为经济增长的引擎，这也是中国在次贷危机期间积极购买美国国债支持美元的重要原因。此外，美元霸权是美国金融霸权的重要基础，在美国看来，任何国家和地区对美元霸权生硬的挑战都是对国际货币体系稳定的干扰，更是对美国霸权的公然挑衅，美国对此类行为会不遗余力地进行打击。

其次，加快国内经济结构调整与金融市场改革步伐。在新的产业间国际分工形态中，占据制造业比较优势的不会是收益最多的一方。中国的人口红利正在消退，随之而来的是劳动力成本优势的丧失，劳动密集型产业亟待向资本密集型产业进阶。这种进阶既包括提高高附加值产业比重的产业内协调，也包括向高级化产业（如金融服务业）转型的产业结构升级。其中，向金融产业转型的产业结构升级需要国内金融市场改革的配合。由于我国金融市场在深度、广度、制度上都尚不完善与成熟，加之改革牵扯的利益链条众多，因此，金融市场改革注定是一条漫长而艰辛的道路。短期内可尝试推进的便是利率市场化以及金融市场法律体系的完善。利率市场化可以充分发挥利率在资金配置中的引导作用，使利率更能反映市场资金的实际供求，鼓励民营资本进入金融市场，淡化国有金融机构的垄断地位。健全完善金融市场法律体系有利于运用法律和经济手段鼓励金融市场发挥正面效用。

　　最后，中国应积极主动地加强与周边国家和地区的区域性金融合作。由于各国经济发展程度不一，政治体制多样以及历史地理等原因，东亚地区的区域性金融合作很难效仿欧元区。东亚地区的区域性的金融合作主要以便利区域内投资与经贸往来，以及抵御外来金融风险为出发点。这种区域性金融合作不仅有助于中国国内的产业结构调整，提升中国在区域内的经济地位，而且更重要的是创造出一种活跃的资本积累的良性循环，减少因服务于美元霸权而遭受的利益侵蚀。

| 参考文献 |

中文参考文献

［1］〔美〕埃斯里·德米尔古克－肯特、罗斯·莱文：《金融结构和经济增长》，黄纯纯译，中国人民大学出版社，2006。

［2］〔美〕艾西罗德：《美联储 50 年风云》，顾雨佳译，中国人民大学出版社，2010。

［3］〔英〕安格斯·麦迪森：《世界经济千年史》，伍晓鹰等译，北京大学出版社，2003。

［4］〔美〕巴里·艾肯格林：《嚣张的特权》，陈召强译，中信出版社，2011。

［5］〔美〕巴里·艾肯格林：《资本全球化》，彭兴韵译，上海人民出版社，2009。

［6］〔英〕巴斯顿：《现代外交》，赵怀普、周启朋、刘超译，世界知识出版社，2002。

［7］〔美〕保罗·沃尔克、〔日〕行天丰雄：《时运变迁》，贺坤、贺斌译，中国金融出版社，1996。

［8］〔美〕彼得·J. 卡岑斯坦：《权力与财富之间》，陈刚译，吉林出版集团有限责任公司，2007。

［9］〔英〕彼得·高恩：《华盛顿的全球赌博》，顾薇、金芳译，江苏人民出版社，2003。

［10］〔美〕彼得·古勒维奇：《艰难时世下的政治——五国应对世界经济

危机的政策比较》，袁明旭、朱天飚译，吉林出版集团有限公司，2009。

[11]〔英〕彼得·马赛厄斯：《剑桥欧洲经济史（第八卷）》，王宏伟译，经济科学出版社，2004。

[12]〔美〕布卢姆：《美国的历程（下）》第一分册，戴瑞辉等译，商务印书馆，1988。

[13]〔美〕查尔斯·P. 金德尔伯格：《1929—1939 年世界经济萧条》，宋承先、洪文达译，上海译文出版社，1986。

[14]〔美〕查尔斯·P. 金德尔伯格：《西欧金融史》，徐子健等译，中国金融出版社，第 2 版，2010。

[15]〔美〕查尔斯·P. 金德尔伯格：《疯狂、惊恐和崩溃：金融危机史》（第四版），朱隽译，中国金融出版社，2007。

[16]〔美〕查尔斯·P. 金德尔伯格：《世界经济霸权：1500—1990》，高祖贵译，商务印书馆，2003。

[17]〔美〕查尔斯·P. 金德尔伯格、罗伯特·Z. 阿利伯：《疯狂、惊恐和崩溃：金融危机史》（第五版），朱隽等译，中国金融出版社，2011。

[18]〔美〕菲利普·L. 茨威格：《沃尔特·瑞斯顿与花旗银行：美国金融霸权的兴衰》，孙郁根（主译）、覃学岚、范晓彬译，海南出版社，1999。

[19]〔美〕弗朗西斯·加文：《黄金、美元与权力》，严荣译，社会科学文献出版社，2011。

[20]〔美〕弗雷德·伯格斯坦主编《美国与世界经济》，朱民等译，经济科学出版社，2005。

[21]〔美〕盖依·彼得斯：《美国的公共政策》，顾丽梅、姚建华等译，复旦大学出版社，2008。

[22]〔美〕赫伯特·斯坦：《美国总统经济史》，金清、贺蓉莉译，吉林人民出版社，2003。

[23]〔美〕赫尔曼·M. 施瓦茨：《国家与市场》，徐佳译，江苏人民出版社，2008。

[24]〔美〕亨利·R. 诺：《美国衰落的神话》，朱士清、高雨洁校订，中国经济出版社，1994。

[25]〔美〕杰弗里·法兰克尔、彼得·奥萨格主编《美国 90 年代的经济政策》，徐卫宇等译，中信出版社，2004。

[26]〔美〕杰弗里·弗里登：《20 世纪全球资本主义的兴衰》，杨宇光等译，上海人民出版社，2009。

[27]〔美〕卡门·莱因哈特、肯尼斯·罗格夫：《这次不一样——800 年金融荒唐史》，綦相、刘晓峰、刘丽娜译，机械工业出版社，2010。

[28]〔美〕拉古拉迈·拉詹：《断层线》，刘念、蒋宗强、孙倩译，中信出版社，2011。

[29]〔美〕劳埃德·B. 托马斯：《金融危机和美联储政策》，危勇等译，中国金融出版社，2012。

[30]〔德〕鲁道夫·希法亭：《金融资本》，福民等译，商务印书馆，1994。

[31]〔美〕罗伯特·基欧汉、海伦·米尔纳主编《国际化与国内政治》，姜鹏，董素华译，门洪华校，北京大学出版社，2003。

[32]〔美〕罗伯特·基欧汉、约瑟夫·奈：《权力与相互依赖》，门洪华译，北京大学出版社，2012。

[33]〔美〕罗伯特·基欧汉：《霸权之后：世界政治经济中的合作与纷争》，苏长和等译，上海人民出版社，2006。

[34]〔美〕罗伯特·吉尔平：《国际关系政治经济学》，杨宇光译，上海人民出版社，2011。

[35]〔美〕罗伯特·吉尔平：《世界政治中的战争与变革》，宋新宁、杜建平译，上海人民出版社，2007。

[36]〔美〕罗伯特·鲁宾：《在不确定的世界》，李晓岗、王荣军、张凡译，中国社会科学出版社，2004。

[37]〔美〕罗伯特·蒙代尔：《蒙代尔经济学文集（第六卷）·国际货币：过去、现在和未来》，中国金融出版社，2003。

[38]〔美〕马丁·费尔德斯坦主编《20 世纪 80 年代美国经济政策》，王健等译，经济科学出版社，2000。

［39］〔美〕迈克·多利、大卫·福克兰德、彼得·盖博：《复活的布雷顿森林体系与国际金融秩序》，徐涛译，中国金融出版社，2010。

［40］〔美〕迈克尔·赫德森：《金融帝国》，嵇飞、林小芳等译，中央编译出版社，2008。

［41］〔美〕迈克尔·赫德森：《全球分裂》，杨成果等译，中央编译出版社，2010。

［42］〔英〕梅德利科特：《英国现代史（1914－1964）》，商务印书馆，1990。

［43］〔美〕米尔顿·弗里德曼、安娜·J 施瓦茨：《美国货币史》，巴曙松等译，北京大学出版社，2009。

［44］〔美〕莫瑞斯·奥伯斯特佛尔德、肯尼斯·罗格夫：《高级国际金融学教程》，刘红忠等译，中国金融出版社，2002。

［45］〔美〕默里·罗斯巴德：《银行的秘密》，李文浩等译，清华大学出版社，2011。

［46］〔美〕佩里·梅林：《新伦巴底街》，夏俊译，上海人民出版社，2011。

［47］〔英〕苏珊·斯特兰奇：《疯狂的金钱》，杨雪冬译，中国社会科学出版社，2000。

［48］〔英〕苏珊·斯特兰奇：《国家与市场》，杨宇光等译，上海人民出版社，第 2 版，2012。

［49］〔英〕沃尔特·白芝浩：《伦巴第街》，沈国华译，上海财经大学出版社，2008。

［50］〔日〕岩本沙弓：《别上美元的当》，崔进伟、承方译，广东经济出版社，2011。

［51］〔美〕尤斯塔斯·穆林斯：《美联储的秘密》，肖艳丽译，吉林出版集团有限责任公司，2011。

［52］〔美〕约翰·奥德尔：《美国国际货币政策》，李丽军等译，中国金融出版社，1991。

［53］〔美〕约翰·奥德尔：《世界经济谈判》，孙英春译，世界知识出版社，2003。

[54] 〔美〕约翰·齐斯曼：《政府、市场与增长》，刘娟凤、刘骥译，吉林出版集团有限公司，2009。

[55] 〔美〕约瑟夫·E. 斯蒂格利茨：《全球化及其不满》，夏业良译，机械工业出版社，2004。

[56] 〔日〕竹内宏：《日本金融败战》，中国发展出版社，1999。

[57] 蔡一鸣：《世界经济霸权周期：一个一国模型》，《国际贸易问题》2011 年第 9 期。

[58] 陈宝森、王荣军、罗振兴主编《当代美国经济》，社会科学文献出版社，2011。

[59] 陈宝森：《美国经济与政府政策》，世界知识出版社，1988。

[60] 陈观烈：《货币·金融·世界经济》，复旦大学出版社，2000。

[61] 陈乐民：《西方外交思想史》，中国社会科学出版社，1995。

[62] 樊勇明：《西方国际政治经济学》，上海人民出版社，2006。

[63] 管清友：《石油的逻辑》，清华大学出版社，2010。

[64] 李巍：《制度变迁与美国国际经济政策》，上海人民出版社，2010。

[65] 李晓、丁一兵：《现阶段全球经济失衡与中国作用》，《吉林大学社会科学学报》，2007 年第 1 期。

[66] 李晓、周学智：《美国对外负债的可持续性：外部调整理论扩展》，《世界经济》，2012 年第 12 期。

[67] 梁亚滨：《称霸密码》，新华出版社，2012。

[68] 柳永明：《论金融霸权》，《经济学家》，1999 年第 5 期。

[69] 鲁毅、黄金祺等：《外交学概论》，世界知识出版社，1997。

[70] 陆钢：《金融外交》，福建人民出版社，2000。

[71] 祁斌：《美国金融监管改革法案：历程影响和借鉴》，中国金融四十人论坛，http：//www. cf40. org. cn/plus/view. php？aid = 3060。

[72] 宿景祥：《美国经济中的外国投资》，时事出版社，1995。

[73] 孙哲、李巍：《国会政治与美国对华经贸决策》，上海人民出版社，2008。

[74] 谭雅玲：《石油价格监管调节的战略性与投机性》，《期货日报》2008 年 8 月 20 日。

［75］ 王勇：《中美经贸关系》，中国市场出版社，2007。

［76］ 吴敬琏主编《比较》，中信出版社，2011。

［77］ 应展宇：《美国商业银行治理：政治经济视角的一个历史考察》，《国际金融研究》2007 年第 6 期。

［78］ 余开祥：《欧洲货币市场的发展及其国际影响》，《复旦学报》（社会科学版）1980 年第 3 期。

［79］ 湛柏明：《经济全球化与美国新经济的关系》，武汉大学出版社，2003。

［80］ 张春：《美国思想库与一个中国政策》，上海人民出版社，2007。

［81］ 朱民：《改变未来的金融危机》，中国金融出版社，2009。

外文文献

［1］ Acharya, Viral and Pilipp Schabl, "Do Global Banks Spread Global Imbalances?", 10th Jacques Polak Annual Research Connference, Nov 5 – 6, 2009.

［2］ Adrian, Tobias and Hyun Song Shin, "Financial Intermediaries, Financial Stability and Monetary Policy", Federal Reserve Bank of New York Staff Reports, No. 346, Sep 2008.

［3］ Aghion Philippe, Alberto Alesina and Francesco Trebbi, "Endogenous Political Institutions", *Quarterly Journal of Economics*, 2004 (119).

［4］ Aizenman, Joshua and Nancy Marion, "Using Inflation to Erode the U. S. Public Debt", SCIIE / Department Working Paper, Dec 2010.

［5］ Alesina, A., "Fiscal Adjustments: Lessons from Recent History", Paper Prepared for the ECOFIN Meeting, Madrid, Apr 15, 2010.

［6］ Alesina A., and R. Perotti, "Fiscal Expansions and Adjustments in OECD Countries", *Economic Policy*, 1995 (21).

［7］ Alesina A., and R. Perotti, "The Welfare State and Competitiveness", *American Economic Review*, 1997 (87).

［8］ Alesina A., and S. Ardagna, "Tales of Fiscal Adjustments", *Economic*

Policy, 1998 (10).

[9] Alesina A. and S. Ardagna, "Large Changes in Fiscal Policy: Taxes versus Spending", NBER Working Paper No. 15438, 2009.

[10] Alesina A., R. Perotti and J. Tavares, "The Political Economy of Fiscal Adjustments", Brookings Papers on Economic Activity, 1998.

[11] Alesina, A. and Allan Drazen., "Why are Stabilizations Delayed?", *American Economic Review*, 1998 (81).

[12] Alesina, A. and Guido T., "External Debt, Capital Flight, and Political Risk", *Journal of Development Economics*, 1989 (27).

[13] Alesina, A., Vittorio G. and Gian Maria Milesi-Ferretti, "The Political Economy of Capital Controls" in L. Leiderman and A. Razin eds., *Capital Mobility: New Perspectives* (Cambridge University Press, Cambridge UK, 1993).

[14] Alfred E. Eckes, Jr., *A Search for Solvency* (Austin: University of Texas Press, 1975).

[15] Amano R. A., Norden S., "Oil Prices and the Rise and Fall of the US Real Exchange Rate", *Journal of International Money and Finance*, 1998, 17 (2).

[16] Andrews, David M., "Capital Mobility and State Autonomy: Toward a Structural Theory of International Monetary Relations", *International Studies Quarterly*, 1994, 38, 2 (June).

[17] Angeletos, G. M., Panousi, V., "Financial Integration and Capital Accumulation", MPRA Paper No. 24238, 2009.

[18] Antràs P, Caballero J., "Trade and Capital Flows", NBER Working Paper No. 13241, 2007.

[19] Arthur F. Burns., "The American Trade Deficit in Perspective", *Foreign Affairs*, 1984, 62 (5).

[20] Bai, Chong-En, David D. Li, Yingyi Qian and Yijang Wang., "Financial Repression and Optimal Taxation", *Economic Letters*, 2001, 70 (2).

[21] Barro, Robert and David B. Gordon, "Rules, Discretion and Reputation

in a Model of Monetary Policy", NBER Working Paper No. 1079, 1983.

［22］ Barry Eichengreen and Marc Flandreau, "The Federal Reserve, the Bank of England and the Rise of the Dollar as an International Currency, 1914 – 1939", BIS Working Papers, No. 328, Nov 2010.

［23］ Barry Eichengreen, *Golden Fetters: The Gold Standard and the Great Depression, 1919 – 1939* (New York: Oxford University Press, 1992).

［24］ Barry Eichengreen, "The Blind Man and the Elephant", http: //www. econ. berkeley. edu/ ~ eichengr/policy/KyotoPaper. pdf, 2005.

［25］ Beck, T., "Financial Development and International Trade: Is There a Link?", World Bank Policy Research Working Paper, No. 2608, 2001.

［26］ Becker, B., Greenberg, D., *The Real Effects of Finance: Evidence from Exports* (University of Chicago, 2003).

［27］ Benn Steil, Robert E. Litan, *Financial Statecraft: The Role of Financial Markets in American Foreign Policy* (New Haven and London: Yale University Press, 2006).

［28］ Bergljot Barkbu, Barry Eichengreen, Ashoka Mody, "International Financial Crises and the Multilateral Response: What the Historical Record Shows", NBER Working Paper No. 17361. Aug 2011.

［29］ Bernard, Andrew B., J. Bradford Jensen and Peter K. Schott, "Transfer Pricing by U. S. – Based Multinational Firms", NBER Working Paper No. 12493, 2006.

［30］ Bordo Michael, Barry Eichengreen, "Is Our Current International Economic Environment Unusually Crisis Prone?", Prepared for the Reserve Bank of Australia Conference on Private Capital. Sydney, Aug 1999.

［31］ Borensztein, Eduardo and Ugo Panizza, "The Costs of Sovereign Default", International Monetary Fund WP/08/238, 2008.

［32］ Bosworth, Barry, Susan M. Collins and Gabriel Chodorow-Reich, "Returns on FDI: Does the U. S. Really Do Better?" in Susan M. Collins ed., *Brookings Trade Forum 2007: Foreign Direct Investment* (Brookings Institution Press, Washington, D. C. 2007).

［33］ Brezis, Elise S. , "Foreign Capital Flows in the Century of Britain's Industrial Revolution: New Estimates, Controlled Conjectures", *The Economic History Review*, 1995, 48 (1).

［34］ Brunnermeier, Markus K. , "Deciphering the Liquidity and Credit Crunch 2007 - 2008", *Journal of Economic Perspectives*, 2009, 23 (1).

［35］ Bulow, Jeremy and Kenneth Rogoff, "A Constant Recontracting Model of Sovereign Debt", *Journal of Political Economy*, 1989, 97 (1).

［36］ C. Randall Henning, *Currencies and Politics in the United States, Germany, and Japan* (Washington, D. C. : Institute for International Economics, 1994).

［37］ Calvo, Guillermo A. and Pablo Guidotti. , "Optimal Maturity of Nominal Government Debt: An Infinite Horizon Model", *International Economic Review*, 1992 (33).

［38］ Calvo, Guillermo, "Is Inflation Effective for Liquidating Short-Term Nominal Debt?", International Monetary Fund Working Paper 89/2, 1989.

［39］ Calvo, Guillermo, "Servicing the Public Debt: The Role of Expectations", *American Economic Review*, 1988, 78 (9).

［40］ Carmen M. Reinhart and M. Belen Sbrancia, "The Liquidation of Government Debt", BIS Working Papers No. 363, Nov 2011.

［41］ Catherine Pattillo, Helene Poirson and Luca Ricci. , "External Debt and Growth", IMF Working Paper 20/69, Apr 2002.

［42］ Checherita, Christina and Philipp Rother, "The Impact of High and Growing Debt on Economic Growth and Empirical Investigation for the Euro Area", European Central Bank Working Paper Series No. 1237, Aug 2010.

［43］ Cheryl Payer, *The Debt Trap: The International Monetary Fund and the Third World* (New York: Mouthly Review Press, 1974).

［44］ Daniel Gros, "Why the US Current Account Deficit is not Sustainable", *International Finance*, 2006, 9 (2).

［45］ Daphne Josselin, "Between Europe and a Hard Place : French Financial

Diplomacy from 1995 to 2002", *French Politics, Culture and Society*, 2004, 22 (1).

[46] David E. Spiro, *The Hidden Hand of American Hegemony: Petrodollar Recycling and International Markets* (Ithaca and London: Cornell University Press, 1999).

[47] Davis, R., *The Industrial Revolution and British Overseas Trade* (Leicester University Press, 1979).

[48] De Long, J. Bradford, "America's Only Peacetime Inflation: The 1970s", http: //econ161. berkeley. edu/pdf _ files/peacetime _ inflation. pdf, 1995.

[49] De Rezende, Felipe Carvalho, "The Structure and the Evolution of the U. S. Financial System, 1945 – 1986", *International Journal of Political Economy*, 2011 (2).

[50] Desai, Mihir A. , C. Fritz Foley and James R. Hines Jr. , "A Multinational Perspective on Capital Structure Choice and Internal Capital Markets", *Journal of Finance*, 2004, 59 (6).

[51] Desai, Mihir A. , C. Fritz Foley and James R. Hines Jr. , "Repatriation Taxes and Dividend Distortions", *National Tax Journal*, 2001, 54 (4).

[52] Desai, Mihir A. , C. Fritz Foley and James R. Hines Jr. , "The Demand for Tax Haven Operations", *Journal of Public Economics*, 2006, 90 (3).

[53] Dong He and Robert N McCauley, "Offshore Markets for the Domestic Currency: Monetary and Financial Stability Issues", BIS Working Paper No. 320, Sep 2010.

[54] Dooley Michael, "International Financial Architecture and Strategic Default: Can Financial Crisis be Less Painful?", *Carnegie-Rochester Conference Series on Public Policy*, 2000 (53).

[55] Eaton, Jonathan and Mark Gersovitz, "Debt with Potential Repudiation: Theory and Estimation", *Review of Economic Studies*, 1981, 48 (2).

[56] Eichengreen, B. and Bordo, M. D. , "Crises Now and Then: What

Lessons from the Last Era of Financial Globalization?", NBER Working Paper No. 8716, Jan 2002.

[57] Eichengreen, Barry, "Historical Research on International Lending and Debt", *Journal of Economic Perspectives*, 1991, 5 (2).

[58] Eswar Prasad and Shang-Jin Wei, "The Chinese Approach to Capital Inflows: Patterns and Possible Explanations", NBER Working Paper 11306. 2005.

[59] Evenly B. Davidheiser, "Strong States, Weak States: The Role of State in Revolution", *Comparative Politics*, 1992, 24 (4).

[60] Fareed Zakaria, *From Wealth to Power: the Unusual Origins of America's World Role* (Princeton, N. J.: Princeton University Press, 1998).

[61] Federico Sturzenegger and Jeromin Zettelmeyer, *Debt Defaults and Lessons from a Decade of Crises* (Cambridge: MIT Press, 2006).

[62] Feldstein, Martin, "Taxes, Leverage and the National Return on Outbound Foreign Direct Investment", NBER Working No. 4689, 1994.

[63] "FinancialCrisis Inquiry Commission. Shadow Banking and the Financial Crisis", http://www. fcic. bov. , May 2010.

[64] Fred C. Bergsten, *Dilemmas of Dollar* (New York: New York University Press, 1975).

[65] Frieden, Jeffry, "I nvested Interests: The Politics of National Economic Policies in a World of Global Finance", *International Organization*, 1991, 45 (4).

[66] FSB, "Shadow Banking: Scoping the Issues", http://www. financialstability board. org/list/fsb_ publications/index. htm, Apr 12, 2011.

[67] George J. Hall and Thomas J. Sargent, "Interest Rate Risk and Other Determinants of Post-WWII U. S. Government", NEBR Working Paper 15702, Jan 2010.

[68] George Modelski, *Long Cycles in World Politics* (Washington D. C. : University of Washington Press, 1987).

[69] Gertler M, Rogoff K. , "North-south Lending and Endogenous Domestic

Capital Market Inefficiencies", *Journal of Monetary Economics*, 1990, 26 (2).

[70] Giavazzi F. and M. Pagano, "Can Severe Fiscal Contractions Be Expansionary? Tales of Two Small European Countries", NBER Macroeconomics Annual, MIT Press, (Cambridge, MA), 1990.

[71] Giavazzi F. and M. Pagano, "Non-Keynesian Effects of Fiscal Policy Changes: International Evidence and the Swedish Experience", *Swedish Economic Policy Review*, 1996, 3 (1).

[72] Giovanni Arrighi and Beverly J Siliver, *Chaos and Governance in the Modern World System* (University of Minnesota Press, 1999).

[73] Glen O'Hara, "The Limits of US Power: Transatlantic Financial Diplomacy under the Johnson and Wilson Administrations, October 1964 – November 1968", *Contemporary European History*, 2003, 12 (3).

[74] Gorton, Gary and Andrew Metrick, "Regulating the Shadow Banking System", *Brookings Papers on Economic Activity*, 2010 (2).

[75] Gros, Daniel, "Foreign Investment in the US (II): Being Taken to the Cleaners?", CEPS Working Document No. 243, Apr 2006.

[76] Grossman, Herschel I. and John B. Van Huyck. Seignorage, "Inflation and Reputation", NBER Working Papers No. 1505, 1984.

[77] Grossman, Herschel I. and John B. Van Huyck. Seignorage, "Sovereign Debt as a Contingent Claim: Excusable Default, Repudiation, and Reputation", NBER Working Papers No. 1673, 1985.

[78] Grossman, Herschel I., "A Generic Model of Monetary Policy, Inflation, and Reputation", NBER Working Papers No. 2239, 1987.

[79] Grossman, Herschel I., "The Political Economy of War Debts and Inflation", NBER Working Papers No. 2743, 1988.

[80] Grubert, Harry, "Taxes and the Division of Foreign Operating Income among Royalties, Interest, Dividends and Retained Earnings", *Journal of Public Economics*, 1998, 68 (2).

[81] Harris G. Warren, *Herbert Hoover and the Great Depression* (New York:

Oxford University Press, 1959）.

[82] Hausmann, Ricardo, Sturzenegger, Federico, "Global Imbalances or Bad Accounting? The Missing Dark Matter in the Wealth of Nations", Working Paper Series rwp06 – 003, Harvard University, John F. Kennedy School of Government, 2006.

[83] Hung, Juann H. and Angelo Mascaro., "Return on Cross-Border Investment: Why Does U. S. Investment Do Better?", *Technical Paper* No. 2004 – 17, Washington, D. C. Congressional Budget Office , Dec 2004.

[84] Hyun Song Shin, "Financial Intermediation and the Post-Crisis Financial System", BIS Working Papers No. 304, Mar 2010.

[85] I. M. Destler, C. Randall Henning, *Dollar Politics: Exchange Rate Policymaking in the United States* (Washington, D. C. : Institute for International Economics, 1989）.

[86] Immanue Wallerstein, *The Politics of the World Economy* (University of Cambridge Press, 1984）.

[87] International Monetary Fund, "Developments in International Exchange and Payments Systems", Washington, D. C. : International Monetary Fund, 1992.

[88] International Monetary Fund, "Will It Hurt? Macroeconomic Effects of Fiscal Consolidations", Chapter 3 of the World Economic Outlook, Oct 2010.

[89] Jacob J. Kaplan and Schleiminger Gunther, *The European Payments Union: Financial Diplomacy in the 1950s* (Oxford: Clarendon Press, 1989）.

[90] Jagdish Bhaagwati, "The Capital Myth: the Difference Between Trade in Widgets and Dollars", *Foreign Affairs*, 1998, 77（3）.

[91] Jay Sexton, "Debtor Diplomacy: Finance and American Foreign Relations in the Civil War Era 1837 – 1873", Oxford Scholarship Online, http: // www. oxfordscholarship. com/view/10. 1093/acprof: oso/9780199281039. 001. 0001/acprof – 9780199281039, January 2010.

[92] Joanne Gowa, *Closing the Gold Window: Domestic Politics and the End of Bretton Woods* (Ithaca: Cornell University Press, 1983).

[93] John Kitchen, "Sharecroppers or Shrewd Capitalists? Projections of the US Current Account, International Income Flows, and Net International Debt", *Review of International Economics*, 2007, 15 (5).

[94] John S. Odell, "From London to Bretton Woods: Sources of Change in Bargaining Strategies and Outcomes", *Journal of Public Policy*, 1988, 8 (3/4).

[95] John T. Wooley, *Monetary Politics: The Federal Reserve and the Politics of Monetary Policy* (Cambridge, U. K.: Cambridge University Press, 1984).

[96] Johnson, Fawn, "UPDATE: SEC Queries Large Institutions on Repurchase Agreements", Dow Jones Newswire. http://foxbusiness. com/story/ markets/industries/finance/update – sec – queries – large – institutions, Mar 29, 2010.

[97] Ju Jiandong, Wei Shangjin, "A Solution to Two Paradoxes of International Capital Flows", Paper Presented at the 7th Jacques Polak Annual Research Conference, 2006.

[98] Ju Jiandong, Wei Shangjin, "Endowment Versus Finance: A Wooden Barrel Theory of International Trade", IMF Working Paper No. WP/05/ 123, 2005.

[99] Kaplan, Steven N. and Joshau Rauh, "Wall Street and Main Street: What Contributes to the Rise of the Highest Incomes?", CPSP Working Paper No. 615. 2007.

[100] Kelly, Kate, Tom McGinty and Dan Fitzpatrick, "Big Banks Mask Risk Levels", Wall Street Journal, http://online. wsj. com/article/ SB10001424052702304830104575172280848939898. html? m, April 8, 2010.

[101] Keogh, Bryan, "Junk Bonds Capture Record Share of Sales as Yields Decline: Credit Markets", *Bloomberg*, 2010, 4 (9).

［102］Kletzer, Bardhan, "Credit Markets and Patterns of International Trade", *Journal of Development Economics*, 1987, 27 (1 - 2).

［103］Kooker, Judith Lee, "French Financial Diplomacy: The Interwar Years", Johns Hopkins University, 1974.

［104］Kosmas Tsokhas, "Anglo-American Economic Entente and Australian Financial Diplomacy", *Diplomacy & Statecraft*, 1994, 5 (3).

［105］Kroszner, Laeven and Klingebiel., "Banking Crisis, Financial Dependence, and Growth", *Journal of Financial Economics*, 2007 (84).

［106］Krugman, Paul, "Will There Be a Dollar Crisis?", *Economic Policy*, 2007, 51 (7).

［107］Krugman, P., "Myths of Austerity", *The New York Times*, http://www.nytimes.com/2010/07/02/opinion/02krugman.html? ref = paulkrugman, July 1, 2010.

［108］Kumar, Manmohan S. and Jaejoon Woo, "Public Debt and Growth", IMF Working Paper 10/174, 2010.

［109］Landefeld, J. Steven, Ann M. Lawson and Douglas B. Weinberg, "Rates of Return on Direct Investment", *Survey of Current Business*, 1992 (72).

［110］Laster, David S. and Robert N. McCauley, "Making Sense of the Profits of Foreign Firms in the United States", Federal Reserve Bank of New York Quarterly Review (Summer-Fall), 1994.

［111］Leonard Seabrooke, *US Power in International Finance: the Victory of Dividends* (Palgrave, 2001).

［112］Li, Zhiyuan, Yu, Miaojie, "Exports, Productivity, and Credit Constraints: A Firm-Level Empirical Investigation of China", *China Center for Economic Research*, Peking University, Working Paper Series, No. E2009005, Aug 2009.

［113］Louis W. Pauly, "Good Governance and Bad Policy: The Perils of International Organizational Overextension", *Review of International Political Economy*, 1999, 6 (4).

[114] Lucas, Robert E. Jr and Nancy L. Stokey., "Optimal Fiscal and Monetary Policyin an Economy without Capital", *Journal of Monetary Economics*, 1983 (12).

[115] Lucas, Robert E. Jr., "Principles of Fiscal and Monetary Policy", *Journal of Monetary Economics*, 1986, 17 (1).

[116] Margaret Blair, "Financial Innovation and the Distribution of Wealth and Income", Law & Economics Working Paper, No. 10 – 22. 2010.

[117] Martin Cibak, Asli Demirguc-Kunt, Erik Feyen, Ross Levine, "Benchmarking Financial Systems around the World", The World Bank Policy Research Working Paper No. 6175. 2012.

[118] Mataloni Jr., Raymond, "An Examination of the Low Rates of Return of Foreign-Owned U. S. Companies", *Survey of Current Business*, 2000, 80 (3).

[119] McGrattan, Ellen R. and Edward C. Prescott, "Technology Capital and the US Current Account", *American Economic Review*, forthcoming, 2010.

[120] Michael D. Bordo and John Landon-Lane, "Exits From Recessions: The U. S. Experience 1920 – 2007", NBER Working Paper, No. 15731, Feb 2010.

[121] Michael D. Bordo, Angela Redish and Hugh Rockoff, "Why Didn't Canada Have a Banking Crisis in 2008 (or in 1930, or1907, or……)", NBER Working Paper, No. 17312, Aug 2011.

[122] Michael D. Bordo, Barry Eichengreen, "Is Our Current International Economic Environment Unusually Crisis Prone?", Prepared for the Reserve Bank of Australia Conference on Private Capital. Sydney, Aug 1999.

[123] Michael D. Bordo, Christopher M. Meissner, "How 'Original Sin' Was Overcome: The Evolution of External Debt Denominated in Domestic Currencies in the United States and the British Dominions 1800 – 2000", Paper prepared for the Conference on Original Sin, Inter American

Development Bank, Washington DC, Nov 21 –22, 2002.

[124] Michael D. Bordo, Owen F. Humpage and Anna J. Schwartz, "The Federal Reserve as an Informed Foreign Exchange Trader: 1973 – 1995", NBER Working Paper No. 17425, Sep 2011.

[125] Michael D. Bordo, Owen F. Humpage and Anna J. Schwartz, "U. S. Foreign-Exchange-Market Intervention and the Early Dollar Float: 1973 –1981", NBER Working Paper No. 16647, Dec 2010.

[126] Michael D. Bordo, Owen F. Humpage and Anna J. Schwartz, "U. S. Intervention During the Bretton Woods Era: 1962 – 1973", NBER Working Paper No. 16946, Apr 2011.

[127] Michael P. Dooley, David Folkerts-Landau, Peter M. Garber, "Bretton Woods II Still Defines the International Monetary System", NBER Working Paper No. 14731, Feb 2009.

[128] Milesi-Ferretti Gian Maria, Roberto Perotti and Massimo Rostagno, "Electoral Systems And Public Spending", *The Quarterly Journal of Economics*, 2002, 117 (2).

[129] Mira Wilkins, *The History of Foreign Investment in the United States*, 1914 –1945 (Harvard University Press, 2004).

[130] Missale, Alessandro and Olivier Jean Blanchard, "The Debt Burden and Debt Maturity", *American Economic Review*, 1994, 84 (1).

[131] Nicholas Bayne, "Financial Diplomacy and the Credit Crunch: the Rise of Central Banks", *Journal of International Affairs*, 2009, 62 (1).

[132] Nicola Gennaioli, Albverto Martin and Stefano Rossi, "Sovereign Default, Domestic Banks and Financial Institutions", CEPR Discussion Papers 7955, 2012.

[133] Nyada Terkildsen, Frauke I. Schnell and Cristina Ling, "Interest Group, the Media, and Policy Debate Formation: An Analysis of Message Structure, Rhetoric and Source Cues", *Political Communications*, 1998 (15).

[134] Obstfeld, Maurice and Kenneth S. Rogoff, "Global Current Account

Imbalances and Exchange Rate Adjustment", Brookings Papers on Economic Activity, 2005 (1).

[135] Obstfeld, Maurice and Kenneth S. Rogoff, "Perspectives on OECD Capital Market Integration: Implications for U. S. Current Account Adjustment" In Global Economic Integration: Opportunities and Challenges, Federal Reserve Bank of Kansas City, 2001 (3).

[136] Obstfeld, Maurice and Kenneth S. Rogoff, "The Unsustainable U. S. Current Account Position Revisited" in Richard Clarida ed., *G7 Current Account Imbalances: Sustainability and Adjustment* (Chicago: University of Chicago Press, 2007).

[137] Obstfeld, Maurice and Kenneth S. Rogoff, "The US Current Account and the Global Financial Crisis", Draft of a paper prepared for the Ohlin Lectures in International Economics, Harvard University, 2009.

[138] Patillo C, D. Romer, D. N. Well, "External Debt and Growth", IMF Working Paper, No. 02/69, 2002.

[139] Patillo C, D. Romer, D. N. Well, "What are the Channels through Which External Debt Affects Growth?", IMF Working Paper, No. 04/15, 2004.

[140] Perotti, Roberto, "The Austerity Myth: Gain Without Pain?", BIS Working Paper No. 362, 2011.

[141] Persson Torsten and Guido Tabellini, *The Economic Effects of Constitutions* (MIT Press, Munich Lectures in Economics, 2003).

[142] Pierre-Olivier Gourinchas, Hélène Rey and Nicolas Govillot, "Exorbitant Privilege and Exorbitant Duty", IMES Discussion Paper Series 2010 – E – 20, Aug 2010.

[143] Pierre-Olivier Gourinchas, Hélène Rey, "From World Banker to World Venture Capitalist: US External Adjustment and the Exorbitant Privilege", NBER Working Paper No. 11563, Aug 2005.

[144] Pierre-Olivier Gourinchas and Hélène Rey, "International Financial Adjustment", NBER Working Paper No. 11155, Feb 2005.

［145］ Pozsar, Zoltan, Tobias Adrian, Adam Asheraft and Hayley Boesky, "Shadow Banking", Federal Reserve Bank of New York Staff Report No. 458, Jul 2010.

［146］ Pozsar, Zoltan, "Institutional Cash Pools and the Triffin Dilemma of the U. S. Banking System", IMF Working Paper, No. WP/11/190, Aug, 2011.

［147］ Presbitero A. , "The Debt-Growth nexus a Dynamic Panel Data Estimation", QuademodiRicerca, No. 243, 2005.

［148］ Reinhart, Carmen M. and Kenneath Rogoff, "The Forgotten History of Domestic Debt", NBER Working Paper No. 13946, 2008.

［149］ Reinhart, Carmen M. and Kenneth Rogoff, "Growth in a Time of Debt", *American Economic Review*, 2010, 100 (2): 573 –578.

［150］ Reinhart, Carmen M. , Kenneth S. Rogoff and Miguel A. Savastano, "Addicted to Dollars", NBER Working Paper No. 10015, Oct 2003.

［151］ Ricardo J. Caballero, Emmanuel Farhi, Pierre-Olivier Gourinchas, "An Equilibrium Model of 'Global Imbalances' and Low Interest Rates", *American Economic Review*, American Economic Association, 2008, 98 (1).

［152］ Richard N. Cooper, "Living with Global Imbalances", *Brookings Papers on Economic Activity*, 2007 (2).

［153］ Richard N. Cooper, "Understanding Global Imbalances", http: // www. economics. harvard. edu/faculty/cooper/files/frbb. rev. pdf, 2006.

［154］ Richard N. Cooper, "What's New in the New Economy", http: // www. economics. harvard. edu/faculty/cooper/files/neweconomy. pdf, Aug 2001.

［155］ Ricks, P. Morgan, "Regulating Money Creation After the Crisis", *Harvard Business Law Review*, 2011, 1 (1).

［156］ Robert Gilpin, *War and Change in World Politics* (University of Cambridge Press, 1981).

［157］ Romer, C. and D. Romer, "The Macroeconomic Effects of Tax Changes:

Estimates Based on a New Measure of Fiscal Shocks", *American Economic Review*, 2010, 100 (3).

[158] Roubini, Nouriel and Brad Setser, *The United States as a Debtor Nation: The Sustainability of the US External Imbalances* (Draft. New York University, New York. November, 2004).

[159] S. Endicott, "British Financial Diplomacy in China: The Leith-Ross Mission, 1935 – 1937", *Pacific Affairs*, 1973, 46 (4).

[160] Saint Paul. G., "Fiscal Policy in an Endogenous Growth Model", *Quarterly Journal of Economics*, 1992 (107).

[161] Savvides, Andreas, "Investment Slowdown in Developing Countries During the 1980s: Debt Overhang Or Foreign Capital Inflows", *Kyklos*, 1992, 45 (3).

[162] Sbrancia, M. Belen, "Debt, Inflation, and the Liquidation Effect", mimeograph University of Maryland College Park, http://www. economics. unimelb. edu. au/seminars/app/uploadeddocs/doc20. pdf, Aug 6, 2011.

[163] Schclarek A., "Debt and Economic Growth in Developing Industrial Countries", (mineo), (2001 – 10 – 08) [2010 – 10 – 12], http//www. neklu. se/publications/workpap/Papers/WP05_ 34. pdf.

[164] Schwartz, Nelson D., "Junk Bond Avalanche Looms for Credit Markets", New York Times, Mar 16, 2010.

[165] Smyth, David. J. and Hsing, Yu, "In Search of An Optimal Debt Ratio for Economic Growth", *Contemporary Economic Policy*, 1995, 13 (4): 51 – 59.

[166] Spaventa, Luigi, "T he Growth of Public Debt: Sustainability, Fiscal Rules, and Monetary Rules", International Monetary Fund WP/86/8, 1986.

[167] Stephanie E. Curcuru, Charles P. Thomas, "The Return on U. S. Direct Investment at Home and Abroad", FRB International Finance Discussion Papers No. 1057, Oct 2012.

[168] Stephen D. Kransner, *Defending the National Interest: Raw Materials Investments and U. S. Foreign Policy* (Princeton: Princeton University Press, 1978).

[169] Stephen D. Cohen, *The Making of United States International Economic Policy: Principles, Problems, and Proposals for Reform* (New York: Praeger, 2000).

[170] Stephen D. Krasner, "United States Commercial and Monetary Policy: Unraveling the Paradox of External Strength and Internal Weakness", *International Organization*, 1977, 31 (4).

[171] Sturzenegger, Federico and Jeromin Zettlemeyer. *Debt Defaults and Lessons from a Decade of Crises* (Cambridge, MA: MIT Press, 2006).

[172] Svaleryd H., Vlachos J., "Financial Markets, the Pattern of Industrial Specialization and Comparative Advantage: Evidence from OECD Countries", *European Economic Review*, 2004.

[173] The City UK, "Sovereign Wealth Funds", Anual Report. Feb 2012

[174] The City UK, "Global Financial Markets: Regional Trends", Anual Report, 2010.

[175] Thomas Havrilesky, *The Pressure on American Monetary Policy* (Boston/ Dordrecht: Kluwer, 1993).

[176] Tomz, Michael, *Reputation and International Cooperation, Sovereign Debt across Three Centuries* (Princeton: Princeton University Press, 2007).

[177] Toyoo Gyohter, "The United States in the Global Financial Arena", in David M. Malone, Yuen Foong Khong, eds., *Unilateralism and U. S. Foreign Policy: International Perspectives*, 2003.

[178] U. S. Bureau of the Census, *Historical Statistics of United States: Colonial Times to 1970*, Bicentennial Edition, Part2 (Washington, D. C., 1975).

[179] Vincent P. Barabba (Director), *Historical Statistics of the United States: Colonial Times to1970*, Bicentennial Edition, Part2, (Washington, D. C., 1975).

[180] Viral V. Acharya and Raghuram G. Rajan, "Sovereign Debt, Government Myopia, and the Financial Sector", NBER Working Paper No. 17542, Oct 2011.

[181] White, Eugene N. , "To Establish a More Effective Supervision of Banking: How the Birth of the Fed Altered Bank Supervision", NBER Working Paper No. 16825. 2011.

[182] Willem Buiter, "Dark Matter or Cold Fusion", Goldman Sachs Global Economics Paper No. 136, Jan 2006.

[183] Wolf, Martin, *Fixing Global Finance* (Baltimore, Md. : Johns Hopkins University Press, 2008).

[184] Zhang J, Wan G-H, Jin, Y. "The Financial Deepening-Productivity Nexus in China: 1987 – 2001" UNU World Institute for Development Economics Research (UNU-WIDER), Research Paper No. 2007/08, Feb 2007

[185] Zoltan Pozsar and Manmohan Singh, "The Nonbank-Bank Nexus and the Shadow Banking System", IMF Working Paper, No. WP/11/289. 2011.

令 $J(w,t)$ 表示家庭价值函数。价值函数随时间 t 变化，因为价格序列 $\{w_t, AR_t\}_{t \in [0,\infty)}$ 并不稳定，并且还存在贴现的问题。但价值函数并不随 i 变化，因为每个家庭都有相同的偏好、技术、价格序列和异质性风险的随机过程。$J(w,t)$ 的具体形式为：

$$0 = \max_{m,\varphi} \left\{ z(mw, J) + \frac{\partial J}{\partial t} + \frac{\partial J}{\partial t} [\varphi \bar{r} + (1-\varphi)AR - m]w + \frac{1}{2}\frac{\partial^2 J}{\partial w^2}\varphi^2 w^2 \sigma^2 \right\} \quad (A1)$$

$$J(w,t) = K_F \frac{w^{1-\gamma}}{1-\gamma} \quad (A2)$$

因为 J 是 w 的齐次函数，因此（A1）式可以简化为：

$$0 = \max_{m,\varphi} \left\{ z(m, J(1,t)) + \frac{\partial J}{\partial t}(1,t)[\varphi \bar{r} + (1-\varphi)AR - m] + \frac{1}{2}\frac{\partial^2 J}{\partial w^2}(1,t)\varphi^2 \sigma^2 \right\}$$
$$(A3)$$

结合（3-5）式和（A2）式、（A3）式变为：

$$0 = \max_{m,\varphi} \left\{ \frac{\beta}{1-1/\theta}[K_F^{\frac{1/\theta-1}{1-\gamma}} m^{1-1/\theta} - 1] + \frac{\dot{K}_F/K_F}{1-\gamma} + [\varphi \bar{r} + (1-\varphi)AR - m] - \frac{1}{2}\gamma\varphi^2\sigma^2 \right\}$$
$$(A4)$$

φ 的一阶条件为：
$$\varphi = \frac{\bar{r} - AR}{\gamma\sigma^2} \quad (A5)$$

m 的一阶条件为：
$$m = \beta^\theta K_F^{\frac{1-\theta}{1-\gamma}} \quad (A6)$$

将（A6）式代入（A4）式，并结合 ρ_t 的定义，可得：

$$0 = \frac{m - \theta\beta}{\theta - 1} + \frac{\dot{K}_F/K_F}{1-\gamma} + \dot{\rho}$$

上式等价于（3 - 9）。

求解一般均衡的过程：

$$\dot{K}_P + \dot{K}_F = \dot{W} - \dot{H} = (\rho W - C) - (RH - w) \tag{A7}$$

$$\rho W = \bar{r}\varphi W + AR(1 - \varphi)W = \bar{r}K_P + ARK_F + RH \tag{A8}$$

$$\bar{r}K_P + w = F(K_P, 1) - \delta K_P \tag{A9}$$

合并（A7）～（A9），可得（3 - 14）。

由 $C = mW$ 可得：$\dfrac{\dot{C}}{C} = \dfrac{\dot{m}}{m} + \dfrac{\dot{W}}{W}$。

又因 $\dot{W} = \rho W - C = (\rho - m)W$，可得（3 - 15）。

图书在版编目（CIP）数据

对外负债：美国金融优势的维系／付争著. －－北
京：社会科学文献出版社，2018.5
（辽宁大学转型国家经济政治研究中心青年学者文库）
ISBN 978 - 7 - 5201 - 2739 - 4

Ⅰ.①对…　Ⅱ.①付…　Ⅲ.①金融－研究－美国
Ⅳ.①F837.12

中国版本图书馆 CIP 数据核字（2018）第 086989 号

辽宁大学转型国家经济政治研究中心青年学者文库
对外负债：美国金融优势的维系

著　　者／付　争

出　版　人／谢寿光
项目统筹／周　丽　高　雁
责任编辑／关少华

出　　版／社会科学文献出版社·经济与管理分社（010）59367226
　　　　　　地址：北京市北三环中路甲 29 号院华龙大厦　邮编：100029
　　　　　　网址：www. ssap. com. cn
发　　行／市场营销中心（010）59367081　59367018
印　　装／三河市龙林印务有限公司

规　　格／开　本：787mm × 1092mm　1/16
　　　　　　印　张：17　字　数：271 千字
版　　次／2018 年 5 月第 1 版　2018 年 5 月第 1 次印刷
书　　号／ISBN 978 - 7 - 5201 - 2739 - 4
定　　价／79.00 元

本书如有印装质量问题，请与读者服务中心（010 - 59367028）联系